CONTABILIDADE GERAL

fundamentos
e prática
do raciocínio
contábil

O selo DIALÓGICA da Editora InterSaberes faz referência às publicações que privilegiam uma linguagem na qual o autor dialoga com o leitor por meio de recursos textuais e visuais, o que torna o conteúdo muito mais dinâmico. São livros que criam um ambiente de interação com o leitor – seu universo cultural, social e de elaboração de conhecimentos –, possibilitando um real processo de interlocução para que a comunicação se efetive.

Antonio Saporito

Contabilidade geral:
fundamentos e prática do raciocínio contábil

Rua Clara Vendramin, 58 . Mossunguê
CEP 81200-170 . Curitiba . PR . Brasil
Fone: (41) 2106.4170
www.intersaberes.com.br
editora@editoraintersaberes.com.br

Conselho editorial	Dr. Ivo José Both (presidente)
	Dr.ª Elena Godoy
	Dr. Nelson Luís Dias
	Dr. Neri dos Santos
	Dr. Ulf Gregor Baranow
Editora-chefe	Lindsay Azambuja
Supervisora editorial	Ariadne Nunes Wenger
Analista editorial	Ariel Martins
Preparação de originais	Sussuarão
Edição de texto	Viviane Fernanda Voltolini
	Tiago Krelling Marinaska
	Natasha Suelen Ramos de Saboredo
Capa	Iná Trigo (*design*)
	Neveshkin Nikolay/Shutterstock (imagem)
Projeto gráfico	Raphael Bernadelli
Diagramação	Regiane Rosa
Equipe de *design*	Luana Machado Amaro
	Laís Galvão dos Santos
Iconografia	Celia Kikue Suzuki
	Regina Claudia Cruz Prestes

Dados Internacionais de Catalogação na Publicação (CIP)
(Câmara Brasileira do Livro, SP, Brasil)

Saporito, Antonio
  Contabilidade geral: fundamentos e prática do raciocínio contábil/Antonio Saporito. Curitiba: InterSaberes, 2017. (Série Gestão Financeira)
  Bibliografia.
  ISBN 978-85-5972-588-9
  1. Contabilidade 2. Contabilidade financeira I. Título. II. Série.
17-10103   CDD-567

Índices para catálogo sistemático:
1. Contabilidade 657

1ª edição, 2017.

Foi feito o depósito legal.

Informamos que é de inteira responsabilidade do autor a emissão de conceitos.

Nenhuma parte desta publicação poderá ser reproduzida por qualquer meio ou forma sem a prévia autorização da Editora InterSaberes.

A violação dos direitos autorais é crime estabelecido na Lei n. 9.610/1998 e punido pelo art. 184 do Código Penal.

Sumário

Dedicatória • 9
Apresentação • 11
Como aproveitar ao máximo este livro • 15

1

Contexto da contabilidade geral • 21

1.1 A contabilidade como ciência e como sistema • 23
1.2 O processo contábil e seu funcionamento • 24
1.3 A quem se aplica a contabilidade • 25
1.4 Usuários da contabilidade • 27
1.5 Para que serve a contabilidade • 28
1.6 Especializações e ramificações da contabilidade • 30
1.7 Limitações da contabilidade • 31

2

Conceitos fundamentais e a aplicação da contabilidade • 35

2.1 Distinção entre *pessoa física* e *pessoa jurídica* • 37
2.2 O início da existência de uma pessoa jurídica • 39
2.3 Primeiras noções de Balanço Patrimonial • 40
2.4 Preparação para a atividade empresarial e seus efeitos contábeis • 41
2.5 A equação fundamental da contabilidade • 45
2.6 Preparativos finais da pessoa jurídica para iniciar suas atividades
e os efeitos no balanço na equação fundamental da contabilidade • 46

3

Registros contábeis: Livro Diário e Livro-Razão • 59

3.1 Método das partidas dobradas • 62
3.2 Livro Diário • 64
3.4 Livro-Razão • 69

Atividade operacional e mensuração do resultado em empresas prestadoras de serviços • 85

4.1 Natureza e flexibilidade das contas periódicas • 88
4.2 Receitas e seus reflexos no Patrimônio Líquido • 89
4.3 Despesas e seus reflexos no Patrimônio Líquido • 90
4.4 O método das partidas dobradas e sua utilização nas contas de resultados • 91
4.5 Partidas de diário aplicadas às contas de resultados • 92
4.7 Lançamentos no Livro-Razão e Razonetes aplicados às contas de resultados • 100
4.8 Encerramento das contas de resultados e apuração de resultado • 104
4.9 Transferência do Resultado para o Balanço • 105

O Balancete de Verificação e sua utilidade • 113

5.1 Conceito de Balancete de Verificação • 116
5.2 A importância do Balancete de Verificação e o significado dos saldos de suas contas • 117
5.4 A apuração de resultado com base no balancete de verificação • 120
5.5 A transferência do resultado do período para o Balanço Patrimonial • 122
5.6 O levantamento do Balanço Patrimonial com base no Balancete de Verificação • 123

A mensuração do resultado em empresas comerciais • 131

6.1 A atividade comercial e suas peculiaridades • 133
6.2 Receitas advindas do comércio • 134
6.3 Inventários Periódicos • 135
6.4 Cálculo do custo das mercadorias vendidas (CMV) com uso de Inventário Periódico • 136
6.5 Cálculo do resultado com mercadorias (RCM) com uso de Inventário Periódico • 138
6.6 Fatos que alteram os valores de compras e de vendas • 139
6.7 Deduções de Vendas e Vendas Líquidas • 139
6.8 Deduções e acréscimos de compras e compras líquidas • 144
6.9 Cálculo completo do RCM • 149
6.10 Inventários Permanentes • 151
6.12 Cálculo do custo das mercadorias vendidas (CMV) com uso de Inventários Permanentes • 159
6.13 Cálculo do resultado com mercadorias (RCM) com uso de Inventários Permanentes • 160

7

Contas retificadoras do Ativo, despesas antecipadas e efeitos no resultado • 171

7.1 Razões que levam a ajustes nas contas de Ativo • 174

7.2 Ajustes por perdas estimadas nas contas a receber de clientes • 175

7.3 Ajustes por perdas estimadas nos valores de mercadorias • 179

7.4 A depreciação e sua função de retificação de valor do imobilizado • 180

7.5 Despesas antecipadas • 185

7.7 O caso da operação de desconto de títulos e os juros a vencer • 187

8

Considerações especiais sobre o Passivo: provisões e adiantamentos de clientes • 197

8.1 Passivos originados em circunstâncias diferentes das tradicionais • 199

8.2 Provisões: significado, procedimentos e contabilização • 200

8.3 Adiantamentos de clientes • 203

8.4 Expansão do conceito de *passivo* • 205

9

A destinação do resultado e seus efeitos no Patrimônio Líquido e no Balanço Patrimonial • 213

9.1 A apuração de resultado do exercício • 215

9.2 Os beneficiários do resultado do exercício • 217

9.3 A função da conta Lucros/Prejuízos Acumulados • 218

9.4 A destinação dos lucros do período • 219

9.5 Os dividendos, seu significado e seu registro • 221

9.6 A constituição das reservas de lucros e sua importância • 223

10

O Plano de Contas e a estrutura das principais demonstrações contábeis: Balanço Patrimonial e Demonstração de Resultados • 231

10.1 A contabilidade e os sistemas de informação • 234

10.2 A planificação de contas • 234

10.4 Os códigos do plano de contas e sua importância • 235

10.4 Operacionalização da contabilidade mediante lançamentos por códigos • 237

Para concluir... • 241

Referências • 243

Respostas • 245

Sobre o autor • 251

Dedicatória

Gostaria de dedicar esta obra aos meus pais, Francesco Saporito e Filomena Posca Saporito (in memoriam), em retribuição aos ensinamentos e à dedicação que me ofereceram durante nosso convívio.

Apresentação

Este livro é uma introdução à contabilidade. Utilizamos uma linguagem acessível a iniciantes, evitando, na medida do possível, o excesso de termos técnicos que normalmente acompanha as normas emitidas pelos organismos reguladores da área. Quando esses termos aparecerem, você perceberá que estão inseridos em situações desenvolvidas no texto, de modo que conseguirá compreendê-los da forma mais natural e empírica possível.

Priorizamos a inserção de exemplos numéricos ricamente detalhados, que são retomados capítulo a capítulo, de modo a compor uma sequência, possibilitando que você os complemente quando receber nova carga de informações. Isso o auxiliará a entender como aplicar os novos conhecimentos aos casos já examinados, proporcionando-lhe uma visão cada vez mais aprimorada do exercício da contabilidade. Com essa mesma intenção, adotamos uma ordem lógica na exposição dos assuntos, a qual sintoniza cada novo capítulo com o que foi discutido anteriormente, a fim de que seu raciocínio se complemente à medida que você avance na leitura.

Dividimos o livro em dez capítulos, concatenados de maneira a permitir a evolução de seu aprendizado sobre o raciocínio contábil e sobre as razões da existência dos principais trabalhos e demonstrações contábeis.

No Capítulo 1, apresentamos uma introdução à contabilidade com o intuito de formar um panorama dessa ciência, ao abranger seus propósitos, suas ramificações, seus processos, seus destinatários, seus usuários, seus objetivos e suas limitações, além de comentar suas noções básicas.

Passamos, então, no Capítulo 2, a discutir as bases de aplicação da contabilidade. Tratamos da distinção entre pessoa física e jurídica, explicando como esta última se forma e qual é a função do Capital Social e sua integralização. Na sequência, explicaremos o que é o Balanço Patrimonial e como a contabilidade acompanha os fatos contábeis durante o período em que uma empresa ainda está se preparando para sua efetiva atuação no mercado – a chamada *fase pré-operacional*.

O Capítulo 3 é dedicado à mecânica contábil. Versamos sobre o método das partidas dobradas, também conhecido como Mecanismo de Débito e Crédito, essencial para a compreensão do raciocínio aplicado à contabilidade. Esclarecemos por que é necessário executar os lançamentos contábeis de duas maneiras diferentes: no Livro Diário e no Livro-Razão.

No Capítulo 4, explicamos como o Mecanismo de Débito e Crédito é aplicado a situações em que a empresa já tem atividade operacional. O enfoque do capítulo são as Contas Periódicas de Receitas e Despesas e seus efeitos sobre o Patrimônio Líquido. Também comentaremos como apurar um resultado econômico da atividade empresarial.

Na sequência, no Capítulo 5, apresentamos o Balancete de Verificação e explicitamos que tanto as Contas Patrimoniais como as Contas Periódicas são tratadas simultaneamente pela contabilidade e reunidas em uma única demonstração.

No Capítulo 6, por sua vez, nosso foco serão a Apuração de Resultado em empresas comerciais, a importância dos estoques de mercadorias e os sistemas de acompanhamento de suas quantidades físicas e valores. Adicionalmente, tratamos dos sistemas de Inventários Periódicos e Permanentes, dos principais métodos de avaliação de estoques e dos efeitos de cada um sobre a Apuração do Resultado Bruto.

O objetivo é que nesse ponto da leitura, você tenha dominado as diferenças entre o tratamento de Contas Patrimoniais e Periódicas, e tenha uma noção mais abrangente dos detalhes que envolvem a Apuração de Resultado para, então, no Capítulo 7, refinar seus conhecimentos, estudando situações que poderiam ser dúbias. Nesse capítulo, expomos as razões que levam a retificar para menos os Valores a Receber de Clientes e o Valor dos Estoques. Por fim, além de tratar das contas de imobilizado, diferenciamos as Despesas Antecipadas das Despesas do Período e comentamos seus efeitos na Apuração do Resultado.

No Capítulo 8, abordamos o Passivo ao analisar situações diversas das tradicionais (em que há conhecimento do valor e data de vencimento das obrigações). Damos destaque às Provisões, mencionando seus fundamentos e os meios utilizados para estimá-las, e tratamos dos Adiantamentos de Clientes, que também geram obrigações, ainda que não sejam quitadas em dinheiro.

Depois, para que você entenda o conceito de *distribuição de Dividendos* e sua diferenciação em relação a despesas, no Capítulo 9 explicamos a Destinação do Resultado. Esclarecemos que a parte dos lucros distribuídos não é agregada ao Patrimônio Líquido e pode transformar-se em dívida da empresa para com seus acionistas, caso não seja paga imediatamente. Já a parte dos lucros não distribuída é acrescentada ao Patrimônio Líquido na forma de Reserva de Lucros.

No Capítulo 10, discorremos sobre o Plano de Contas, com a finalidade de esmiuçarmos a execução da contabilidade e os modos de efetuar registros específicos dos fatos contábeis em subcontas. Explicamos como acompanhar cada item de interesse e, ao mesmo tempo, atualizar o valor total da conta que acumula as diversas subcontas nela definidas. O entendimento do Plano de Contas possibilita-nos uma visão mais completa acerca da importância do planejamento da contabilidade para que sua execução alcance os objetivos pretendidos, particularmente, no caso desta obra, a elaboração das duas principais demonstrações contábeis, a saber: o Balanço Patrimonial e a Demonstração de Resultados.

Evidentemente, há uma série de assuntos mais avançados e outras demonstrações contábeis não incluídas neste livro, o que se justifica por sua proposta de ser uma obra dirigida a iniciantes em contabilidade. Optamos por aprofundar e exemplificar os aspectos que façam parte dessa visão inicial e oferecer apenas uma introdução a assuntos mais avançados.

Esperamos que, ao término da leitura, você consiga mais do que simplesmente compreender como a contabilidade é executada, refletir e entender as razões pelas quais a contabilidade deveria ser executada de determinado modo. Talvez seja esse o maior diferencial desta obra.

Desejamos que sua leitura seja bastante proveitosa e amplie seus horizontes.

Como aproveitar ao máximo este livro

Este livro traz alguns recursos que visam enriquecer o seu aprendizado, facilitar a compreensão dos conteúdos e tornar a leitura mais dinâmica. São ferramentas projetadas de acordo com a natureza dos temas que vamos examinar. Veja a seguir como esses recursos se encontram distribuídos no decorrer desta obra.

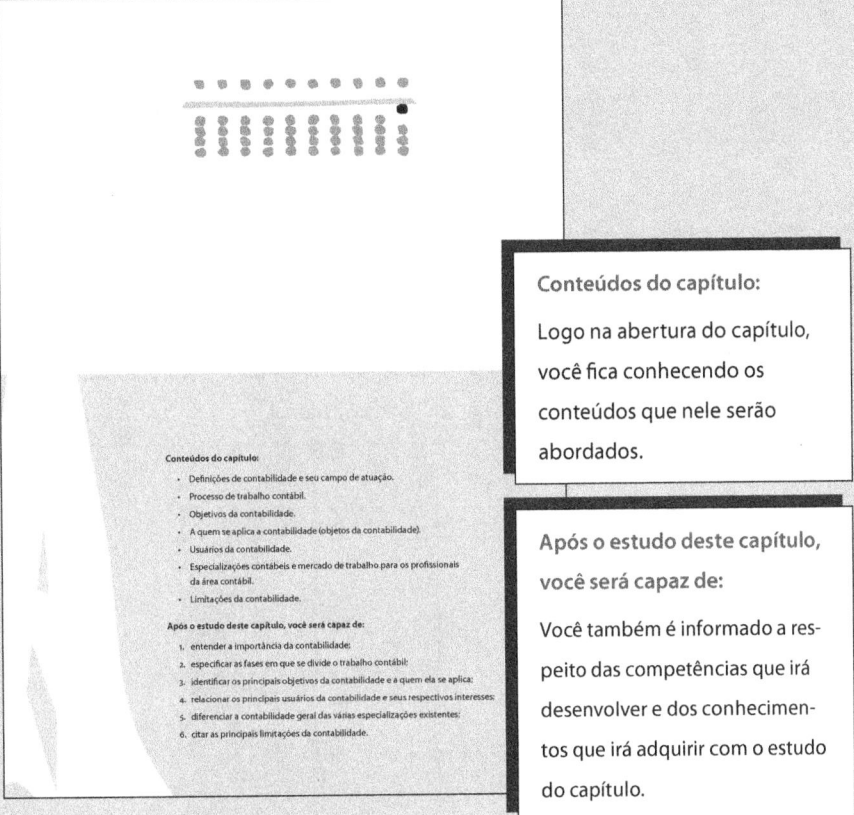

Conteúdos do capítulo:

Logo na abertura do capítulo, você fica conhecendo os conteúdos que nele serão abordados.

Após o estudo deste capítulo, você será capaz de:

Você também é informado a respeito das competências que irá desenvolver e dos conhecimentos que irá adquirir com o estudo do capítulo.

Perguntas & respostas

1. Pessoas Físicas podem consultar as informações contábeis de empresas abertas? Com que intuito?

Sim. Pessoas físicas podem verificar a contabilidade de empresas abertas como forma de auxiliar na decisão entre comprar ou vender ações dessas companhias, participando delas como investidores minoritários. Podem ainda utilizar as demonstrações contábeis de organizações em geral para escolher futuros empregadores ou mesmo investigar a solidez das empresas em que trabalham.

No Quadro 1.1, resumimos os principais usuários de informações contábeis e respectivas utilizações.

Quadro 1.1 – Principais usuários e utilizações da contabilidade

Usuários		Utilizações
Internos	Sócios e acionistas	Avaliar se os objetivos planejados para seus empreendimentos foram atingidos.
	Administradores	Planejar e controlar as empresas. Ser avaliado em seu desempenho.
Externos	Governos (federal, estaduais e municipais)	Acompanhar as bases de cálculo de impostos, tributos e contribuições.
	Bancos	Obter informações para conceder crédito às empresas.
	Fornecedores	Decidir se vendem a prazo a seus clientes.
	Pessoas Físicas	Escolher empregador; selecionar ações de empresas para investir na Bolsa de Valores, entre outras.

Fonte: Elaborado com base em Iudícibus, 2010b.

Outro aspecto que vale ser mencionado é que a contabilidade permite abordar não somente o acompanhamento patrimonial de entidades em geral, mas também uma série de campos de estudos em que é vista de forma mais específica ou ainda serve de requisito. Explicaremos melhor tal característica na seção que segue.

Perguntas & respostas

Nesta seção, o autor responde a dúvidas frequentes relacionadas aos conteúdos do capítulo.

Estudo de caso

A Construbem é uma construtora de pequeno porte fundada há cerca de cinco anos e que vem, desde o início de suas atividades, atuando no mercado de construção de pequenos prédios residenciais. A empresa, ao longo desses anos, adotou a política de iniciar uma obra e simultaneamente promover a venda dos apartamentos, e de somente começar uma nova obra quando a anterior estiver totalmente vendida.

Foi desse modo que a empresa conseguiu concluir e entregar sete prédios, e vem executando obras em outros três, dos quais apenas o último ainda não está totalmente vendido. Todavia, em sua última reunião, a cúpula da empresa resolveu criar uma área de novos negócios, para evitar que a empresa ficasse dependente demais do mercado imobiliário. Para conduzir a nova área, contratou como gerente um executivo muito conceituado e bem-relacionado.

Rapidamente, o novo gerente sondou as diversas oportunidades de mercado e vislumbrou a oportunidade de participar da construção de um hospital municipal numa cidade vizinha à sede da Construbem. Verificou que a construtora tinha os equipamentos e capacidade para dar conta da obra e levou a proposta à direção da empresa, que a princípio hesitou, mas logo depois aceitou a ideia de levar adiante a tentativa de entrar nesse mercado que até então desconhecia.

A partir desse momento, o gerente de novos negócios passou a estudar com detalhes o edital de concorrência pública para construção do hospital e observou que existiam algumas exigências em relação às construtoras participantes, entre as quais estar há mais de três anos no mercado e ter Capital Social integralizado de no mínimo 1 milhão de reais. Tomou ciência, ainda, de que todas as construtoras participantes deveriam entregar uma cópia de seus respectivos contratos sociais e as últimas alterações contratuais, assim como uma série de outros documentos, que seriam checados tão logo fosse apontada a vencedora do certame. A decisão seria em favor da empresa que apresentasse o menor preço para a construção do hospital.

Conhecidas as condições, o gerente de novos negócios consultou informalmente o contador, na primeira ocasião em que o encontrou, com relação ao tempo de existência da construtora e seu Capital Social, sem especificar por que perguntava isso, comportando-se como se fosse por mera curiosidade. O contador respondeu que a empresa tinha cinco anos de existência e que seu Capital Social era de 1 milhão de reais.

Muito satisfeito com as respostas do contador, o gerente deu sequência a seu projeto e passou a estudar meticulosamente os custos da construtora, as possibilidades de contar com mão de obra da própria cidade em que seria construído o hospital, os ganhos de escala que teria na compra de materiais e a adequação de prazos de recebimento e pagamento. Ao final, enviou para a concorrência um envelope fechado com um preço muito competitivo.

Estudo de caso

Esta seção traz ao seu conhecimento situações que vão aproximar os conteúdos estudados de sua prática profissional.

Síntese

Você dispõe, ao final do capítulo, de uma síntese que traz os principais conceitos nele abordados.

Exercícios resolvidos

A obra conta também com exercícios seguidos da resolução feita pelo próprio autor, com o objetivo de demonstrar, na prática, a aplicação dos conceitos examinados.

Questões para revisão

1. A quem se aplica a contabilidade?
2. Quais são os três principais trabalhos necessários ao processo de execução da contabilidade e para que servem?
3. A contabilidade caracteriza-se como ciência:
   a) exata, pois utiliza métodos quantitativos.
   b) da natureza, por representar apenas avaliações monetárias.
   c) social aplicada, por tratar de questão social com uso de métodos quantitativos.
   d) social pura, por tratar de questões sociais com uso de métodos quantitativos.
4. São usuários internos da contabilidade de uma empresa:
   a) acionistas majoritários e administradores.
   b) acionistas majoritários e acionistas minoritários.
   c) administradores e acionistas minoritários.
   d) acionistas majoritários e governo.
5. São usuários externos da contabilidade de uma empresa:
   a) administradores e governo.
   b) bancos e governo.
   c) administradores e bancos.
   d) acionistas majoritários e acionistas minoritários.

> **Questões para revisão**
> Com estas atividades, você tem a possibilidade de rever os principais conceitos analisados. Ao final do livro, o autor disponibiliza as respostas às questões, a fim de que você possa verificar como está sua aprendizagem.

Questões para reflexão

1. Por que as empresas, ao serem constituídas, já não têm seu Capital Social integralizado com os bens que efetivamente utilizará em suas atividades?
2. Por que o Capital Social a integralizar não deve ser considerado um ativo da empresa?

> **Questões para reflexão**
> Nesta seção, a proposta é levá-lo a refletir criticamente sobre alguns assuntos e trocar ideias e experiências com seus pares.

Para saber mais

Para você aprofundar sua aprendizagem, recomendamos as seguintes leituras:

IUDÍCIBUS, S. de et al. **Contabilidade introdutória**: livro texto. 11. ed. São Paulo: Atlas, 2010.

Trata-se de obra de referência na área, tanto por ser pioneira no ensino da contabilidade conforme prescrito pela escola americana quanto pela abrangência de seu conteúdo.

IUDÍCIBUS, S. de; MARION, J. C.; FARIA, A. C. de. **Introdução à teoria da contabilidade**: para o nível de graduação. São Paulo: Atlas, 2009.

Obra sobre os aspectos teóricos da contabilidade, que, muitas vezes, geram dúvidas nos estudantes e profissionais da área. É escrita em linguagem bastante acessível, o que justifica sua indicação como muito boa fonte complementar.

MARION, J. C. **Contabilidade básica**: livro-texto. São Paulo: Atlas, 2009.

Livro didático e de abordagem rica em exemplos práticos e exercícios, é recomendável àqueles que desejam reforçar seus conhecimentos na área contábil.

> **Para saber mais**
>
> Você pode consultar as obras indicadas nesta seção para aprofundar sua aprendizagem.

Consultando a legislação

BRASIL. Lei n. 6.404, de 15 de dezembro de 1976. **Diário Oficial**, Poder Executivo, Brasília, DF, 17 dez. 1976. Disponível em: <http://www.planalto.gov.br/ccivil_03/leis/l6404consol.htm>. Acesso em: 9 nov. 2017.

Promulgada por Ernesto Geisel e inspirada na legislação norte-americana, a Lei n. 6.404, de 15 de dezembro de 1976, dispõe sobre as sociedades por ações.

BRASIL. Lei n. 11.638, de 28 de dezembro de 2007. **Diário Oficial da União**, Poder Executivo, Brasília, DF, 9 jan. 2008. Disponível em: <http://www.planalto.gov.br/ccivil_03/_ato2007-2010/2007/lei/l11638.htm>. Acesso em: 9 nov. 2017.

A Lei n. 11.638, de 28 de dezembro de 2007 atualiza a Lei n. 6.404/1976 a fim de adequar as determinações legais à nova realidade empresarial brasileira, no intento de conferir maior transparência a essas atividades. Entre as muitas diferenças, destacamos a adequação do Balanço Patrimonial modificando as práticas contábeis.

BRASIL. Lei n. 11.941, de 27 de maio de 2009. **Diário Oficial da União**, Poder Legislativo, Brasília, DF, 28 maio 2009. Disponível em: <http://www.planalto.gov.br/ccivil_03/_ato2007-2010/2009/lei/l11941.htm>. Acesso em: 9 nov. 2017.

A Lei n. 11.941, de 27 de maio de 2009, versa sobre a responsabilidade tributária de sócios e administradores de pessoas jurídicas com dívidas tributárias, determinando como pode ocorrer o parcelamento especial ou a remissão de tais dívidas.

> **Consultando a legislação**
>
> Você pode consultar também os textos legais relacionados aos assuntos abordados no capítulo.

Contexto da contabilidade geral I

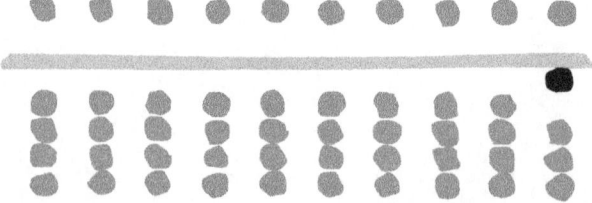

Conteúdos do capítulo:

- Definições de contabilidade e seu campo de atuação.
- Processo de trabalho contábil.
- Objetivos da contabilidade.
- A quem se aplica a contabilidade (objetos da contabilidade).
- Usuários da contabilidade.
- Especializações contábeis e mercado de trabalho para os profissionais da área contábil.
- Limitações da contabilidade.

Após o estudo deste capítulo, você será capaz de:

1. entender a importância da contabilidade;
2. especificar as fases em que se divide o trabalho contábil;
3. identificar os principais objetivos da contabilidade e a quem ela se aplica;
4. relacionar os principais usuários da contabilidade e seus respectivos interesses;
5. diferenciar a contabilidade geral das várias especializações existentes;
6. citar as principais limitações da contabilidade.

Neste capítulo, disponibilizamos um breve panorama sobre a contabilidade, antes de adentrar a discussão de conceitos e técnicas que será empreendida ao longo dos vários capítulos que compõem esta obra. Apresentaremos uma ampla visão sobre o assunto, para facilitar sua compreensão e aplicação.

Fazem parte do escopo deste capítulo caracterizar a contabilidade como ciência, indicar seus vários usos e limitações, expor seus objetivos, identificar seus usuários e aqueles a quem ela se aplica, apresentar suas ramificações e oportunidades de trabalho, entre outros aspectos de interesse para quem está travando seu primeiro contato com o assunto ou procura entendê-lo melhor.

A expectativa é que os conteúdos deste primeiro capítulo forneçam-lhe tanto uma boa visão de conjunto quanto um suporte útil para melhor aproveitamento dos demais capítulos.

1.1 A contabilidade como ciência e como sistema

De acordo com os conceituados autores Iudícibus (2010a), Marion (2009) e Martins (2010), **a contabilidade é a ciência que tem por objetivo o estudo do patrimônio e de suas variações com o passar do tempo.**

Embora utilize números e cálculos, não se trata de uma ciência exata, pois os resultados que apura podem variar conforme as regras estabelecidas por órgãos de classe, pelo Poder Público e por outros organismos disciplinadores. Para que uma ciência seja considerada exata, sua metodologia deve conduzir a resultados finais únicos quando se realiza um experimento, independentemente de época, local ou vontade de quem quer que seja. Assim é na matemática, na física e na química. Os resultados não mudam: a soma de dois mais dois é igual a quatro hoje, no passado e no futuro e em qualquer lugar. Nas ciências exatas, os resultados podem estar associados a eventos da natureza e são sempre os mesmos, mantidas as condições, e não dependem dos locais ou de regras estabelecidas por pessoas.

Sendo assim, a contabilidade não satisfaz os requisitos de ciências exatas, uma vez que, em determinadas situações, se aceita mais de uma metodologia para executar avaliações e apurar resultados. Ademais, a área está sujeita a regras elaboradas por pessoas e que podem mudar de um país para outro. Embora nos últimos anos tenha ocorrido um movimento de convergência da contabilidade de muitos países, entre eles o Brasil, para padrões internacionais, isso não significa que ela seja idêntica em todo o mundo. Algumas diferenças persistem.

Por atuar no estudo e no acompanhamento do patrimônio, ou seja, da riqueza econômica, e por tratar de interesses da sociedade como um todo, a contabilidade se caracteriza como uma ciência social. O aspecto particular de lidar com números e métodos quantitativos lhe dá o caráter de ciência aplicada – daí a qualificação completa de **ciência social aplicada** para a contabilidade.

Do ponto de vista prático, a contabilidade pode ser entendida como um **sistema de informações**. A um sistema de informações cabe a transformação de dados que lhe são conteúdos externos e de pouco significado em informações cujo conteúdo, quando tomado no conjunto, é útil e de grande valor para quem sabe utilizá-lo.

Conforme Iudícibus (2010b), a contabilidade é o maior sistema de informações existente nas empresas – donde podemos inferir sua importância, considerando que toda informação é vital para tomar decisões coerentes.

Em termos práticos, entretanto, para que a contabilidade cumpra sua missão, é preciso que haja um **processo ordenado**.

1.2 O processo contábil e seu funcionamento

Para avaliar o patrimônio e acompanhar sua evolução com o passar do tempo, a contabilidade precisa isolar e processar os fatos que, de alguma forma, o modificam. Trata-se de um processo ordenado em que a realização de cada uma das etapas é requisito para a etapa posterior e para que o trabalho contábil seja concluído.

Conforme Hendriksen e Van Breda (2014) e Iudícibus (2010b), são cinco as etapas desse processo: captação, registro, acúmulo, resumo e interpretação. A seguir, especificamos em que consiste cada qual, atentando para a necessidade de elas serem cumpridas nesta ordem:

1. **Captação** – Consiste em identificar, selecionar e classificar os fatos que alteram o patrimônio. Uma vez selecionados os fatos que realmente interessam processar, eles devem ser classificados de modo que seja possível separar todos os efeitos que causem ao patrimônio.

2. **Registro** – Resume-se em apontar formalmente no sistema contábil os fatos captados, para que nele fiquem gravados e sirvam para mensurar as alterações patrimoniais decorrentes.

3. **Acúmulo** – Diz respeito à organização lógica dos registros, para que seu efeito conjunto possa ser mensurado ao longo do tempo. Não basta registrar, é preciso estabelecer formas racionais de organizar esses registros, a fim de medir os efeitos e alterações no patrimônio à medida que ocorram novos fatos.

4. **Resumos** – De modo geral, são relatórios contábeis padronizados, montados de acordo com as necessidades de quem os utiliza. Servem para facilitar a visualização do patrimônio e suas variações, pois, se o acúmulo dos registros é exibido em todos os seus detalhes, quem os examina não consegue visualizar o que realmente lhe interessa.

5. **Interpretação** – Corresponde ao efeito dos fatos que alteram o patrimônio na situação econômica e financeira da entidade estudada. É a conjugação da mensuração de todos os fatos captados, registrados, acumulados e demonstrados nos resumos. É nessa etapa que se entendem as várias mudanças patrimoniais, tanto no que concerne aos itens como aos valores.

Definidas as etapas do processo contábil, na seção que segue, esclarecemos a quem a contabilidade pode ser aplicada, ou seja, especificaremos o seu objeto de aplicação.

1.3 A quem se aplica a contabilidade

De modo geral, **a contabilidade é aplicável a entidades**. *Entidade* é um nome genérico para as múltiplas possibilidades de aplicação da contabilidade. Corresponde a qualquer agente econômico – empresa ou instituição – que tenha patrimônio digno de acompanhamento, independentemente de ter ou não fins lucrativos. Isso significa que, quando afirmamos que a contabilidade é aplicável a qualquer agente econômico, este não precisa ter o lucro como objetivo primordial de sua existência, basta que tenha patrimônio significativo o suficiente para que se justifique seu acompanhamento. Cabe ressaltarmos que produzir informação contábil gera gastos, e, se o volume patrimonial da entidade for muito reduzido, o custo da contabilidade pode consumir mais do que a entidade suporta.

Evidentemente, as empresas com fins lucrativos são o tipo de entidade em que a aplicação da contabilidade é mais frequente e visível, mas, como apontamos, elas estão longe de ser o único tipo de entidade cujo patrimônio é acompanhado via contabilidade. É interessante lembrarmos que empresas podem ser dedicadas tanto à prestação de serviços quanto ao comércio, à indústria, à atividade agrícola, à construção civil, entre tantas outras atividades. A contabilidade se aplica a qualquer uma delas, com uma mescla de regras comuns e outras específicas.

A forma jurídica como se constitui uma empresa também não é obstáculo para a aplicação da contabilidade. Não há também qualquer especificação de porte mínimo, pois é o próprio interessado que, a seu critério, define se seu patrimônio é importante o suficiente para merecer acompanhamento contábil.

Outro aspecto que merece menção é o de não ser imprescindível à contabilidade que o objeto de sua aplicação seja uma pessoa jurídica formalmente constituída por contrato social. Ela pode ser aplicada a departamentos isolados, a divisões, a filiais e até mesmo a grupos de empresas.

As **instituições financeiras** e as **seguradoras** são organizações diferenciadas em relação a empresas de modo geral e a elas a contabilidade também se aplica, embora de maneira diversa, com estruturas de acompanhamento do patrimônio específicas, determinadas por órgãos reguladores dessas atividades no Brasil. O mesmo é verdadeiro para empresas de produção, transmissão e distribuição de energia elétrica, de aviação civil, de petróleo, entre outros setores que utilizam as normas gerais da contabilidade associadas a normas específicas emanadas pelos órgãos controladores dessas atividades.

Conforme assinalamos anteriormente, a contabilidade é aplicável também a entidades sem fins lucrativos, pois não se presta exclusivamente a mensurar lucros. Tais entidades têm objetivos que podem ser acompanhados por meio da contabilidade.

Sindicatos, clubes, associações de bairro, igrejas, instituições beneficentes, organizações não governamentais (ONGs), entre outras entidades, precisam de contabilidade sempre que apresentem patrimônio digno de acompanhamento. Não é o fato de não objetivarem lucros que as isenta da necessidade de fazer suas contabilidades. Afinal, essas organizações devem verificar se seus recursos estão sendo utilizados em prol de seus objetivos. Além disso, seus dirigentes são responsáveis pelo patrimônio que lhe é confiado, e é a contabilidade que lhes possibilita a prestação de contas.

A contabilidade é aplicada, ainda, a organizações do Poder Público tais como prefeituras, governos estaduais, governo federal, repartições públicas e autarquias. Nesses casos, suas normas gerais são complementadas pelas orientações específicas da **contabilidade pública**, que dá o suporte necessário à aplicação dos processos contábeis nesse segmento.

Em última análise, **aplica-se a contabilidade até mesmo a pessoas físicas**. Embora não seja muito comum, é perfeitamente possível aplicá-la a uma pessoa humana para medir e acompanhar seu patrimônio. Algumas pessoas praticam essa ideia. Ainda que sem a estrutura e o acompanhamento executado pela contabilidade, a declaração de Imposto de Renda das pessoas físicas não deixa de ser informação contábil, porém em formatação diferente daquela contemplada neste livro.

Segundo Iudícibus (2010a) e Marion (2009), os principais tipos de entidade às quais se aplica a contabilidade são, resumidamente:

- empresas dos mais variados ramos de negócio no comércio, na indústria e em serviços;
- instituições financeiras tais como bancos comerciais, bancos de investimentos e corretoras de valores mobiliários;
- seguradoras e empresas de *leasing*;
- fundos de investimento, consórcios e fundações de seguridade social;
- instituições de direito público tais como prefeituras, ministérios e autarquias;

- entidades religiosas e beneficentes tais como igrejas, orfanatos e hospitais beneficentes;
- associações de classe, clubes e outros órgãos representativos de interesses de coletividades específicas;
- pessoas físicas.

Levando em conta que essa lista dá margem à inclusão de outros tipos de organizações, podemos depreender que as possibilidades de aplicação da contabilidade são muito variadas. Você pode notar também que foram listados agentes com as mais diversas finalidades (que não precisam estar voltadas à obtenção de lucros).

Outro aspecto a considerar é que a base de aplicação da contabilidade, seu objeto, não necessariamente coincide com seus usuários, conforme esclarecemos a seguir.

1.4 Usuários da contabilidade

A contabilidade, como referimos, é um sistema de informações cujos usuários são pessoas diferentes daquelas que produzem a informação contábil. Os contadores executam a atividade contábil, mas são outros profissionais, entidades e pessoas em geral os principais beneficiários de seu serviço. Por isso, a contabilidade não é uma atividade com fim em si mesma. Ela é um meio, pois serve a uma série de pessoas não diretamente ligadas à área contábil.

Os usuários da contabilidade, de acordo com Hendriksen e Van Breda (2014) e Iudícibus e Marion (2010), podem ser divididos em **internos** e **externos**. São internos quando têm estreita ligação com o trabalho administrativo ou de poder dentro as organizações em que a contabilidade é aplicada; e externos, quando se valem das informações contábeis das organizações, porém sem a mesma proximidade e o mesmo interesse contínuo dos usuários internos.

Os maiores beneficiários da contabilidade são os usuários internos, pois ela os atende continuamente, com um grau de detalhamento muito maior e, em determinadas informações, com exclusividade. Fazem parte desse grupo os sócios ou acionistas (conforme a espécie jurídica) controladores e os administradores da organização para a qual a contabilidade existe. Cabe assinalarmos que por *administradores* não devemos entender apenas a cúpula administrativa das organizações: devemos incluir também os níveis de escalões inferiores, o que eleva significativamente a quantidade de usuários que se enquadram nesse tipo.

O interesse pela contabilidade, porém, ultrapassa os limites da organização, e muitos são os interessados na informação contábil fora da entidade. São considerados usuários externos todos aqueles que não mantêm relação estreita de comando ou que não detêm a propriedade das organizações para as quais ela é elaborada.

O governo, em seus três níveis (federal, estadual e municipal), é o usuário externo mais visível, pois lida com as informações diretamente ligadas à tributação. Os tributos são cobrados em conformidade com fatos geradores e bases de cálculo. Por meio da contabilidade, são apuradas as bases de cálculo para efeito de tributação, e esse é o principal uso – mas não o único – que as três esferas de governo fazem da contabilidade.

Os bancos também são usuários externos, assim como fornecedores e até mesmo clientes que se relacionam ou têm potencial de relacionamento com a entidade para a qual é realizada a contabilidade. Investidores minoritários não controladores, tanto pessoas físicas quanto jurídicas, são igualmente qualificados como externos.

Sindicatos de trabalhadores, sindicatos patronais, entidades setoriais, pesquisadores acadêmicos, jornalistas, entre outros, são outros usuários possíveis, tais como pessoas físicas em geral, desde que tenham conhecimento para interpretar a contabilidade e tornar a informação útil para satisfazer suas necessidades.

Em suma, são bastante diversos tanto os usuários da contabilidade quanto seus respectivos interesses. Logo, ela pode ser utilizada de variadas formas.

1.5 Para que serve a contabilidade

A contabilidade se destina a seus usuários, internos e externos, e estes a utilizam de acordo com suas necessidades. Os interesses pela contabilidade e a natureza da informação contábil disponibilizada pelas organizações variam conforme o tipo de usuário (interno ou externo).

As organizações são administradas para alcançar seus objetivos, lucrativos ou não. Seus proprietários designam administradores que se responsabilizam pelo desempenho e pelas perspectivas das organizações e esperam que obtenham bons resultados. Tanto acionistas majoritários (controladores) como administradores são usuários internos, mas seus interesses diferem e, por isso, o uso das informações contábeis por parte deles também não coincide.

É evidente que, em muitas situações, as figuras de proprietário e administrador se confundem quando estão concentrados nas mesmas pessoas. Entretanto, suas visões nessas duas condições são bem diferentes. Nas empresas bem organizadas, contudo, a administração costuma ser profissional, de modo a não existir o acúmulo de funções.

Enquanto os acionistas majoritários utilizam a contabilidade principalmente para verificar se os objetivos de suas empresas foram alcançados, os administradores o fazem para fins de planejamento e controle. A contabilidade oferece informações úteis para o planejamento, e é por meio dela que se exerce a função de **controle**, ou seja, a comparação entre os valores de fato ocorridos e medidos pela contabilidade e os valores planejados. Essa atividade também possibilita a busca por melhorias contínuas por meio de ajustes administrativos que eliminem ou reduzam as diferenças desfavoráveis entre os valores reais e os desejados.

Os administradores, em seus vários níveis, têm seu desempenho medido e acompanhado pela contabilidade. Em muitas empresas existem programas de bônus para executivos que superam suas metas. A contabilidade tem papel fundamental para mensurar os resultados alcançados pelos vários executivos participantes desses programas. Por isso, ela deve ser neutra e realizada por profissionais que não tenham interesses diretamente relacionados a esses ganhos. O mesmo é verdadeiro para as situações em que a contabilidade aponta para desempenhos pífios que podem determinar até mesmo a demissão de executivos.

Para os usuários externos, a contabilidade das organizações oferece relatórios padronizados ou documentação específica, como ocorre no caso dos governos, que exigem declarações e guias de recolhimento de valores com base em informações contábeis. Para os governos (federal, estaduais e municipais), a atividade é de extrema importância, pois a ela estão associadas informações necessárias para acompanhar e controlar a arrecadação tributária.

Os outros usuários externos têm nas demonstrações contábeis padronizadas a maior parte da informação contábil acerca das organizações que lhe interessam. Bancos utilizam-na nos processos decisórios sobre concessão de crédito a empresas. Da mesma maneira, fornecedores podem examinar as informações contábeis de seus clientes para decidir se lhes vendem a prazo ou não.

Perguntas & respostas

1. Pessoas Físicas podem consultar as informações contábeis de empresas abertas? Com que intuito?

Sim. Pessoas físicas podem verificar a contabilidade de empresas abertas como forma de auxiliar na decisão entre comprar ou vender ações dessas companhias, participando delas como investidores minoritários. Podem ainda utilizar as demonstrações contábeis de organizações em geral para escolher futuros empregadores ou mesmo investigar a solidez das empresas em que trabalham.

No Quadro 1.1, resumimos os principais usuários de informações contábeis e respectivas utilizações.

Quadro 1.1 – Principais usuários e utilizações da contabilidade

Usuários		Utilizações
Internos	Sócios e acionistas	Avaliar se os objetivos planejados para seus empreendimentos foram atingidos.
	Administradores	Planejar e controlar as empresas. Ser avaliado em seu desempenho.
Externos	Governos (federal, estaduais e municipais)	Acompanhar as bases de cálculo de impostos, tributos e contribuições.
	Bancos	Obter informações para conceder crédito às empresas.
	Fornecedores	Decidir se vendem a prazo a seus clientes.
	Pessoas Físicas	Escolher empregador, selecionar ações de empresas para investir na Bolsa de Valores, entre outras.

Fonte: Elaborado com base em Iudícibus, 2010b.

Outro aspecto que vale ser mencionado é que a contabilidade permite abordar não somente o acompanhamento patrimonial de entidades em geral, mas também uma série de campos de estudos em que é vista de forma mais específica ou ainda serve de requisito. Explicaremos melhor tal característica na seção que segue.

1.6 Especializações e ramificações da contabilidade

A contabilidade geral, também denominada *contabilidade financeira* – assunto central deste livro –, apresenta algumas subdivisões, ou seja, o acompanhamento executado por ela é dividido em algumas atividades, e além da contabilidade geral existem outros segmentos de contabilidade mais específicos. Isso significa que há diversos trabalhos que podem ser realizados por quem é da área contábil, além de uma série de oportunidades interessantes para aqueles que a ela se dedicam.

Tendo a função de acompanhar integralmente a entidade no que concerne aos fatos modificadores de seu patrimônio, a contabilidade geral é realizada por diversos profissionais, que executam cada qual uma tarefa diferente, conforme sua atividade específica. Entre as principais especializações da contabilidade, estão: planificação da contabilidade, escrituração contábil e elaboração e interpretação de relatórios, conforme descrito no Quadro 1.2.

Quadro 1.2 – Principais especializações contábeis e suas funções

Especializações contábeis	Funções
Planificação da contabilidade	Planejamento das contas que compõem a contabilidade da entidade planificada (Iudícibus et al., 2011; Almeida, 2014a).
Escrituração contábil	Acompanhamento diário da entidade exercido pela contabilidade, ao passar para os livros contábeis os fatos contábeis ocorridos.
Elaboração e interpretação de relatórios	Síntese das informações contábeis, a fim de viabilizar o trabalho de sua interpretação por parte dos diversos usuários.

Fonte: Elaborado com base em Marion, 2009.

A contabilidade geral (financeira) é o ponto de partida para que o profissional interessado possa desenvolver-se também em outros ramos mais específicos, que se constituem em oportunidades adicionais de trabalho para quem atua na área contábil, entre os quais se destacam: contabilidade de custos, contabilidade fiscal, auditoria interna e externa, análise das demonstrações contábeis, sistemas de informações contábeis e controladoria entre os principais, conforme descrito no Quadro 1.3.

Quadro 1.3 – Principais ramos da contabilidade e suas áreas de atuação

Contabilidade geral (financeira)	Trata dos registros contábeis que afetam todas as áreas da entidade acompanhada. Dela saem os relatórios básicos destinados aos usuários externos.
Contabilidade de custos	De uso interno e exclusivo das organizações, é um importante instrumento gerencial.
Contabilidade fiscal	Visa aplicar as regras fiscais às operações sobre as quais incidem impostos, taxas e contribuições.
Auditoria interna	Presta-se a dar aos proprietários da empresa a segurança de que os controles internos são eficazes.
Auditoria externa	Tem fé pública, e sua função é assegurar ao público em geral e, mais especificamente, aos agentes que tenham relacionamento com a empresa auditada que suas demonstrações contábeis foram elaboradas conforme as regras e condizem com a realidade dos negócios.
Análise de demonstrações contábeis	É uma atividade normalmente exercida fora das empresas, principalmente por bancos, e que se destina a investigar a situação econômico-financeira das empresas estudadas para fins de crédito ou investimento.

(continua)

(Quadro 1.3 – conclusão)

Sistemas de informações contábeis	Para que as informações contábeis possam contribuir decisivamente no processo decisório das empresas, é necessário que fluam por meio de sistemas especialmente concebidos e estruturados para atender às necessidades gerenciais.
Controladoria	É uma das funções mais valorizadas nas empresas. Consiste no uso das informações contábeis e administrativas como meio de assessorar a alta administração no processo decisório.

Fonte: Elaborado com base em Iudícibus, 2010.

Quanto mais dominarmos o raciocínio contábil – que será exposto ao longo desta obra –, maior será nossa facilidade para assimilarmos outros conteúdos necessários ao desempenho de funções nos outros ramos da contabilidade.

1.7 Limitações da contabilidade

É preciso que tenhamos clareza sobre as limitações da contabilidade, para não criarmos expectativas para além do que ela possa oferecer aos usuários. Por exemplo, é importante sabermos que a contabilidade:

- é uma atividade-meio, e não uma atividade-fim, ou seja, não se justifica por si só, pois serve como veículo de informação para que outras pessoas, fora da área contábil, usem-na para planejar, controlar, calcular impostos ou mesmo avaliar uma empresa;
- trata apenas de itens avaliáveis em moeda. Portanto, uma série de itens que comprovadamente têm outro tipo de valor, como a equipe gerencial e a participação de mercado, não são objetos de avaliação contábil;
- não apresenta uniformidade em sua terminologia, o que gera uma dificuldade adicional na comunicação, podendo comprometer a qualidade da informação contábil ou sua interpretação;
- apresenta relatórios com defasagem temporal; como resultado, são tomadas decisões sobre uma base passada, e não sobre o momento presente. Quanto maior for a defasagem temporal entre o momento do uso da informação contábil e o da sua elaboração, maior será o risco de a situação atual da empresa analisada ser bem diferente daquela da época em que foram elaboradas as demonstrações contábeis.

Estudo de caso

Passava do meio do ano, e José Augusto, estudante que concluiria o Ensino Médio naquela temporada, estava muito ansioso, pois já era tempo de decidir-se por um curso superior, portanto por uma carreira profissional.

Sem dúvida, essa é uma das decisões mais difíceis para um jovem, tanto pela provável falta de maturidade que se tem com menos de 18 anos quanto pela falta de informações acerca das diversas carreiras existentes.

Como o círculo de amizades de José Augusto era basicamente formado por jovens na mesma situação que a sua, suas conversas com os amigos mais aumentavam sua insegurança do que traziam esclarecimentos.

José Augusto cogitou fazer um teste vocacional para buscar uma resposta. Mas já de antemão sentia que não teria a menor vocação para ser médico ou engenheiro e sabia que desejava uma formação que lhe desse boas oportunidades profissionais.

Como precisava de auxílio financeiro para pagar pelo teste, José Augusto procurou conversar com seu pai, que, com o intuito de ajudá-lo a resolver o problema, sugeriu:

— Filho, você já pensou em fazer um curso de Ciências Contábeis? Tenho alguns amigos que optaram por isso e não se arrependem.

José Augusto abriu um sorriso e reagiu da seguinte forma:

— Pai, não gosto de ciências exatas. Além disso, trabalhar o tempo todo só para atender às necessidades governamentais, calculando impostos e preenchendo fichas para pagamento deles? Não dá, né? Isso sem falar que cada empresa não tem mais que um contador. Que futuro posso ter como contador? Acho que não foi uma boa sugestão, pai.

Você concorda com o José Augusto? Após a atenta leitura que você fez desse capítulo, se estivesse na posição desse pai, que argumentos utilizaria para convencer o filho de que a visão dele não condiz com a realidade?

Síntese

Explicamos, neste capítulo, que *contabilidade* é a ciência que tem por objetivo o estudo do patrimônio e suas variações com o passar do tempo. Embora utilize números e cálculos, não é uma ciência exata, mas uma ciência social aplicada, que também pode ser entendida como um sistema de informações.

Essa área de conhecimento isola e processa os fatos que de alguma forma modificam o patrimônio, a fim de avaliá-lo e de acompanhar sua evolução ao longo do tempo, em um processo ordenado que se realiza em cinco etapas: captação, registro, acúmulo, resumo e interpretação. Cada etapa é requisito para a etapa posterior e para que o trabalho contábil seja concluído.

Também verificamos que a contabilidade é aplicável a entidades de forma geral, portanto, não se limita ao acompanhamento de empresas ou instituições que tenham fins lucrativos, destinando-se, portanto, a organizações das mais variadas e até mesmo a pessoas físicas.

Quanto a sua execução, essa atividade é de responsabilidade dos contadores, mas os principais beneficiários de seu serviço são entidades, pessoas em geral e outros profissionais.

Esclarecemos que há usuários da contabilidade dentro e fora das organizações para as quais ela é elaborada. Os usuários internos (por exemplo, sócios e acionistas majoritários ou administradores) têm estreita ligação de trabalho administrativo ou de poder dentro as organizações em que ela é aplicada. Já os usuários externos (por exemplo, governos, bancos, fornecedores e pessoas físicas) utilizam a contabilidade como meio para acompanhar as bases de cálculo de impostos, tributos e contribuições.

Os principais trabalhos realizados durante o processo contábil são: planificação da contabilidade, escrituração contábil, e elaboração e interpretação de relatórios.

O profissional da área pode atuar em diferentes ramos, entre os quais se destacam: contabilidade de custos, contabilidade fiscal, auditoria interna e externa, análise das demonstrações contábeis, sistemas de informações contábeis e controladoria.

A contabilidade tem algumas limitações: é uma atividade-meio, trata apenas de itens avaliáveis em moeda; sua terminologia não é uniforme; e os relatórios apresentam defasagem temporal. Para operacionalizá-la, ou seja, fazê-la cumprir sua missão de gerar informações úteis para as tomadas de decisão de seus diversos usuários, é necessário entender alguns de seus conceitos fundamentais, que serão desenvolvidos no próximo capítulo.

Questões para revisão

1. A quem se aplica a contabilidade?

2. Quais são os três principais trabalhos necessários ao processo de execução da contabilidade e para que servem?

3. A contabilidade caracteriza-se como ciência:
    a) exata, pois utiliza métodos quantitativos.
    b) da natureza, por representar apenas avaliações monetárias.
    c) social aplicada, por tratar de questão social com uso de métodos quantitativos.
    d) social pura, por tratar de questões sociais com uso de métodos quantitativos.

4. São usuários internos da contabilidade de uma empresa:
    a) acionistas majoritários e administradores.
    b) acionistas majoritários e acionistas minoritários.
    c) administradores e acionistas minoritários.
    d) acionistas majoritários e governo.

5. São usuários externos da contabilidade de uma empresa:
    a) administradores e governo.
    b) bancos e governo.
    c) administradores e bancos.
    d) acionistas majoritários e acionistas minoritários.

Questões para reflexão

1. Há quem pense que a principal razão para a existência da contabilidade está relacionada à necessidade de prestar contas ao governo com relação aos tributos. Você concorda com isso? Justifique sua opinião com base na sua leitura deste capítulo.

2. Saber contabilidade pode ser interessante mesmo que você não pretenda ser contador(a)? Responda com base na leitura deste capítulo.

Para saber mais

Para você aprofundar sua aprendizagem, recomendamos as seguintes leituras:

IUDÍCIBUS, S. de et al. **Contabilidade introdutória**: livro texto. 11. ed. São Paulo: Atlas, 2010.

Trata-se de obra de referência na área, tanto por ser pioneira no ensino da contabilidade conforme prescrito pela escola americana quanto pela abrangência de seu conteúdo.

IUDÍCIBUS, S. de; MARION, J. C.; FARIA, A. C. de. **Introdução à teoria da contabilidade**: para o nível de graduação. São Paulo: Atlas, 2009.

Obra sobre os aspectos teóricos da contabilidade, que, muitas vezes, geram dúvidas nos estudantes e profissionais da área. É escrita em linguagem bastante acessível, o que justifica sua indicação como muito boa fonte complementar.

MARION, J. C. **Contabilidade básica**: livro-texto. São Paulo: Atlas, 2009.

Livro didático e de abordagem rica em exemplos práticos e exercícios, é recomendável àqueles que desejam reforçar seus conhecimentos na área contábil.

Consultando a legislação

BRASIL. Lei n. 6.404, de 15 de dezembro de 1976. **Diário Oficial**, Poder Executivo, Brasília, DF, 17 dez. 1976. Disponível em: <http://www.planalto.gov.br/ccivil_03/leis/l6404consol.htm>. Acesso em: 9 nov. 2017.

Promulgada por Ernesto Geisel e inspirada na legislação norte-americana, a Lei n. 6.404, de 15 de dezembro de 1976, dispõe sobre as sociedades por ações.

BRASIL. Lei n. 11.638, de 28 de dezembro de 2007. **Diário Oficial da União**, Poder Executivo, Brasília, DF, 9 jan. 2008. Disponível em: <http://www.planalto.gov.br/ccivil_03/_ato2007-2010/2007/lei/l11638.htm>. Acesso em: 9 nov. 2017.

A Lei n. 11.638, de 28 de dezembro de 2007 atualiza a Lei n. 6.404/1976 a fim de adequar as determinações legais à nova realidade empresarial brasileira, no intento de conferir maior transparência a essas atividades. Entre as muitas diferenças, destacamos a adequação do Balanço Patrimonial modificando as práticas contábeis.

BRASIL. Lei n. 11.941, de 27 de maio de 2009. **Diário Oficial da União**, Poder Legislativo, Brasília, DF, 28 maio 2009. Disponível em: <http://www.planalto.gov.br/ccivil_03/_ato2007-2010/2009/lei/l11941.htm>. Acesso em: 9 nov. 2017.

A Lei n. 11.941, de 27 de maio de 2009, versa sobre a responsabilidade tributária de sócios e administradores de pessoas jurídicas com dívidas tributárias, determinando como pode ocorrer o parcelamento especial ou a remissão de tais dívidas.

Conceitos fundamentais e a aplicação da contabilidade

2

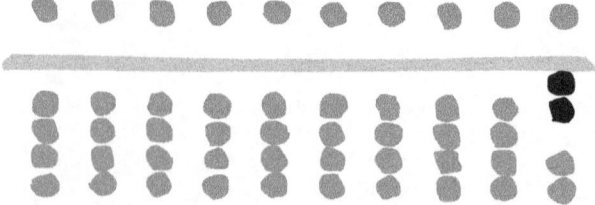

Conteúdos do capítulo:

- Distinção entre pessoa física e pessoa jurídica.
- Entidade contábil.
- Capital Social.
- Ativo.
- Patrimônio e seu acompanhamento pela contabilidade.
- Noção inicial de Balanço Patrimonial.
- Efeitos das operações sobre o Balanço Patrimonial.
- Equação fundamental da contabilidade.

Após o estudo deste capítulo, você será capaz de:

1. diferenciar *pessoa física* de *pessoa jurídica*;
2. conceituar *entidade contábil*;
3. explicar o que é e para que serve o Capital Social;
4. distinguir Capital Social Subscrito e Capital Social Integralizado;
5. definir *Balanço Patrimonial* e identificar como a contabilidade acompanha a evolução do patrimônio;
6. detectar os efeitos de algumas transações sobre o Balanço Patrimonial;
7. perceber a coerência entre o Balanço Patrimonial e a equação fundamental da contabilidade.

Neste capítulo, explicamos como se constitui uma empresa e como deve ser realizado seu acompanhamento contábil desde sua fundação, separando por completo o patrimônio da empresa daquele dos sócios que participam de seu Capital Social. Também discutiremos o conceito de *Capital Social* e sua integralização, para esclarecermos de que forma a contabilidade se propõe a acompanhar as ocorrências modificadoras do patrimônio das entidades ao longo do tempo.

Outros conceitos básicos da contabilidade que trabalhamos neste capítulo são Ativo, Passivo e Patrimônio Líquido. Além disso, discorremos sobre a configuração inicial do Balanço Patrimonial. Acompanharemos, passo a passo, como as operações executadas antes de a empresa entrar em operação afetam o seu Balanço Patrimonial.

Ao final do capítulo, esperamos ter clarificada a característica estática do Balanço Patrimonial e como ele é modificado à medida que novos eventos acontecem. Tudo isso é ilustrado por um caso prático que acompanha a discussão teórica.

2.1 Distinção entre *pessoa física* e *pessoa jurídica*

Para compreendermos como uma empresa é formada e qual é a relação entre ela e seus sócios, precisamos entender os conceitos de *pessoa física* e de *pessoa jurídica*:

Pessoas físicas são seres humanos que vivem, se locomovem e realizam as mais diversas atividades, inclusive de ordem econômica. Podem ter patrimônio, ou seja, podem acumular riqueza ao longo de sua existência. Conforme o montante desse patrimônio, pode ser de interesse de qualquer pessoa física contratar acompanhamento contábil.

Pessoas físicas têm suas vidas sujeitas a uma série de mudanças com o passar do tempo e ao encerramento de modo imprevisível. Elas podem morrer repentinamente e por motivos diversos, que variam de doenças a acidentes. O tempo de vida de uma pessoa física é, portanto, indeterminado.

No aspecto econômico, pessoas físicas podem desempenhar as mais diferentes atividades, ter estilos de vida que as levem a empregar seus recursos de formas completamente distintas, assim como acumular bens e dívidas dos mais variados. Se uma pessoa física tem seu patrimônio acompanhado pela contabilidade, todos esses fatores influenciam nos relatórios contábeis que retratam sua situação econômica e financeira.

Suponhamos que João seja engenheiro, casado, pai de três filhos, e que tem uma carreira profissional bem-sucedida em empresa de construção civil e conseguiu guardar boa parte de seus rendimentos, assim como comprar algumas propriedades. Caso a contabilidade acompanhe o patrimônio de João, a consequência de seus sucessivos atos econômicos tem reflexos. Nesse caso, interessam exclusivamente os fatos que dizem respeito à vida econômica de João. Para efeito da contabilidade, João é a entidade contábil.

Na mesma linha de raciocínio, suponhamos que José seja advogado, casado, pai de dois filhos, herdeiro de família tradicional e presta serviços jurídicos em seu escritório próprio. Tanto seu passado como sua atuação profissional contêm fatos que acarretaram alterações em seu patrimônio ao longo do tempo. Se José conta com um acompanhamento contábil de seu patrimônio, devem ter sido isolados todos os fatos que de alguma maneira alteraram o patrimônio de José do momento inicial desse acompanhamento até o atual. José é, nesse contexto, a entidade.

João e José são independentes. Do ponto de vista contábil, eles equivalem a duas entidades diferentes, devendo cada uma delas ser tratada individualmente. Se, por exemplo, João e José utilizam os serviços de um mesmo contador para manter suas respectivas contabilidades, e este, por engano, contabilizar como patrimônio de João um bem que na verdade foi adquirido por José, estarão comprometidas tanto as avaliações do patrimônio de João quanto as do de José, por não ter sido respeitado o Princípio da Entidade Contábil. O patrimônio de João estará superavaliado, e o de José, subavaliado.

Imaginemos agora que João e José sejam amigos e que estejam pensando em unir esforços para iniciar uma atividade em conjunto, que seja totalmente diferente das executadas em suas rotinas, mas sem abrir mão de suas carreiras individuais. Cada um deles continua a ter seu patrimônio individual, mas passam a ter um interesse comum, que é o negócio de que ambos fazem parte como sócios. A questão é: como isolar o interesse comum entre José e João sem confundi-lo com seus patrimônios individuais? Para isso, existe a pessoa jurídica.

Diferentemente das pessoas físicas, a pessoa jurídica não é um ser humano, mas uma pessoa de direito cuja existência é comprovada por um contrato entre seus sócios devidamente registrado em órgão público. A partir do momento em que é constituída, a pessoa jurídica tem o direito de abrir e movimentar contas bancárias, adquirir bens, contrair dívidas e exercer quaisquer atos econômicos, tal como ocorre com pessoas físicas. A pessoa jurídica tem personalidade própria e distinta das pessoas físicas que lhe deram origem. Embora os sócios assinem pela empresa, as operações dela são registradas em nome da empresa, e não dos sócios.

Consideremos que João e José optaram por criar a JOJO Academia de Ginástica Limitada e registrá-la na junta comercial da cidade em que moram. Desse momento em diante, passam a existir três entidades distintas para a contabilidade. Isso porque, além de João e José, que já tinham seus patrimônios individuais acompanhados pela contabilidade, agora também o patrimônio da JOJO Academia de Ginástica Ltda. passa a sê-lo. Tal acompanhamento deve ser sempre executado de modo que jamais se confundam eventos econômicos relacionados à JOJO com acontecimentos que digam respeito ao patrimônio de José ou de João.

2.2 O início da existência de uma pessoa jurídica

Ao ser constituída, a pessoa jurídica se torna uma entidade para efeito da contabilidade, pois passa a ter uma existência própria e desvinculada da figura dos sócios que lhe deram origem. Como está legalmente habilitada a atuar no mercado em seu próprio nome, ainda que não tenha vida humana, pode tornar-se proprietária de bens, contratar pessoas, prestar serviços, assumir dívidas, enfim, praticar atos de comércio de forma generalizada.

Uma vez que a pessoa jurídica é a entidade a ser acompanhada pela contabilidade, os registros efetuados devem restringir-se à pessoa jurídica, sem jamais confundi-la com seus sócios. Esse é o Princípio da Entidade, uma das regras mais importantes da contabilidade.

Voltemos ao exemplo da JOJO Academia de Ginástica Ltda. O início de sua existência está associado ao Contrato Social em que João e José constam como seus únicos sócios. O contrato especifica o volume total de recursos com que a entidade inicia suas atividades, bem como a participação de João e de José na sociedade.

Para que a JOJO passe a existir, João e José precisam transferir algum bem de seus patrimônios individuais para a sociedade. Ao ser transferido para o nome da sociedade, o bem passa a pertencer a ela, e não é mais legítimo que os sócios o utilizem em suas vidas pessoais, como se continuasse a lhes pertencer.

Quando se constitui uma empresa, geralmente o bem que os sócios lhe transferem é dinheiro, e isso ocorre por uma razão muito simples: as quantias monetárias permitem adquirir os bens de que a empresa realmente precisa para desempenhar suas atividades e que as decisões de seus sócios sejam tomadas de comum acordo.

Ainda utilizando o caso da academia JOJO como exemplo, suponhamos que João e José tenham resolvido constituir a empresa no dia 14 de março de 2017 e que a contribuição de cada um deles tenha sido de R$ 150.000,00 em dinheiro, tornando-se, então, os financiadores da empresa. Guardemos bem a informação de que a empresa detém R$ 300.000,00 em dinheiro e que esse recurso foi obtido de seus sócios.

Ao deixar de ter cada um os R$ 150.000,00 que colocaram à disposição da sociedade, os sócios precisam receber algo em troca que comprove que são os donos da empresa. Para isso, são emitidos títulos chamados *cotas* – referentes à sociedade limitada (o que é um aspecto legal e automático quando esse é o tipo de sociedade escolhido pelos sócios) – às quais é atribuído um valor unitário. Se cada cota teve seu valor fixado em R$ 1,00, João receberá 150 mil cotas da JOJO Academia de Ginástica Ltda. em troca de seus R$ 150.000,00, e o mesmo acontecerá com José.

A JOJO, nesse caso, terá um total de 300 mil cotas de valor unitário de R$ 1,00, e seu Capital Social será de R$ 300.000,00. O Capital Social corresponde à quantidade total de cotas emitidas pela empresa e é transformado em valor à medida que cada cota passe a ter seu valor estabelecido. Observe que as cotas não são emitidas fisicamente: elas existem apenas no contrato social devidamente registrado no órgão competente, o que comprova sua validade em termos legais. Salientemos que **todas as cotas têm o mesmo valor unitário.**

A Figura 2.1 representa a troca de bens entre os sócios e a empresa. Esta se torna dona do dinheiro que era dos sócios. Em compensação, eles passam a deter títulos patrimoniais da empresa, os quais comprovam que ela lhes pertence.

Figura 2.1 – Trocas entre a empresa e seus sócios na sua constituição

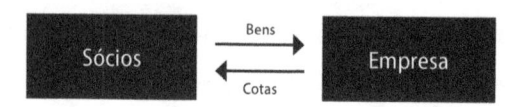

Deve estar claro que a empresa emite cotas, cuja titularidade comprova a participação de cada sócio. Elas são a retribuição da empresa aos sócios, como contrapartida do dinheiro ou dos bens que estes lhe cedem em definitivo.

2.3 Primeiras noções de Balanço Patrimonial

Cabe à contabilidade demonstrar a situação inicial da JOJO Academia de Ginástica Ltda. na data de sua constituição, ou seja, evidenciar que o único bem da empresa é inicialmente o dinheiro no valor de R$ 300.000,00, obtido de seus sócios, os quais receberam 300 mil cotas representativas do Capital Social formado.

Conforme evidenciamos no capítulo anterior, a contabilidade utiliza resumos para facilitar a interpretação das informações por parte de seus usuários. O **Balanço Patrimonial**, um desses resumos, é a demonstração contábil mais importante e permite observar de modo sintético o patrimônio da empresa, que é o objeto de estudo da contabilidade.

O **patrimônio**, em sentido amplo, refere-se ao acervo de bens e direitos, assim como aos recursos que os financiam. O Balanço Patrimonial, por seu turno, é um relatório em forma de tabela dividido em duas colunas. No lado esquerdo, é representado o Ativo, ou seja, os bens e direitos em que a entidade teve seus recursos aplicados. No lado direito, é explicado de que maneira tais recursos foram obtidos.

Para referir-se a dinheiro, a contabilidade utiliza, genericamente, o vocábulo *caixa*, o qual é empregado não somente para designar dinheiro em espécie, mas também outros meios de pagamento imediato, como cheques, por exemplo. *Caixa e bancos* ou *caixa e seus equivalentes* são termos mais adequados, pois incluem, além do dinheiro em espécie (caixa), os outros meios de pagamento imediato. Como modo de simplificar o raciocínio, no exemplo, utilizaremos simplesmente o termo *caixa*.

Na Tabela 2.1, a seguir, apresentamos uma visão simplificada do Balanço Patrimonial da JOJO em 14 de março de 2017, sem ainda abordarmos os pormenores de nomenclatura e qualificações – o que faremos mais adiante, à medida que expusermos outros conceitos.

Tabela 2.1 – Configuração simplificada do Balanço Patrimonial da JOJO Academia de Ginástica Ltda. em 14/03/2017 (R$)

Caixa	300.000,00	Capital Social	300.000,00
Total dos Recursos Aplicados	300.000,00	Total dos Recursos Obtidos	300.000,00

Observe que ambos os lados do Balanço Patrimonial somam o mesmo valor. Isso é verdadeiro para a situação inicial da JOJO e para qualquer hipótese em que se elabore um Balanço Patrimonial. A razão disso é que se está relatando sobre um mesmo volume de recursos: à esquerda, explica-se como foram aplicados esses recursos; à direita, como eles foram obtidos.

Outro aspecto essencial relativo ao Balanço Patrimonial é que seus números valem exclusivamente para a data em que ele é elaborado. Conforme novas operações ocorrem numa entidade, o Balanço Patrimonial é modificado. Ilustraremos como isso acontece utilizando ainda o exemplo da JOJO Academia de Ginástica Ltda.

2.4 Preparação para a atividade empresarial e seus efeitos contábeis

Não há como uma empresa não financeira iniciar suas atividades apenas com dinheiro colocado a sua disposição por seus sócios. O dinheiro, que é o único bem da empresa, deve ser utilizado para adquirir os bens de que ela de fato precisa para executar as atividades estabelecidas em seu contrato social.

No exemplo da academia de João e José, a entidade foi constituída com um Capital Social de R$ 300.000,00. Esse montante foi subscrito pelos sócios em iguais proporções, ou seja, cada um deles participa de metade do **Capital Social Subscrito** da empresa e responsabilizou-se por entregar os bens correspondentes às suas cotas. Como ambos entregaram R$ 150.000,00 cada, o capital foi também totalmente integralizado.

Em síntese, o Capital Social Subscrito refere-se às cotas que os sócios se comprometem a integralizar. A integralização corresponde à entrega, pelos sócios, dos bens relativos às suas cotas. Há casos em que ocorre integralização total, quando os sócios não entregam os bens prometidos.

Na JOJO, o Capital Social está totalmente subscrito e integralizado, e é de R$ 300.000,00. Como, em 14 de março de 2017, o **Capital Social Integralizado** era a única fonte de recursos da empresa, esse foi o total disposto do lado direito (conforme Tabela 2.1) no Balanço naquela data. No lado esquerdo, naquela mesma data, o mesmo volume de recursos foi aplicado em um só item, que era caixa, ou seja, estava todo representado por dinheiro.

Até que não surja qualquer fato novo que altere o patrimônio na academia JOJO, o Balanço de 14 de março de 2017 continua válido. Quando os sócios adaptam a empresa a suas reais necessidades, são tomadas decisões para utilizar o dinheiro da empresa na aquisição de novos bens.

Suponhamos que, após diversas pesquisas e negociações, no dia 31 de março do mesmo ano, a JOJO tenha adquirido um imóvel à vista e no valor de R$ 180.000,00, no qual a empresa funcionará. Essa operação modificará o Balanço Patrimonial da empresa, cuja configuração, ainda simplificada, é demonstrada na Tabela 2.2.

Tabela 2.2 – Configuração simplificada do Balanço Patrimonial da JOJO Academia de Ginástica Ltda. em 31/03/2017 (R$)

Caixa	120.000,00	Capital Social	300.000,00
Imóvel	180.000,00		
Total dos recursos aplicados	300.000,00	Total dos recursos obtidos	300.000,00

O novo Balanço da empresa mostra agora um novo item à esquerda, qual seja: *Imóvel*, cujo valor é R$ 180.000,00. Como esse valor foi pago no ato da compra, o montante em dinheiro caiu para R$ 120.000,00, de modo que o valor em caixa é justificado pelo valor em dinheiro existente antes da compra do imóvel – R$ 300.000,00 – R$ 180.000,00 = R$ 120.000,00.

É interessante observar que ambos os Balanços – o de 14 de março e o de 31 de março –, tem o mesmo total (R$ 300.000,00). Isso se explica porque não houve alteração no volume de recursos totais à disposição da empresa, mas apenas na maneira de aplicá-los. Os R$ 300.000,00 que inicialmente estavam totalmente alocados em dinheiro passaram a estar distribuídos em dois itens em 31 de março, e nessa data havia mais recursos empregados no imóvel que dinheiro em caixa.

Se na continuidade de sua preparação para o início das atividades a JOJO adquire móveis à vista no valor de R$ 12.000,00 em 5 de abril, a situação da empresa mostrada no Balanço Patrimonial é modificada, portanto o novo item passe a constar do lado esquerdo do Balanço. Em consequência, o valor registrado em caixa diminui em R$ 12.000,00 – agora aplicados em móveis – conforme demonstrado na Tabela 2.3.

Tabela 2.3 – Configuração simplificada do Balanço Patrimonial da JOJO Academia de Ginástica Ltda. em 05/04/2017 (R$)

Caixa	108.000,00	Capital Social	300.000,00
Imóvel	180.000,00		
Móveis	12.000,00		
Total dos recursos aplicados	300.000,00	Total dos recursos obtidos	300.000,00

Novamente, observamos que não houve alteração nos totais, uma vez que o recurso à disposição da empresa continuou a ser R$ 300.000,00. Mudou apenas a maneira como esse montante é nela aplicado. Em 5 de abril, os recursos estão aplicados em três diferentes itens, diversamente do que ocorreu nas duas datas anteriores.

Sigamos com esse exemplo para ilustrarmos a evolução da situação patrimonial de uma empresa. Imaginemos agora que o próximo passo da JOJO seja a aquisição de equipamentos para ginástica no valor de R$ 105.000,00 à vista em 10 de abril. Essa transação, assim como as anteriores, modificará a composição dos itens nos quais estão aplicados os recursos da empresa. A Tabela 2.4 contempla o novo Balanço Patrimonial referente à data citada.

Tabela 2.4 – Configuração simplificada do Balanço Patrimonial da JOJO Academia de Ginástica Ltda. em 10/04/2017 (R$)

Caixa	3.000,00	Capital Social	300.000,00
Imóvel	180.000,00		
Móveis	12.000,00		
Equipamentos	105.000,00		
Total dos recursos aplicados	300.000,00	Total dos recursos obtidos	300.000,00

Após as aquisições de bens realizadas com os R$ 300.000,00 de que dispunha em dinheiro quando de sua constituição, a JOJO está mais próxima de poder iniciar suas atividades, mas João e José se conscientizam de que ainda faltam alguns itens importantes e de que o Capital Social investido é insuficiente para todas as necessidades da empresa, uma vez que o valor que restou em dinheiro em 10 de abril foi de apenas R$ 3.000,00.

Pelo fato de essa empresa ainda ser pouco conhecida no mercado, ela não desfruta de crédito de bancos. Resta a seus sócios colocarem mais recursos à disposição da empresa, o que ocorre por meio de um aumento de capital. João e José fazem um levantamento das necessidades adicionais da empresa e concluem que é preciso uma injeção adicional de R$ 100.000,00. Entre os bens de que a JOJO necessita para iniciar suas atividades estão dois computadores. Coincidentemente, cada um deles tem um computador seminovo similar em bom estado e avaliado em R$ 5.000,00. Nesse caso, em vez de de o aumento e capital ser realizado totalmente em dinheiro, cada qual aportando R$ 50.000,00, há a alternativa de aumentar o capital em R$ 100.000,00, sendo R$ 90.000,00 em dinheiro e R$ 10.000,00 em computadores. No caso, João e José respondem, cada um, pela integralização de R$ 50.000,00 de suas novas cotas, dos quais R$ 45.000,00 são em dinheiro e R$ 5.000,00 correspondem à entrega de um computador.

> Um aumento de Capital Social pode ser realizado parcial ou totalmente com bens, desde que haja uma avaliação justa e imparcial que não prejudique um dos sócios.

Cada um dos sócios passa a subscrever 200 mil cotas representativas do Capital Social, equivalentes a R$ 200.000,00, e o Capital Social Subscrito se eleva de R$ 300.000,00 para R$ 400.000,00, com a emissão de mais 100 mil cotas. Se João e José transferirem a propriedade de todos os bens especificados, o Capital Social Subscrito estará também totalmente integralizado e será de R$ 400.000,00. Se, porventura, qualquer parte dos bens especificados não for transferida à empresa, o Capital Integralizado será menor que o Capital Subscrito e haverá uma parte do Capital a Integralizar.

Suponhamos que João e José tenham registrado a alteração contratual que elevou o Capital Social para R$ 400.000,00 em 14 de abril e, na mesma data, tenham confiado à empresa cada um os R$ 45.000,00 em dinheiro, mas que, nessa data, nenhum deles tenha ainda entregado o computador à empresa, conforme havia sido acordado. Nessa situação, embora o Capital Social Subscrito continue em R$ 400.000,00, o Capital Social Integralizado é de R$ 390.000,00, pois resta R$ 10.000,00 de Capital a Integralizar, em razão de nenhum dos dois sócios ter entregado seu computador à empresa.

A nova situação da JOJO expressa no Balanço Patrimonial em 14 de abril está representada na Tabela 2.5 (ainda sem rigor na terminologia contábil e na configuração real do Balanço, uma vez que, até este ponto do livro, ainda não esmiuçamos diversos aspectos importantes para assimilarmos uma visão mais completa de Balanço Patrimonial).

Tabela 2.5 – Configuração simplificada do Balanço Patrimonial da JOJO Academia de Ginástica Ltda. em 14/04/2017 (R$)

Caixa	93.000,00	Capital Social Subscrito	400.000,00
Imóvel	180.000,00	(–) Capital Social a Integralizar	10.000,00
Móveis	12.000,00	Capital Social Integralizado	390.000,00
Equipamentos	105.000,00		
Total dos recursos aplicados	390.000,00	Total dos recursos obtidos	390.000,00

Na comparação entre o Balanço Patrimonial de 14 de abril e os quatro anteriores, podemos observar que o volume total de recursos obtidos pela empresa é maior, o que se deve ao aumento de Capital Social Subscrito em R$ 100.000,00, embora a integralização pelos sócios tenha sido de R$ 90.000,00. Nesse Balanço, diferentemente dos demais, aparecem os termos *Capital Social Subscrito, Capital a Integralizar* e *Capital Social Integralizado*. Assim, o conceito de *Capital Social* ganha complementos importantes para seu adequado entendimento.

Outro aspecto relevante para o Balanço Patrimonial apresentado na Tabela 2.5 é que até aquela data os sócios eram os únicos financiadores, pois naquela data os recursos totais à disposição da empresa (R$ 390.000,00) foram obtidos pela JOJO de seus sócios, formando o Capital Social Integralizado. Como, em princípio, os recursos colocados pelos sócios numa empresa não têm uma data especificada para lhes ser devolvido, esses recursos podem ser utilizados pela empresa por prazo indeterminado.

Entende-se por *prazo indeterminado* a falta de uma definição de prazo até o qual a empresa possa contar com aqueles recursos. Normalmente, os recursos que ingressam na empresa como Capital Social ali permanecem pelo tempo necessário ou enquanto for conveniente para os sócios deixá-los à disposição da sociedade. Vale lembrarmos o caso em que a empresa é encerrada prematuramente por insucesso, e o que nela restar sob a forma de Capital Social Integralizado deve ser devolvido aos sócios.

Como os sócios são os únicos financiadores da JOJO até o Balanço de 14 de abril, conclui-se que todos os recursos obtidos dos sócios foram aplicados nos diversos bens necessários à sua adaptação para atuar no mercado. Se todos os bens adquiridos pela empresa tiveram como fonte de recursos os próprios sócios, esta não apresenta dívidas com qualquer outra entidade.

Em tal caso, o valor total dos bens e direitos corresponde ao Ativo Total da JOJO na referida data, e, como esse patrimônio é financiado totalmente pelos sócios, sem contar com dívidas a terceiros, diz-se em contabilidade que o **Capital Social Integralizado faz parte do Patrimônio Líquido**. A Tabela 2.6 recupera o Balanço Patrimonial da JOJO em 14 de abril e acrescenta-lhe esses importantes conceitos.

Tabela 2.6 – Configuração melhorada do Balanço Patrimonial da JOJO Academia de Ginástica Ltda. em 14/04/2017 (R$)

ATIVO		PASSIVO	
Caixa	93.000,00	Total do Passivo	0,00
Imóvel	180.000,00	PATRIMÔNIO LÍQUIDO	
Móveis	12.000,00	Capital Social Subscrito	400.000,00
Equipamentos	105.000,00	(–) Capital Social a Integralizar	10.000,00
		Capital Social Integralizado	390.000,00
		Total do Patrimônio Líquido	390.000,00
Ativo Total	390.000,00	Passivo + Patrimônio Líquido	390.000,00

2.5 A equação fundamental da contabilidade

Qualquer Balanço Patrimonial pode ser sintetizado em termos dos totais de seus dois lados. Conforme afirmamos anteriormente, ambos os lados de um Balanço Patrimonial têm um mesmo total, já que o Balanço relata sobre um mesmo volume de recursos: à esquerda, registra-se sua distribuição pelos diversos itens em que os recursos foram aplicados; à direita, especifica-se como os recursos foram obtidos.

Perguntas & respostas

1. Como são dispostas as informações no Balanço Patrimonial?

O lado esquerdo da configuração do Balanço Patrimonial, onde se encontram os bens e direitos da empresa, é denominado *Ativo*. O lado direito, por sua vez, é dividido em duas partes: na parte superior, são relatadas as dívida; e na parte inferior, o Patrimônio Líquido, de modo que os recursos podem ter sido obtidos de dívidas da empresa para com terceiros ou de seus sócios.

Como existe sempre a igualdade numérica entre os totais dos lados do Balanço, é verdadeiro afirmar que o valor do Ativo Total (lado esquerdo) é igual ao valor do Passivo mais o Patrimônio Líquido (lado direito). Tal síntese, fundamental para entendermos de modo rápido e com conteúdo contábil a situação patrimonial de qualquer entidade, é conhecida como *equação fundamental da contabilidade*, em que o Ativo (A) é igual ao Passivo (P) mais o Patrimônio Líquido (PL): **A = P + PL**.

Na Tabela 2.7, aplicamos a equação fundamental da contabilidade aos cinco Balanços da JOJO, para ilustrar como é simples e sintética a equação que demonstra a situação patrimonial da empresa a cada data em que se elaborou o seu Balanço Patrimonial.

Tabela 2.7 – Equação Fundamental da Contabilidade aplicada aos Balanços Patrimoniais da JOJO Academia de Ginástica Ltda. (R$)

DATA DE BALANÇO	A =	P +	PL
14/03/2017	300.000,00	0,00	300.000,00
31/03/2017	300.000,00	0,00	300.000,00
05/04/2017	300.000,00	0,00	300.000,00
10/04/2017	300.000,00	0,00	300.000,00
14/04/2017	390.000,00	0,00	390.000,00

Verificamos que, em todas as datas para as quais foram levantados os Balanços Patrimoniais da JOJO, a equação fundamental da contabilidade mostra que o Ativo Total é igual ao Patrimônio Líquido, por não haver Passivo. É outra maneira de evidenciar que até o dia 14 de abril a elevação dos recursos totais da empresa decorreu exclusivamente da contribuição dos sócios com novos recursos, mantendo-se esses agentes como os únicos financiadores da academia.

Enquanto a JOJO continuar utilizar apenas recursos de seus sócios para financiar a aquisição de novos bens, o Passivo será nulo, e, por isso, os valores do Ativo e do Patrimônio Líquido coincidirão. Podemos afirmar que tal situação ocorre quando uma empresa não tem dívidas a terceiros.

2.6 Preparativos finais da pessoa jurídica para iniciar suas atividades e os efeitos no balanço na equação fundamental da contabilidade

Para que possa realizar as atividades que dela se espera, é indispensável que a organização tenha condições mínimas para atener ao público-alvo. No exemplo da JOJO Academia de Ginástica Ltda., seus sócios e administradores, João e José, pretendem adquirir mais alguns ativos antes de contratar os funcionários que cuidarão da empresa no dia a dia.

Imaginemos agora que entre as necessidades prementes que os sócios identificaram estava a aquisição de mais equipamentos de ginástica, para poder oferecer mais opções a seus clientes. O fornecedor do qual haviam comprado anteriormente aceitou, no dia 17 de abril, a compra de equipamentos de ginástica no valor de R$ 95.000,00, com entrada de R$ 35.000,00, e o saldo financiado em três parcelas iguais, mensais e sucessivas. Eis o primeiro Passivo da empresa a ser registrado pela contabilidade, conforme registrado na Tabela 2.8.

Tabela 2.8 – Balanço Patrimonial da JOJO Academia de Ginástica Ltda. em 17/04/2017 (R$)

ATIVO		PASSIVO	
Caixa	58.000,00	Equipamentos a pagar	60.000,00
Imóvel	180.000,00	Total do Passivo	60.000,000
Móveis	12.000,00	PATRIMÔNIO LÍQUIDO	
Equipamentos	200.000,00	Capital Social Subscrito	400.000,00
		(–) Capital Social a Integralizar	10.000,00
		Capital Social Integralizado	390.000,00
		Total do Patrimônio Líquido	390.000,00
Ativo Total	**450.000,00**	**Passivo + Patrimônio Líquido**	**450.000,00**

A primeira observação é a de que, como já existe a conta Equipamentos, é nela que deve ser registrada a compra dos aparelhos de ginástica pelo valor total de R$ 95.000,00; como já havia equipamentos no valor de R$ 105.000,00 (Tabela 2.6), o novo valor da conta passou a ser de R$ 200.000,00. Os equipamentos passam a ser o Ativo de maior valor da empresa.

O próximo passo é relatar de que forma foi possível adquirir os equipamentos pelo valor de R$ 95.000,00, ou seja, explicar que recursos foram utilizados para adquiri-los. Observe que antes da compra dos equipamentos o saldo de caixa era de apenas de R$ 93.000,00 (conforme Tabela 2.6), portanto insuficiente para adquirir os equipamentos de ginástica à vista.

Esses equipamentos só puderam ser adquiridos em 17 de abril, porque o fornecedor permitiu que, dos R$ 95.000,00 de seu valor total, a empresa pagasse no ato somente R$ 35.000,00 e tivesse prazo para pagamento dos R$ 60.000 restantes. A saída de R$ 35.000,00 reduziu o saldo de caixa para R$ 58.000,00. O registro dos R$ 60.000,00 correspondentes às parcelas que o fornecedor receberá no futuro é feito em conta específica no Passivo, pois se refere a uma dívida da empresa a terceiros – nesse caso, o fornecedor dos equipamentos de ginástica.

O título da conta Equipamentos a Pagar é o mais adequado, por deixar explícita a razão a que se refere a dívida. Títulos genéricos como Contas a Pagar devem ser evitados, pois a contabilidade, na qualidade de sistema de informações, tem a missão de oferecer aos diversos usuários o melhor nível de transparência possível. Quanto mais claramente o título da conta puder transmitir o significado das transações realizadas pela entidade e as partes nelas envolvidas, mais efetivamente a contabilidade estará cumprindo sua proposta. O valor do Ativo Total saltou de R$ 390.000,00 para R$ 450.000,00, exatamente R$ 60.000,00, apesar de não ter ocorrido, dessa vez, aumento de capital. Esse valor corresponde exatamente ao do financiamento dos equipamentos de ginástica por seus fornecedores. É graças a esse financiamento que a JOJO consegue comprar equipamentos nesse valor naquela data, e é a primeira situação em que a empresa obteve recursos não injetados por seus sócios.

Pode-se até argumentar que os sócios disponibilizam recurso à empresa sem cobrarem por sua devolução e que, no caso dos fornecedores dos equipamentos de ginástica, os pagamentos precisam ser realizados nos meses seguintes. No entanto, os fornecedores não deixam de financiar a empresa, mas numa condição diversa daquela dos sócios, e a contabilidade distingue as formas de financiamento ao registrá-las em grupos separados.

Embora por tempo limitado, o fornecedor dos equipamentos de ginástica possibilitou à empresa ter à sua disposição um volume de recursos maior do que aquele que havia antes da transação, em virtude do financiamento parcial dos equipamentos. Dos recursos totais obtidos pela empresa, R$ 390.000,00 provêm dos sócios e fazem parte do Patrimônio Líquido, enquanto os R$ 60.000,00 restantes vieram do fornecedor do equipamento e ajudaram a empresa a adquiri-los.

Na sequência dos acontecimentos ocorridos na JOJO, o sócio João entrega à empresa no dia 18/04/2017 o computador no valor de R$ 5.000,00, conforme havia se comprometido, como forma de integralização no Capital Social. A nova situação patrimonial da academia é apontada na Tabela 2.9.

Tabela 2.9 – Balanço Patrimonial da JOJO Academia de Ginástica Ltda. em 18/04/2017 (R$)

ATIVO		PASSIVO	
Caixa	58.000,00	Equipamentos a Pagar	60.000,00
Imóvel	180.000,00	Total do Passivo	60.000,00
Móveis	12.000,00	PATRIMÔNIO LÍQUIDO	
Equipamentos	200.000,00	Capital Social Subscrito	400.000,00
Computadores	5.000,00	(–) Capital Social a Integralizar	5.000,00
		Capital Social Integralizado	395.000,00
		Total do Patrimônio Líquido	395.000,00
Ativo Total	**455.000,00**	**Passivo + Patrimônio Líquido**	**455.000,00**

O computador é especificado no Ativo em nova conta, pois não havia até então outra em que esse item de natureza distinta dos demais pudesse ser enquadrado, e a consequência natural é a elevação de valor do Ativo Total para R$ 455.000,00, em razão de a empresa não tê-lo adquirido à vista. Nesse caso, cabe registrar o meio pelo qual foi possível à empresa ter seu novo Ativo – e não foi mediante pagamento, assunção de dívida nem aumento de Capital Social Subscrito.

Na realidade, o que ocorreu foi a quitação de uma pendência de um dos sócios da empresa com relação ao aumento de capital sem sua total integralização. Tal fato estava registrado por meio da conta Capital a Integralizar, cujo saldo de R$ 10.000,00 estava deduzido do Capital Social Subscrito de maneira a mostrar que o Capital Social Integralizado era de R$ 390.000,00.

O cumprimento da obrigação por parte do sócio João reduziu em R$ 5.000,00 o Capital Social a Integralizar. É o registro contábil dessa ocorrência que faz o saldo da conta Capital a Integralizar reduzir-se em R$ 5.000,00 e, como consequência direta, o Capital Social

Integralizado aumentar de R$ 390.000,00 para R$ 395.000,00; o Patrimônio Líquido ter o mesmo efeito, por estar, até aqui, representado somente pelo Capital Social Integralizado; e, ainda, o total do lado direito, onde Passivo e Patrimônio Líquido somavam R$ 450.000,00, passar a ser R$ 455.000,00.

Suponhamos, ainda, que há algum tempo os sócios da JOJO cogitam adquirir o terreno ao lado do imóvel da empresa, pois seria muito útil para servir de estacionamento aos clientes e tornar a academia mais atrativa que as concorrentes do bairro. Em 22 de abril, eles conseguem convencer os donos do terreno a vendê-lo por R$ 72.000,00 sem entrada e em 24 parcelas iguais e mensais de R$ 3.000,00. A nova operação seria registrada, com seus efeitos descritos conforme a Tabela 2.10.

Tabela 2.10 – Balanço Patrimonial da JOJO Academia de Ginástica Ltda. em 22/04/2017 (R$)

ATIVO		PASSIVO	
Caixa	58.000,00	Equipamentos a pagar	60.000,00
Imóvel	180.000,00	Terrenos a pagar	72.000,00
Móveis	12.000,00	Total do Passivo	132.000,00
Equipamentos	200.000,00	PATRIMÔNIO LÍQUIDO	
Computadores	5.000,00	Capital Social Subscrito	400.000,00
Terrenos	72.000,00	(–) Capital Social a Integralizar	5.000,00
		Capital Social Integralizado	395.000,00
		Total do Patrimônio Líquido	395.000,00
Ativo Total	**527.000,00**	**Passivo + Patrimônio Líquido**	**527.000,00**

Para que o Balanço da JOJO reflita a operação e seus efeitos, duas novas contas são abertas: a conta Terrenos, no Ativo, com o valor de R$ 72.000,00; e a conta Terrenos a Pagar, no Passivo, também com valor de R$ 72.000,00. Embora os títulos das duas contas possam ser parecidos e causar dúvidas a quem está começando na área de contabilidade, a diferença entre elas é nítida: Terrenos é a conta de Ativo que representa o bem, enquanto a conta Terrenos a Pagar corresponde à dívida por conta da aquisição de terrenos. Vale reforçarmos, sempre que o título de uma conta estiver acompanhado da expressão *a pagar*, ele se refere a um Passivo.

Por haver uma nova fonte de recursos – o financiamento do terreno representado pela conta Terrenos a Pagar, no valor de R$ 72.000,00 –, o total dos recursos obtidos pela empresa, somatório de Passivo e Patrimônio Líquido, aumenta de R$ 455.000,00 para R$ 527.000,00. Como se trata de recursos obtidos de terceiros, o Passivo aumenta de R$ 60.000,00 para R$ 132.000,00, ficando inalterado o Patrimônio Líquido. E o Ativo Total, após a compra a prazo do terreno, passa de R$ 455.000,00 para R$ 527.000,00.

Como última simulação de operações que poderiam ser realizadas por uma empresa antes do início de suas atividades (fase denominada *pré-operacional*), imaginemos que em 28 de abril o sócio José entrega o computador relativo à sua integralização de Capital Social na academia. Na Tabela 2.11 estão as modificações patrimoniais geradas por essa transação.

Tabela 2.11 – Balanço Patrimonial da JOJO Academia de Ginástica Ltda. em 28/04/2017 (R$)

ATIVO		PASSIVO	
Caixa	58.000,00	Equipamentos a Pagar	60.000,00
Imóvel	180.000,00	Terrenos a Pagar	72.000,00
Móveis	12.000,00	Total do Passivo	132.000,00
Equipamentos	200.000,00	PATRIMÔNIO LÍQUIDO	
Computadores	10.000,00	Capital Social Integralizado	400.000,00
Terrenos	72.000,00	Total do Patrimônio Líquido	400.000,00
Ativo Total	**532.000,00**	**Passivo + Patrimônio Líquido**	**532.000,00**

A entrega do computador por José faz a conta em que esses bens são contabilidades (Tabela 2.10), ter seu valor acrescido em R$ 5.000,00, passando a somar R$ 10.000,00. Do lado direito do Balanço há mais consequências: como a conta Capital a Integralizar tinha saldo negativo de R$ 5.000,00 (Tabela 2.10), que era deduzido do Capital Social Subscrito, com o cumprimento da obrigação, essa conta fica com o saldo zerado. Se o Capital Subscrito está totalmente integralizado, não há mais necessidade de a conta Capital a Integralizar constar do Balanço Patrimonial.

Também o valor do Patrimônio Líquido é alterado de R$ 395.000,00 para R$ 400.000,00. O Ativo Total fecha em R$ 532.000,00, tal qual a soma entre Passivo e Patrimônio Líquido, o que confirma a equação fundamental da contabilidade. A Tabela 2.12 resume as equações fundamentais da contabilidade aplicadas à JOJO nas datas relativas a cada um dos Balanços elaborados.

Tabela 2.12 – Equação Fundamental Contabilidade aplicada aos Balanços Patrimoniais da JOJO Academia de Ginástica Ltda. (R$)

DATA DO BALANÇO	A =	P +	PL
17/04/2017	450.000,00	60.000,00	390.000,00
18/04/2017	455.000,00	60.000,00	395.000,00
22/04/2017	527.000,00	132.000,00	395.000,00
28/04/2017	532.000,00	132.000,00	400.000,00

Neste capítulo, enfocamos nas transações que normalmente ocorrem nas organizações antes que elas iniciem suas atividades e que são necessárias para que, na fase posterior, elas possam funcionar de acordo com o motivo por que foram concebidas. É interessante percebermos que na fase pré-operacional não há atividade, e é isso que justifica que o Balanço Patrimonial consiga absorver todas as transações pertinentes a esse período.

A partir do Capítulo 4, explicaremos que o acompanhamento contábil de uma entidade não ocorre apenas com transações cuja contabilização envolva exclusivamente o Balanço.

Estudo de caso

A Construbem é uma construtora de pequeno porte fundada há cerca de cinco anos e que vem, desde o início de suas atividades, atuando no mercado de construção de pequenos prédios residenciais. A empresa, ao longo desses anos, adotou a política de iniciar uma obra e simultaneamente promover a venda dos apartamentos, e de somente começar uma nova obra quando a anterior estiver totalmente vendida.

Foi desse modo que a empresa conseguiu concluir e entregar sete prédios, e vem executando obras em outros três, dos quais apenas o último ainda não está totalmente vendido. Todavia, em sua última reunião, a cúpula da empresa resolveu criar uma área de novos negócios, para evitar que a empresa ficasse dependente demais do mercado imobiliário. Para conduzir a nova área, contratou como gerente um executivo muito conceituado e bem-relacionado.

Rapidamente, o novo gerente sondou as diversas oportunidades de mercado e vislumbrou a oportunidade de participar da construção de um hospital municipal numa cidade vizinha à da sede da Construbem. Verificou que a construtora tinha os equipamentos e capacidade para dar conta da obra e levou a proposta à direção da empresa, que a princípio hesitou, mas logo depois aceitou a ideia de levar adiante a tentativa de entrar nesse mercado que até então desconhecia.

A partir desse momento, o gerente de novos negócios passou a estudar com detalhes o edital de concorrência pública para construção do hospital e observou que existiam algumas exigências em relação às construtoras participantes, entre as quais estar há mais de três anos no mercado e ter Capital Social integralizado de no mínimo 1 milhão de reais. Tomou ciência, ainda, de que todas as construtoras participantes deveriam entregar uma cópia de seus respectivos contratos sociais e as últimas alterações contratuais, assim como uma série de outros documentos, que seriam checados tão logo fosse apontada a vencedora do certame. A decisão seria em favor da empresa que apresentasse o menor preço para a construção do hospital.

Conhecidas as condições, o gerente de novos negócios consultou informalmente o contador, na primeira ocasião em que o encontrou, com relação ao tempo de existência da construtora e seu Capital Social, sem especificar por que perguntava isso, comportando-se como se fosse por mera curiosidade. O contador respondeu que a empresa tinha cinco anos de existência e que seu Capital Social era de 1 milhão de reais.

Muito satisfeito com as respostas do contador, o gerente deu sequência a seu projeto e passou a estudar meticulosamente os custos da construtora, as possibilidades de contar com mão de obra da própria cidade em que seria construído o hospital, os ganhos de escala que teria na compra de materiais e a adequação de prazos de recebimento e pagamento. Ao final, enviou para a concorrência um envelope fechado com um preço muito competitivo.

Chegado o dia da abertura dos envelopes, lá estava reunida na prefeitura da cidade vizinha a direção da Construbem e seu gerente de novos negócios, que aguardava ansiosamente pelo resultado da acirrada licitação, disputada por dez construtoras. Abertos todos os envelopes, a prefeitura constatou que o menor preço era o da Construbem e decidiu que ela seria a vitoriosa, assim que confirmada a validade da documentação anexada ao processo licitatório.

Em meio à euforia e às comemorações dos dirigentes da Construbem, veio a notícia de que, após a checagem da documentação da construtora, a empresa não satisfazia as condições mínimas estabelecidas para participar da licitação, pois seu Capital Social integralizado era menor que 1 milhão de reais. O segundo colocado da concorrência teve, em seguida, sua documentação checada e sua homologação como empresa vencedora. Inconformado, o gerente de novos negócios da empresa contestou e afirmou à direção que havia confirmado o Capital Social com o contador.

Com base na leitura do capítulo, o que você supõe que tenha ocorrido e ocasionado o insucesso da Construbem no evento? Onde houve falha? Como ela poderia ter sido evitada? Qual é a sua conclusão sobre o caso?

Síntese

Afirmamos neste capítulo que a pessoa jurídica, diferentemente da pessoa física, não é um ser humano, mas uma pessoa de direito cuja existência é comprovada por um contrato entre seus sócios devidamente registado em órgão público.

Acrescentamos que consiste em uma entidade para efeito da contabilidade, pois tem existência própria, desvinculada da figura dos sócios que lhe deram origem, por essa razão, os registros contábeis efetuados devem restringir-se à pessoa jurídica, sem jamais confundi-la com seus sócios. Esse é o Princípio da Entidade Contábil – uma das regras mais importantes da contabilidade.

Quando se constitui uma empresa, geralmente o bem que seus sócios lhe transferem é dinheiro, o que permite à organização adquirir outros bens de que necessite para desempenhar suas atividades.

Esclarecemos que *Capital Social Subscrito* refere-se às cotas que os sócios se comprometem a integralizar e que *Integralização do Capital Social* corresponde à entrega dos bens pelos sócios relativos às suas cotas. O Capital Social Subscrito pode não estar totalmente integralizado na hipótese de os sócios não terem entregado todos os bens. Quando todos os bens são entregues pelos sócios, o Capital Social Subscrito é igual ao Capital Social Integralizado.

Explicitamos, também, que a contabilidade utiliza resumos para facilitar a interpretação das informações por parte dos seus usuários. O Balanço Patrimonial é um desses resumos e representa a forma mais importante de demonstração contábil. Por meio dele, temos uma visão sintética do patrimônio da empresa, que é o objeto de estudo da contabilidade.

Exercícios resolvidos

1. Com base na equação fundamental da contabilidade, preencha os valores das contas em branco, sabendo que todas estão expressas em reais (R$):

a)

		Passivo	70.000,00
		Patrimônio Líquido	
Ativo		Passivo + Patrimônio Líquido	132.000,00

b)

		Passivo	70.000,00
		Patrimônio Líquido	
Ativo	195.000,00	Passivo + Patrimônio Líquido	

c)

		Passivo	70.000,00
		Patrimônio Líquido	220.000,00
Ativo		Passivo + Patrimônio Líquido	

d)

		Passivo	70.000,00
		Patrimônio Líquido	
Ativo		Passivo + Patrimônio Líquido	42.000,00

e)

ATIVO	PASSIVO	PATRIMÔNIO LÍQUIDO
140.000,00	60.000,00	
255.000,00	12.000,00	
	77.000,00	182.000,00
87.000,00		22.000,00
	90.000,00	240.000,00
200.000,00	350.000,00	
300.000,00		74.000,00

Resposta:

a)

		Passivo	70.000,00
Ativo	132.000,00	Patrimônio Líquido	62.000,00
Ativo	132.000,00	Passivo + Patrimônio Líquido	132.000,00

b)

		Passivo	70.000,00
Ativo	195.000,00	Patrimônio Líquido	125.000,00
Ativo	195.000,00	Passivo + Patrimônio Líquido	195.000,00

c)

		Passivo	70.000,00
Ativo	290.000,00	Patrimônio Líquido	220.000,00
Ativo	290.000,00	Passivo + Patrimônio Líquido	290.000,00

d)

		Passivo	70.000,00
Ativo	42.000,00	Patrimônio Líquido	(28.000,00)
Ativo	42.000,00	Passivo + Patrimônio Líquido	42.000,00

e)

ATIVO	PASSIVO	PATRIMÔNIO LÍQUIDO
140.000,00	60.000,00	80.000,00
255.000,00	12.000,00	243.000,00
259.000,00	77.000,00	182.000,00
87.000,00	65.000,00	22.000,00
330.000,00	90.000,00	240.000,00
200.000,00	350.000,00	(150.000,00)
300.000,00	226.000,00	74.000,00

2. Em determinada empresa, os sócios integralizaram R$ 20.000,00 em dinheiro, a fim de que o Capital a Integralizar se reduzisse em R$ 30.000,00. Se o Capital Social Subscrito era de R$ 300.000,00, se inexistiam outras contas de Patrimônio Líquido e se suas dívidas equivaliam à metade do Patrimônio Líquido, pergunta-se:
   a) qual é o valor do Capital Social integralizado?
   b) qual é o valor do Patrimônio Líquido?
   c) qual é o valor do Passivo?
   d) qual é o valor do Ativo?

Resposta:

a) Capital Social Integralizado = Capital Social Subscrito – Capital a Integralizar
   Capital Social Integralizado = R$ 300.000,00 – R$ 30.000,00 = R$ 270.000,00

b) Patrimônio Líquido = R$ 270.000,00, pois não há outra conta nele além do Capital Social Integralizado na empresa na data da presente integralização do capital.

c) Se as dívidas correspondem à metade do Patrimônio Líquido e este tem o valor de R$ 270.000,00, o Passivo, na mesma data, era de R$ 135.000,00.

d) Se o Patrimônio Líquido tem o valor de R$ 270.000,00 e o Passivo, na mesma data, corresponde a R$ 135.000,00, o Ativo, que é a soma dos dois, é de R$ 405.000,00.

3. A Empresa Semprepronta foi constituída em 20 de junho de 2017 para prestar serviços de segurança, com capital inicial de R$ 50.000,00, totalmente integralizado em dinheiro naquela data.

A partir de então, a Semprepronta passou a executar uma série de operações destinadas a permitir seu efetivo funcionamento, conforme listadas a seguir:

- Comprou móveis e utensílios em 30 de junho no valor de R$ 7.000,00, pagando-os à vista.
- Comprou terreno a prazo no valor de R$ 18.000,00 em 05 de julho.
- Adquiriu materiais à vista no valor de R$ 3.000,00 em 14 de julho.
- Comprou materiais a prazo no valor de R$ 2.000,00 em 17 de julho.
- Aumentou o capital em 30 de julho no valor de R$ 20.000,00, mediante o recebimento de um terreno.
- Pagou R$ 1.000,00 dos materiais que devia, em 05 de agosto.
- Pagou R$ 3.000,00 em 10 de agosto, referentes à primeira parcela do terreno adquirido a prazo.
- Comprou veículo em 25 de setembro no valor de R$ 3.500,00, com entrada de R$ 500,00 e saldo dividido em seis parcelas iguais.

Faça o Balanço para cada uma das operações.

Resposta:

Balanço inicial da Semprepronta em 20/06/2017

Caixa	50.000,00	Capital Social	50.000,00
		Patrimônio Líquido	50.000,00
Ativo Total	50.000,00	Passivo + Patrimônio Líquido	50.000,00

Balanço da Semprepronta em 30/06/2017 (R$)

Caixa	43.000,00	Capital Social	50.000,00
Móveis e Utensílios	7.000,00	Patrimônio Líquido	50.000,00
Ativo Total	50.000,00	Passivo + Patrimônio Líquido	50.000,00

Balanço da Semprepronta em 05/07/2017 (R$)

Caixa	43.000,00	Terreno a pagar	18.000,00
Móveis e Utensílios	7.000,00	Passivo	18.000,00
Terreno	18.000,00	Capital Social	50.000,00
		Patrimônio Líquido	50.000,00
Ativo Total	68.000,00	Passivo + Patrimônio Líquido	68.000,00

Balanço da Semprepronta em 14/07/2017 (R$)

Caixa	40.000,00	Terreno a Pagar	18.000,00
Móveis e Utensílios	7.000,00	Passivo	18.000,00
Terreno	18.000,00	Capital Social	50.000,00
Materiais	3.000,00	Patrimônio Líquido	50.000,00
Ativo Total	68.000,00	Passivo + Patrimônio Líquido	68.000,00

Balanço da Semprepronta em 17/07/2017

Caixa	40.000,00	Materiais a Pagar	2.000,00
Móveis e Utensílios	7.000,00	Terreno a Pagar	18.000,00
Terreno	18.000,00	Passivo	20.000,00
Materiais	5.000,00	Capital Social	50.000,00
		Patrimônio Líquido	50.000,00
Ativo Total	70.000,00	Passivo + Patrimônio Líquido	70.000,00

Balanço da Semprepronta em 30/07/2017

Caixa	40.000,00	Materiais a Pagar	2.000,00
Móveis e Utensílios	7.000,00	Terreno a Pagar	18.000,00
Terrenos	38.000,00	Passivo	20.000,00
Materiais	5.000,00	Capital Social	70.000,00
		Patrimônio Líquido	70.000,00
Ativo Total	90.000,00	Passivo + Patrimônio Líquido	90.000,00

Balanço da Semprepronta em 05/08/2017

Caixa	39.000,00	Materiais a Pagar	1.000,00
Móveis e Utensílios	7.000,00	Terreno a Pagar	18.000,00
Terrenos	38.000,00	Passivo	19.000,00
Materiais	5.000,00	Capital Social	70.000,00
		Patrimônio Líquido	70.000,00
Ativo Total	89.000,00	Passivo + Patrimônio Líquido	89.000,00

Balanço da Semprepronta em 10/08/2017

Caixa	36.000,00	Materiais a Pagar	1.000,00
Móveis e Utensílios	7.000,00	Terreno a Pagar	15.000,00
Terrenos	38.000,00	Passivo	16.000,00
Materiais	5.000,00	Capital Social	70.000,00
		Patrimônio Líquido	70.000,00
Ativo Total	86.000,00	Passivo + Patrimônio Líquido	86.000,00

Balanço da Semprepronta em 25/09/2017

Caixa	35.500,00	Materiais a Pagar	1.000,00
Móveis e utensílios	7.000,00	Terreno a Pagar	15.000,00
Terrenos	38.000,00	Veículo a Pagar	3.000,00
Materiais	5.000,00	Passivo	19.000,00
Veículo	3.500,00	Capital Social	70.000,00
		Patrimônio Líquido	70.000,00
Ativo Total	89.000,00	Passivo + Patrimônio Líquido	89.000,00

Questões para revisão

1. Qual é a diferença entre Capital Social Subscrito e Capital Social Integralizado?

2. O que é Balanço Patrimonial e para que serve?

3. Quanto a pessoas jurídicas, é **incorreto** afirmar que:
   a) têm personalidade jurídica própria.
   b) podem ter bens, direitos e dívidas.
   c) são constituídas mediante contrato.
   d) não podem ter mais de sete sócios.

4. Capital Social corresponde:
   a) ao dinheiro deixado à disposição da empresa pelos sócios.
   b) ao dinheiro e aos demais bens deixados à disposição da empresa pelos sócios.
   c) às cotas recebidas pelos sócios em troca do dinheiro e/ou bens que ficam à disposição da empresa.
   d) às cotas recebidas pelos sócios em troca do dinheiro que fica à disposição da empresa.

5. O princípio da entidade se refere ao fato de a contabilidade:
   a) ser aplicada à pessoa jurídica sem confundir suas transações com as de seus sócios.
   b) não ser aplicável a pessoas físicas, mas apenas a pessoas jurídicas, que são as entidades.
   c) ser aplicável tanto a pessoas físicas como a pessoas jurídicas.
   d) ser aplicável apenas a pessoas jurídicas com fins lucrativos.

Questões para reflexão

1. Por que as empresas, ao serem constituídas, já não têm seu Capital Social integralizado com os bens que efetivamente utilizará em suas atividades?

2. Por que o Capital Social a integralizar não deve ser considerado um ativo da empresa?

Para saber mais

Recomendamos a seguinte leitura:

IUDÍCIBUS, S et al. **Manual de contabilidade societária**: aplicável a todas as sociedades. 2. ed. São Paulo: Atlas, 2013.

Trata-se de obra indispensável para quem deseja aprofundar-se nos estudos dos fundamentos da legislação societária que devem ser seguidos na execução da contabilidade.

Registros contábeis:
Livro Diário e Livro-Razão 3

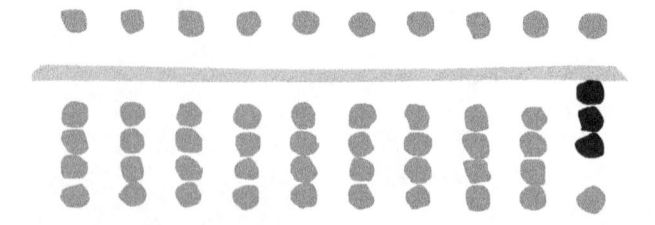

Conteúdos do capítulo:

- Escrituração contábil.
- Método das partidas dobradas (Mecanismo de Débito e Crédito).
- Aplicação do mecanismo de débito e crédito às contas do Balanço Patrimonial.
- Contas patrimoniais.
- A dinâmica dos registros contábeis.
- Tipos de fatos contábeis.
- Livro Diário.
- Livro-Razão.

Após o estudo deste capítulo, você será capaz de:

1. entender o funcionamento do Mecanismo de Débito e Crédito nas contas do Balanço Patrimonial;
2. efetuar Partidas de Diário;
3. lançar as operações no Livro-Razão;
4. lidar com Razonetes;
5. compreender a simultaneidade dos lançamentos no Livro Diário e no Livro-Razão;
6. saber as funções e utilidade da escrituração contábil.

No capítulo anterior, tratamos do Balanço Patrimonial e de sua visualização após cada nova operação, de modo a perceber a criação de novas contas, as modificações nos saldos das contas envolvidas nessas operações e a manutenção da validade da equação fundamental da contabilidade. Neste capítulo, explicamos como de fato são executados os registros contábeis de cada operação e com que intuito, bem como de que modo o sistema de informações contábeis pode cumprir sua função de avaliar continuamente o patrimônio de entidades sem que haja necessidade de levantar um Balanço a cada nova operação.

Cabe assinalarmos que as contas do Balanço Patrimonial são entendidas como *Contas Patrimoniais* porque, uma vez planejada sua existência pela contabilidade, elas são permanentes, conservando-se na contabilidade da entidade mesmo quando seu saldo for zero, e não estão sujeitas ao processo de encerramento – objeto do próximo capítulo.

No presente capítulo, esclarecemos que é necessário registar cada uma das operações de dois modos diferentes e que ambos são obrigatórios.

Por fim, demonstramos que o acúmulo dos registros conduz aos mesmos números que seriam obtidos caso fosse levantado um Balanço Patrimonial a cada nova operação. Para tal, utilizamos o mesmo exemplo do capítulo anterior, a fim de facilitar comparações.

3.1 Método das partidas dobradas

Como afirmamos no Capítulo 2, a Contabilidade estuda o patrimônio das entidades, acompanhando continuamente como ele é formado e aplicado. Tanto o Balanço Patrimonial quanto a equação fundamental da contabilidade seguem essa lógica. Esclarecemos, também, que, nas tabelas de Balanço Patrimonial, ao lado esquerdo se apresenta como os recursos da entidade são aplicados nos diversos Ativos e que o Ativo Total refere-se ao valor total dos recursos aplicados na entidade na data do Balanço; e ao lado direito são demonstradas todas as origens dos recursos da entidade na mesma data, possibilitando verificar quem são os financiadores da entidade e quais valores forneceram. Ainda ao lado direito, o total do Balanço refere-se aos recursos totais obtidos para que a entidade os utilize. Os dois lados do Balanço Patrimonial, conforme especificamos, devem ter sempre o mesmo valor.

Informamos, também, que a equação fundamental da contabilidade – segundo a qual o Ativo é igual ao Passivo mais o Patrimônio Líquido, o que, a rigor, resume o Balanço – demonstra que o volume de recursos aplicados pela entidade (Ativo Total) é sempre igual ao volume total dos recursos obtidos, de terceiros (Passivo) ou dos proprietários da entidade (Patrimônio Líquido).

É importante lembrarmos que a evolução do Balanço Patrimonial, tal como a da equação fundamental da contabilidade, decorre dos registros contábeis das operações. Também devemos levar em consideração que as mudanças que as novas transações acarretam às diversas contas e à estrutura da referida equação são captadas no registro da operação e que o acúmulo desses registros serve para atualizar os saldos de cada uma das contas e dos totais dos dois lados do Balanço Patrimonial. Desse modo, a lógica do registro individual das operações explica tanto a aplicação dos recursos como os respectivos modos de obtenção.

Tal lógica do raciocínio contábil já era praticada pelos comerciantes de Veneza antes mesmo de ter sido registrada pela primeira vez, em 1494, em um livro escrito por Luca Pacioli (1445-1517), frade e matemático italiano. Conforme descreve Iudícibus (2010), a obra, que tratava de matemática, tinha um capítulo dedicado à contabilidade. Embora Pacioli não a tenha criado, muitos o consideram o pai da contabilidade. Sem ele, talvez a contabilidade não tivesse sido difundida. Pacioli foi o primeiro a transmitir o método das partidas dobradas, também conhecido como mecanismo de débito e crédito.

> O método das partidas dobradas consiste em explicar e registrar cada operação demonstrando a aplicação dos recursos (débito) e especificando como eles foram obtidos (crédito).

Cabe salientarmos que toda e qualquer transação realizada por uma entidade movimenta recursos, e o volume de recursos aplicado na transação foi de alguma forma obtido para que fosse possível aplicá-lo.

Em contabilidade, os termos *débito* e *crédito* estão voltados à explicação da movimentação de contas. Nesse contexto, jamais devemos associá-los a vantagens ou desvantagens, a efeitos favoráveis ou desfavoráveis. Também é essencial esclarecermos que os significados dessas palavras para fins contábeis diferem daqueles que assumem quando aplicadas no âmbito jurídico.

Na contabilidade, o registro a débito de uma conta qualquer sempre indica uma aplicação de recursos. Ora, se no Ativo estão relatadas as aplicações de recursos da entidade, então tais contas têm seus saldos a débito (ou devedores). O registro a crédito, por sua vez, indica a origem dos recursos, as quais devem ser relatadas ao lado direito no Balanço Patrimonial. Portanto, todas as contas ao lado direito do Balanço, tanto do Passivo quanto do Patrimônio Líquido, têm seus saldos a crédito, ou saldos credores.

Pelo mecanismo de débito e crédito, a cada operação a um ou mais débitos correspondem um ou mais créditos, de modo que o total debitado é igual ao total creditado. Em outras palavras, a cada operação, o valor total debitado é igual ao valor total creditado. Contudo, pode acontecer de o valor debitado estar dividido por mais de uma conta, ocorrendo o mesmo com o valor creditado.

Como todas as contas do Ativo (lado esquerdo do Balanço) apresentam saldo devedor, novos débitos aumentam seus saldos. A redução do saldo dessas contas é representada, em contabilidade, por créditos. Quando uma conta de Ativo é creditada, significa que aquele recurso permitiu para que a operação ocorresse. Quando, por exemplo, existe um pagamento, ele é representado por um crédito na conta Caixa, que indica redução do saldo de caixa e utilização desse recurso para aplicá-lo na aquisição de outro Ativo ou na quitação de uma dívida. Nesse caso, a conta em que fossem aplicados os recursos seria debitada no mesmo valor.

As contas ao lado direito do Balanço (as do Passivo e do Patrimônio Líquido) apresentam comportamento inverso em relação àquelas do Ativo. Elas correspondem ao saldo credor, e seus valores aumentam sempre que novos créditos são nelas realizados. Representam a presença de recursos adicionais à disposição da entidade. Novas origens de recursos, sejam em contas do Passivo, sejam nas do Patrimônio Líquido, são indicadas por créditos no método das partidas dobradas.

Um débito em qualquer conta do lado direito do Balanço indica aplicação de recursos para reduzir seu valor. O exemplo do pagamento, que citamos, é aplicável para ilustrar o débito como forma de reduzir o valor de uma dívida. O débito é executado na conta de dívida, indicando sua redução e a aplicação dos recursos. O crédito de contrapartida na conta Caixa indica que a origem dos recursos para quitar a dívida foi o mesmo valor em dinheiro.

O mecanismo de débito e crédito é utilizado tanto no Livro Diário quanto no Livro-Razão, embora com enfoques diferentes, como poderemos observar nos tópicos seguintes. Seus efeitos no Ativo, no Passivo e Patrimônio Líquido estão resumidos no Quadro 3.1.

Quadro 3.1 – Efeitos do mecanismo de débito e crédito nos grupos do Balanço Patrimonial

	Débito	Crédito	Saldo
Ativo	Aumenta	Diminui	Devedor
Passivo	Diminui	Aumenta	Credor
Patrimônio Líquido	Diminui	Aumenta	Credor

Fonte: Elaborado com base em Iudícibus et al., 2011.

As mesmas operações da JOJO Academia de Ginástica Ltda. que serviram para exemplificar os temas do capítulo anterior serão utilizadas para ilustrar o funcionamento do método das partidas dobradas, por meio do Livro Diário e do Livro-Razão, e comprovar que com ele obtemos os mesmos resultados alcançados na elaboração de Balanços sucessivos após cada transação.

3.2 Livro Diário

Embora cada vez mais os registros contábeis caminhem para os meios eletrônicos, o conjunto dos registros das operações realizadas por uma entidade em ordem cronológica e que podem continuar a ser encadernados após impressos é ainda conhecido por *Livro Diário*, como no passado, quando esses registros eram manuscritos em livro próprio, com numeração das páginas, para evitar fraudes, e a caligrafia era um dos requisitos importantes para o exercício da função de contador. O tempo passou, e tanto a Contabilidade quanto a tecnologia evoluíram consideravelmente, mas a denominação *Livro Diário* continua sendo utilizada.

> O Livro Diário é uma das duas formas de escrituração da contabilidade. Nele, as operações são registradas em ordem cronológica, identificando as respectivas datas, a(s) conta(s) debitada(s) e, depois, as a(s) conta(s) creditada(s), o valor e o histórico da transação, a fim de complementar o lançamento com informações que permitam comprovar a veracidade e documentar a transação.

O objetivo do Livro Diário é possibilitar a organização de todas as operações realizadas pela entidade na exata ordem em que aconteceram, validando o acompanhamento patrimonial pretendido pela contabilidade. No entanto, à medida que sucessivos lançamentos são executados, não há como controlar por meio desse livro os saldos individuais de cada conta.

No exemplo que utilizamos no Capítulo 2, a academia JOJO foi constituída em 14 de março de 2017 com Capital Social totalmente subscrito e integralizado pelos sócios João e José em partes iguais e em dinheiro, no valor total de R$ 300.000,00. Em troca, João e José receberam, cada um, 150 mil cotas representativas do Capital Social, com valor unitário de R$ 1,00. A Partida de Diário correspondente a essa primeira transação da empresa é evidenciada no Quadro 3.2.

Quadro 3.2 – Partida de diário da JOJO Academia de Ginástica Ltda. em 14/03/2017 (R$)

Curitiba, 14 de março de 2017.

Bancos conta movimento (Caixa)

a Capital Social Subscrito   R$ 300.000,00

Histórico

Constituição da empresa com Capital Social de R$ 300.000,00, totalmente subscrito e integralizado pelos sócios, sendo que João contribuiu com R$ 150.000,00, representados por cheque do Banco Z, em troca de 150 mil cotas do Capital Social; e José colaborou com R$ 150.000,00, representados por cheque do Banco W, em troca de 150 mil cotas do Capital Social. O valor de R$ 300.000,00 em dinheiro está depositado em nossa cta. 38.982-X, da agência 4536-2.

Como no exemplo da JOJO Academia de Ginástica Limitada a operação subsequente ocorre somente no dia 31 de março, o Diário fica sem receber registros até essa data, e o registro dessa operação é feito, sem que haja espaços em branco entre as duas datas, de modo a não permitir o lançamento de outra Partida de Diário entre os dias 14 e 31 de março. A operação do dia 31 diz respeito à compra de um imóvel à vista no valor de R$ 180.000,00, conforme podemos visualizar no Quadro 3.3.

Quadro 3.3 – Partida de diário da JOJO Academia de Ginástica Ltda. em 31/03/2017

Curitiba, 31 de março de 2017.

Imóvel

a Bancos conta movimento (Caixa)   R$ 180.000,00

Histórico

Compra à vista de um sobrado construído em terreno de 300 metros quadrados com área construída total de 540 metros quadrados, sito à R. Pais e Filhos, n. 2033, do senhor Alberto Roberto Filho, CPF 000.000.000-00, pago pelo cheque n. 0001 de nossa cta. 38.982-X, da agência 4536-2. No momento, existe um contrato particular de compra e venda do imóvel a ser registrado no cartório de registro de imóveis da região.

Note que a partida de diário foi iniciada com a data da operação em seu cabeçalho, pelo fato de a operação ter ocorrido em data diferente da anterior. Se tivesse ocorrido no mesmo dia, bastaria registrar a operação logo em seguida da transação inicial da integralização do capital. Como não é o caso, faz-se o encerramento do Diário no dia 14, a fim de mostrar que não há outra transação no mesmo dia. O Diário é aberto novamente com a data em que se executa a nova operação, ou seja, dia 31, sem intervalos em branco entre as duas datas.

> Observe também que a estrutura da partida de diário sempre indica na primeira linha a conta que recebe o débito, e na segunda linha, a que recebe o crédito, iniciando-se a informação pela preposição *a*. O valor é apontado uma só vez, por ser o mesmo para ambas as contas.

O histórico tem a função de relatar os detalhes comprobatórios da operação, com a finalidade de atestar sua veracidade e facilitar a localização da documentação de apoio à transação. Nele, é possível trabalhar com abreviações, desde que elas contenham seus significados explicados no próprio Livro Diário. Não deve haver rasuras, e eventuais erros devem ser acertados por estornos.

Para seguirmos a mesma ordem adotada no capítulo anterior, a terceira operação da JOJO é a aquisição de móveis à vista no valor de R$ 12.000,00, em 5 de abril, cuja Partida de Diário está representada no Quadro 3.4.

Quadro 3.4 – Partida de diário da JOJO Academia de Ginástica Ltda. em 05/04/2017

Curitiba, 05 de abril de 2017.
Móveis
a Bancos conta movimento (Caixa)   R$ 12.000,00
Histórico
Compra de móveis para escritório da Moveleira Novomóvel Ltda., conforme NF 09897, nesta data, à vista e paga pelo cheque n. 0002 de nossa cta. BB 38.982-X, da agência 4536-2.

A operação seguinte é a aquisição de equipamentos para ginástica no valor de R$ 105.000,00 à vista, em 10 de abril. Assim como as operações anteriores, esta também deverá ser registrada no diário da empresa, conforme vemos no Quadro 3.5.

Quadro 3.5 – Partida de diário da JOJO Academia de Ginástica Ltda. em 10/04/2017

Curitiba, 10 de abril de 2017.
Equipamentos de ginástica
a Bancos conta movimento (Caixa)   R$ 105.000,00
Histórico
Compra de equipamentos de ginástica na Fábrica de Equipamentos Atleta Elegante Ltda., conforme NF 0348, nesta data, à vista e paga pelo cheque n. 0003 de nossa cta. 38.982-X, da agência 4536-2.

Na operação subsequente, João e José registram a alteração contratual que eleva o Capital Social para R$ 400.000,00, em 14 de abril. Na mesma data, entregam à empresa, cada um, os R$ 45.000,00 em dinheiro. Nessa data, porém, nenhum deles entrega à JOJO os respectivos computadores no valor de R$ 5.000,00, a despeito do que está combinado. Embora o Capital Social Subscrito continue em R$ 400.000,00, o Capital Social Integralizado é de R$ 390.000,00, pois restam R$ 10.000,00 de Capital a Integralizar.

Na partida de diário, o que se registra efetivamente é o aumento do Capital Social Subscrito em R$ 100.000,00, mas integralizado em apenas R$ 90.000,00; ou seja, R$ 10.000,00 correspondem a Capital a Integralizar. Note que por meio das Partidas de Diário não se obtêm o saldo de Caixa nem o saldo do Capital Social ou de qualquer outra conta, pois elas não são destinadas para esses fins.

Para os casos mencionados até este ponto do texto, há um único débito e um só crédito. Partidas de Diário desse tipo são chamadas *simples* ou de *primeira ordem*. Na operação de 14 de abril, por seu turno, há **dois débitos e um crédito**. Nesse caso, as partidas de diário são denominadas *de segunda ordem*. No Quadro 3.6, demonstramos como registrar esse lançamento.

Quadro 3.6 – Partida de diário da JOJO Academia de Ginástica Ltda. em 14/04/2017

Curitiba, 14 de abril de 2017.

Diversos

a Capital Social Subscrito   R$ 100.000,00

Bancos Conta Movimento (Caixa)   R$ 90.000,00

Capital a integralizar   R$ 10.000,00

Histórico

Aumento do Capital Social Subscrito de R$ 300.000,00 para R$ 400.000,00, registrado na junta comercial nesta data, com emissão de mais 100 mil cotas. Metade das cotas foi subscrita por João, e a outra metade foi subscrita por José. João integralizou no ato R$ 45.000,00 em dinheiro, com a entrega do cheque n. 022 do Banco Y; e José integralizou R$ 45.000,00 em dinheiro, por meio do cheque n. 045 do Banco W. Cada um dos sócios se comprometeu, ainda, a entregar um computador seminovo no valor de R$ 5.000,00, que somam R$ 10.000,00 de Capital a Integralizar.

Como a partida tem duas contas debitadas e a regra básica das partidas de diário é lançar primeiro o Total dos Débitos e o Total dos Créditos, perfazendo um único valor (R$ 100.000,00 conforme Quadro 3.6), o termo utilizado para os débitos é *diversos*, como forma de indicar que há mais de uma conta debitada. Após a linha correspondente à única conta creditada (Capital Social Subscrito), figuram as contas debitadas Bancos Conta Movimento e Capital a Integralizar, sem a preposição, o que mostra que são contas devedoras, cada qual com o respectivo valor debitado.

No dia 17 de abril, a empresa compra do mesmo fornecedor com que se relacionou anteriormente equipamentos de ginástica no valor de R$ 95.000,00, com entrada de R$ 35.000,00 e saldo financiado em três parcelas iguais, mensais e sucessivas, conforme podemos verificar no Quadro 3.7.

Quadro 3.7 – Partida de diário da JOJO Academia de Ginástica Ltda. em 17/04/2017

Curitiba, 17 de abril de 2017.

Equipamentos de ginástica

a Diversos   R$ 95.000,00

a Bancos Conta Movimento (Caixa)   R$ 35.000,00

a Equipamentos de Ginástica a Pagar   R$ 60.000,00

Histórico

Compra de equipamentos de ginástica na Fábrica de Equipamentos Atleta Elegante Ltda., conforme NF 0455, nesta data, com entrada de R$ 35.000,00, paga com o cheque n. 0004 de nossa cta. 38.982-X, da agência 4536-2, mais três prestações mensais de R$ 20.000,00 cada, representadas pelas duplicatas a pagar de números 0455/a, 0455/b e 0455/c.

A partida de diário constante do Quadro 3.7 apresenta um débito e mais de um crédito. Trata-se de uma partida de terceira ordem. O valor total do lançamento (R$ 95.000,00) é debitado em uma só conta, mas o crédito é diluído em duas contas. Por isso, executa-se o lançamento total com o crédito de contrapartida a Diversos, o que indica que há mais de uma conta creditada. Cada uma das contas creditadas está representada logo na sequência, precedida da preposição *a*, indicando que são contas creditadas na operação e nos respectivos valores escriturados.

Na sequência dos acontecimentos da academia JOJO, no dia 18 de abril, o sócio João entrega o computador no valor de R$ 5.000,00, conforme se comprometera a fazer, para integralização no Capital Social. No Quadro 3.8, podemos visualizar a Partida de Diário relativa a essa operação.

Quadro 3.8 – Partida de diário da JOJO Academia de Ginástica Ltda. em 18/04/2017

Curitiba, 18 de abril de 2017.

Computadores

a Capital a Integralizar   R$ 5.000,00

Histórico

Integralização parcial do Capital Social Subscrito de R$ 5.000,00 e das respectivas 5 mil cotas integralizadas pelo sócio João com a entrega de um computador seminovo marca X, com as características de configuração especificadas em seu manual, que se encontra na empresa, assim como o documento comprobatório de sua cessão definitiva à JOJO.

A conta Computadores é movimentada com um débito, o que indica existir um novo Ativo à disposição da empresa. O crédito na conta Capital a Integralizar indica a redução do seu saldo no mesmo valor do computador que foi entregue. A Partida de Diário indica simplesmente a redução do Capital a Integralizar em R$ 5.000,00, sem especificar se há saldo nessa conta após a operação, pois isso não é seu escopo.

Em 22 de abril, a JOJO adquire o terreno ao lado do imóvel da empresa por R$ 72.000,00 sem entrada e em 24 parcelas iguais e mensais de R$ 3.000,00. Lembramos que o local seria muito útil para servir de estacionamento aos clientes e para tornar a empresa mais atrativa que as concorrentes do bairro. No Quadro 3.9, podemos conferir a Partida de Diário relativa a essa operação.

Quadro 3.9 – Partida de diário da JOJO Academia de Ginástica Ltda. em 22/04/2017

Curitiba, 22 de abril de 2017.

Terrenos

a Terrenos a Pagar   R$ 72.000,00

Histórico

Compra de um terreno, situado à R. Pais e Filhos, n. 2057, do senhor Carlos Roberto Neto, CPF 000.000.000-02, em 24 parcelas mensais e iguais de R$ 3.000,00, representadas por 24 notas promissórias de números 01 a 24, a serem pagas ao senhor Carlos Roberto. No momento, existe um contrato particular de compra e venda do terreno a ser registrado no cartório de registro de imóveis da região.

O débito na conta Terrenos indica a existência do novo bem na empresa, e o crédito em Terrenos a Pagar, no mesmo valor, mostra que a aquisição foi totalmente financiada pelo antigo proprietário.

Em 28 de abril, o sócio José entrega o computador relativo à sua integralização de Capital Social na academia JOJO. O Quadro 3.10 evidencia o registro relativo a essa transação no Livro Diário.

Quadro 3.10 – Partida de diário da JOJO Academia de Ginástica Ltda. em 28/04/2017

Curitiba, 28 de abril de 2017.
Computadores
a Capital a Integralizar R$ 5.000,00
Histórico
Integralização parcial do Capital Social Subscrito de R$ 5.000,00 e respectivas 5 mil cotas integralizadas pelo sócio José com a entrega de um computador seminovo, marca Y, com as características de configuração especificadas em seu manual, que se encontra na empresa, assim como o documento comprobatório de sua cessão definitiva à JOJO.

No Quadro 3.10, o débito indica que a conta de Ativo Computadores aumenta de valor em R$ 5.000,00, enquanto o crédito de mesmo valor na conta Capital a Integralizar assinala que a obrigação dos sócios de entregar o bem à empresa foi diminuída nesse valor. O sócio que o fez cumpriu com mais uma participação societária na empresa, representada por cotas.

Os exemplos de Partidas de Diário com base no caso hipotético da JOJO ilustram algumas das possibilidades de lançamentos existentes. Além disso, com esses exemplos você pôde:

- fixar a estrutura das Partidas de Diário;
- discernir os tipos de Partidas de Diário existentes;
- verificar sua utilidade;
- perceber suas limitações;
- entender seus objetivos;
- aprender que Partidas de Diário não acompanham os saldos das contas;
- verificar como se comprovam as transações por meio das Partidas de Diário.

3.4 Livro-Razão

Os registros contábeis do Livro-Razão, tal como os do Livro Diário, caminham para os meios eletrônicos. Mesmo assim, ainda é possível afirmar que o conjunto dos registros das operações realizadas por uma entidade, individualizado por conta, pode ser encadernado após impresso, ao que denominamos Livro-Razão.

Diferentemente de como se faz no Livro Diário, no Livro-Razão não se registra cada operação por completo num único local. O Livro-Razão é dividido por contas, registrando-se a cada operação o modo como a conta nela envolvida é movimentada: se a débito ou a crédito.

No passado, os registros eram manuscritos em livro próprio, organizado com divisões por conta. Com o tempo, o processo foi evoluindo, e passaram a ser utilizadas as chamadas *fichas razão*, a fim de facilitar a execução dos registros, que, posteriormente, vieram a ser transferidos ao livro por processo mecanizado. Com o advento da informática, os registros puderam ser lançados em sistemas de controles integrados, nos quais cada conta é previamente codificada no planejamento de contas.

A cada lançamento na conta, é possível acompanhar seu novo saldo após a operação, o que não ocorre no Livro Diário.

Reiteramos que o Livro-Razão consiste no conjunto das contas representativas da contabilidade acompanhadas a cada movimentação que nelas ocorra. Mas algumas dessas contas, por terem movimentação mais intensa e por estarem mais sujeitas a verificações internas ou de fiscalização, originam outros livros, que são subdivisões do Livro-Razão e visam facilitar esses trabalhos. São exemplos o Livro Caixa, o Livro de Duplicatas a Receber, o Livro de Estoques, o Livro de Contas a Pagar.

A codificação das contas do Livro-Razão permite que as contas sejam subdivididas, a fim de que seu controle e seu acompanhamento sejam possíveis sobre cada elemento no qual haja interesse. Numa empresa industrial, por exemplo, a conta Estoques pode estar subdivida em três subcontas principais (Matérias-primas, Produtos em Elaboração e Produtos Acabados), que, somadas, correspondem ao valor total de estoques. Essas subcontas principais também podem ser subdivididas em componentes mais específicos.

Assim, por exemplo, quando uma empresa adquire lingotes de ferro a serem utilizados em seu processo industrial, o débito correspondente ao valor de sua aquisição é lançado na conta específica Lingotes de Ferro, o que automaticamente atualiza também o valor dos estoques de matérias-primas do qual faz parte e o dos estoques totais.

Se a compra dos lingotes de ferro for feita a prazo, o crédito de contrapartida dessa operação é realizado na conta específica do fornecedor que vendeu os lingotes a prazo. Essa conta do fornecedor específico é uma das várias subcontas da conta Fornecedores. Conforme receber novos créditos, cresce não somente seu valor, mas também o saldo credor da conta, que é atualizado simultaneamente.

Ao procedermos dessa maneira, conseguimos obter a atualização da dívida com cada um dos fornecedores, o que nos permite, inclusive, controlar limites individuais e atualizar constantemente o valor da dívida para com o conjunto de fornecedores.

> A respeito dos dois tipos de registro, devemos ressaltar que: as operações lançadas no Livro Diário são também lançadas no Livro-Razão; o mecanismo de débito e crédito é valido para ambos os livros; ambos são obrigatórios, pois têm objetivos diferentes e complementares. A escrituração contábil precisa ser executada das duas formas.

Do ponto de vista prático e didático, o Livro-Razão apresenta a vantagem de oferecer condições de acompanhar os saldos de todas as contas utilizadas pela contabilidade a cada nova operação. Com isso, permite elaborar as demonstrações contábeis quando se queira. A visão de conjunto oferecida pelo Razão fica bastante simplificada com o uso de representações gráficas de conta, conhecidas por **Razonetes**.

Perguntas & respostas

1. O que é Razonete e como as informações contábeis são nele registradas?

Um Razonete é a representação gráfica em forma de T dada a cada conta componente da contabilidade de uma entidade. Acima do T é anotado o título da conta, identificando-a. À esquerda são lançados os débitos, sempre que a operação envolva a conta e esta deva receber seu lançamento a débito. O lado direito do Razonete é utilizado para efetuar os créditos que digam respeito à conta, sempre que ela esteja envolvida na transação e seja o caso de creditá-la.

O saldo de cada conta pode ser obtido mediante o somatório dos débitos confrontado com o somatório dos créditos nela lançados. Sempre que a soma dos débitos exceder a soma dos créditos, o saldo da conta será devedor e aparecerá à esquerda do Razonete. Ao contrário, se a soma dos créditos efetuados numa conta for maior que a dos débitos, o saldo será credor e indicado à direita. Saldos de todas as contas, tanto devedores como credores, podem ser apurados a cada novo lançamento ou sempre que exista necessidade.

Podemos conferir a representação de um Razonete e seus componentes na Figura 3.1

Figura 3.1 – Representação gráfica das contas: Razonetes e seus saldos

Título da Conta			Título da Conta	
Débitos	Créditos		Débitos	Créditos
Soma dos Débitos >	Soma dos Créditos		Soma dos Débitos	> Soma dos Créditos
Saldo Devedor				Saldo Credor

Quando, numa mesma data, todos os Razonetes existentes têm seus saldos apurados, é possível elaborarmos as demonstrações contábeis. Recorreremos novamente ao exemplo da JOJO, desenvolvido com Balanços sucessivos no Capítulo 2 e por meio de Partidas de Diário neste capítulo, na seção anterior, para demonstrar como ficariam os lançamentos de cada operação e como o acúmulo dos saldos dos Razonetes a cada data permite obter os mesmos números dos Balanços sucessivos.

A primeira operação da JOJO ocorreu em 14 de março de 2017, quando seus sócios, João e José, a constituíram com Capital Social de R$ 300.000,00, totalmente integralizado em dinheiro. Tal lançamento utilizaria dois Razonetes, cada qual representando uma das duas contas envolvidas na operação, como podemos observar na Figura 3.2.

Figura 3.2 – Razonetes na JOJO Academia de Ginástica Ltda. em 14/03/2017 (R$)

Caixa			Capital Social	
(1)	300.000,00		300.000,00	(1)
	300.000,00	0,00	0,00	300.000,00
	300.000,00			300.000,00

Caso houvesse necessidade de elaborarmos um Balanço Patrimonial em 14 de março, ele seria igual ao da Tabela 2.1 do capítulo anterior, que aqui reproduzimos como Tabela 3.1.

Tabela 3.1 – Configuração simplificada do Balanço Patrimonial da JOJO Academia de Ginástica Ltda. em 14/03/2017 (R$)

Caixa*	300.000,00	Capital Social	300.000,00
Total dos Recursos Aplicados	300.000,00	Total dos Recursos Obtidos	300.000,00

* Para facilidade de entendimento, utilizamos o termo Caixa em sentido amplo, ou seja, incluindo os saldos bancários.

A grande vantagem de usar Razonetes, em termos práticos, é de seu uso cumulativo não tornar necessário o levantamento de um novo Balanço Patrimonial a cada nova operação. A contabilidade seria inviável se assim fosse. Os Razonetes cumprem essa função, conforme verificaremos na comparação entre os números do Balanço da Academia JOJO de 28 de abril, obtido com Razonetes e aquele obtido com Balanços sucessivos, em que era levantado um Balanço novo após cada operação, como fizemos no Capítulo 2.

É importante identificar cada uma das operações nos Razonetes, para que qualquer usuário das informações possa facilmente entender o processo, conferir e eventualmente localizar erros que porventura existam. Note na Figura 3.2 que, no primeiro lançamento, tanto a conta Caixa quanto a conta Capital Social tiveram seus lançamentos indicados com o número 1. Quando se deseja saber a que se refere o lançamento, é possível identificar seus detalhes por meio do número que levará a uma memória com a data da operação e as demais informações a ela pertinentes.

À medida que as outras transações são lançadas nos Razonetes, a tendência é que se amplie o número de contas e que uma mesma conta receba um considerável número de lançamentos. O conjunto de Razonetes existentes para cada uma das datas, com seus saldos devidamente distribuídos entre Ativo, Passivo e Patrimônio Líquido, será a base que permitirá fechar o Balanço da JOJO, em qualquer uma dessas datas, do mesmo modo como foi feito no capítulo anterior, com Balanços sucessivos.

A segunda operação da empresa, de 31 de março corresponde à compra à vista de um imóvel por R$ 180.000,00. Na Figura 3.3, podemos verificar a posição dos Razonetes. O lançamento da operação é identificado pelo número 2 entre parênteses, com débito na conta Imóveis e crédito de igual valor realizado na conta Caixa.

Figura 3.3 – Razonetes na JOJO Academia de Ginástica Ltda. em 31/03/2017 (R$)

Caixa		Capital Social		Imóveis	
(1) 300.000,00	180.000,00 (2)		300.000,00 (1)	(2) 180.000,00	
300.000,00	180.000,00		300.000,00	180.000,00	0,00
120.000,00			300.000,00	180.000,00	

Nota: Os números entre parênteses representam os lançamentos nas contas movimentadas em razão de cada uma das operações realizadas pela empresa e explicitadas no texto.

A terceira operação da JOJO é a aquisição de móveis à vista no valor de R$ 12.000,00, em 5 de abril. Nessa operação, o débito recai na nova conta de Ativo denominada *Móveis*, já que, até então, não há outra conta entre os Razonetes existentes que seja ideal para lançar o valor. O crédito, novamente, é executado na conta Caixa, pois dela foram originados os recursos ora aplicados em móveis. A Figura 3.4 mostra a posição dos Razonetes atualizada para a referente data.

Figura 3.4 – Razonetes na JOJO Academia de Ginástica Ltda. em 05/04/2017 (R$)

Caixa				Capital Social		
(1)	300.000,00	180.000,00	(2)		300.000,00	(1)
		12.000,00	(3)			
	300.000,00	192.000,00		0	300.000,00	
	108.000,00				300.000,00	

Imóveis				Móveis		
(2)	180.000,00			(3)	12.000,00	
	180.000,00	0,00			12.000,00	0,00
	180.000,00				12.000,00	

Nota: Os números entre parênteses representam os lançamentos nas contas movimentadas em razão de cada uma das operações realizadas pela empresa e explicitadas no texto.

A operação da empresa representada na Figura 3.5 é a aquisição de equipamentos para ginástica no valor de R$ 105.000,00 à vista em 10 de abril, o que movimenta a conta Equipamentos a Débito, indicando um novo Ativo e a respectiva aplicação dos recursos nesse item, com o crédito recaindo mais uma vez sobre a conta Caixa.

Além do lançamento número 4 dessa operação, a Figura 3.5 mostra também o conjunto de Razonetes com os quais seria possível levantar o Balanço Patrimonial na referida data. Todavia, se não existe necessidade do Balanço na data, basta seguir lançando as operações seguintes até que surja a real necessidade.

Figura 3.5 – Razonetes na JOJO Academia de Ginástica Ltda. em 10/04/2017 (R$)

Caixa				Capital Social		Equipamentos		
(1)	300.000,00	180.000,00	(2)		300.000,00 (1)	(4)	105.000,00	
		12.000,00	(3)				105.000,00	0
		105.000,00	(4)				105.000,00	
	300.000,00	297.000,00			300.000,00			
	3.000,00				300.000,00			

Imóveis				Móveis		
(2)	180.000,00			(3)	12.000,00	
	180.000,00	0,00			12.000,00	0
	180.000,00				12.000,00	

Nota: Os números entre parênteses representam os lançamentos nas contas movimentadas em razão de cada uma das operações realizadas pela empresa e explicitadas no texto.

Relembremos que na operação subsequente, registrada na Figura 3.6, os sócios registram a alteração contratual que eleva o Capital Social para R$ 400.000,00 em 14 de abril e, na mesma data, entregam à empresa cada qual os respectivos R$ 45.000,00 em dinheiro. Também se comprometem a entregar dois computadores seminovos, um por sócio. Embora o Capital Social Subscrito continue em R$ 400.000,00, o Capital Social Integralizado é de R$ 390.000,00, pois restam R$ 10.000,00 de Capital a Integralizar.

O lançamento nos Razonetes referente a essa operação, identificada pelo número 5 na Figura 3.6, é executado com débito de R$ 90.000,00 na conta Caixa, o que indica a aplicação dos recursos. O complemento do débito de R$ 10.000,00 é feito na conta Capital a Integralizar (dedutiva do Capital Social Subscrito). O crédito de R$ 100.000,00 é realizado na conta Capital Social. No Capítulo 2, mais precisamente na Tabela 2.8, está exposto o Balanço relativo a essa mesma data com os totais em R$ 450.000,00.

Note que no sistema de Razonetes não existe a conta Capital Social Integralizado. Ela é fruto da utilização das contas Capital Social Subscrito e Capital a Integralizar, como forma de explicitar que o Capital Subscrito não está totalmente integralizado naquela data. Sempre que o saldo da conta Capital a Integralizar for zero, o Capital Social estará totalmente integralizado. Quando a conta Capital a Integralizar apresenta saldo, isso significa que o Capital Social Integralizado é menor que o Capital Social Subscrito.

Figura 3.6 – Razonetes na JOJO Academia de Ginástica Ltda. em 10/04/2017 (R$)

	Caixa		
(1)	300.000,00	180.000,00	(2)
(5)	90.000,00	12.000,00	(3)
		105.000,00	(4)
	390.000,00	297.000,00	
	93.000,00		

	Capital Social		
		300.000,00	(1)
		100.000,00	(5)
		400.000,00	
		400.00,00	

	Imóveis		
(2)	180.000,00		
	180.000,00	0,00	
	180.000,00		

	Móveis		
(3)	12.000,00		
	12.000,00	0,00	
	12.000,00		

	Equipamentos		
(4)	105.000,00		
	105.000,00	0,00	
	105.000,00		

	Capital a Integralizar		
(5)	10.000,00		
	10.000,00		
	10.000,00		

Nota: Os números entre parênteses representam os lançamentos nas contas movimentadas em razão de cada uma das operações realizadas pela empresa e explicitadas no texto.

No dia 17 de abril, a empresa compra equipamentos de ginástica no valor de R$ 95.000,00, com entrada de R$ 35.000,00 e saldo financiado em três parcelas iguais, bimestrais e sucessivas, conforme podemos verificar na Figura 3.7. O lançamento dessa operação, identificada pelo número 6, foi realizado com débito na conta Equipamentos pelo seu valor total de R$ 95.000,00. O crédito é repartido em duas contas: R$ 35.000,00 na conta Caixa, pela entrada; e R$ 60.000,00 em Equipamentos a Pagar. O Balanço da Tabela 2.9 (Capítulo 2) corresponde a esse conjunto de Razonetes.

Figura 3.7 – Razonetes na JOJO Academia de Ginástica Ltda. em 17/04/2017 (R$)

	Caixa					Capital Social	
(1)	300.000,00	180.000,00	(2)			300.000,00	(1)
(5)	90.000,00	12.000,00	(3)			100.000,00	(5)
		105.000,00	(4)				
		35.000,00	(6)				
	390.000,00	332.000			0,00	400.000,00	
	58.000,00					400.000,00	

	Imóveis				Móveis	
(2)	180.000,00			(3)	12.000,00	0,00
	180.000,00	0,00			12.000,00	
	180.000,00					

	Equipamentos				Capital a Integralizar	
(4)	105.000,00			(5)	10.000,00	
(6)	95.000,00					
	200.000,00	0,00			10.000,00	0,00
	200.000,00				10.000,00	

Equipamentos a Pagar		
	60.000,00	(6)
0,00	60.000,00	
	60.000,00	

Nota: Os números entre parênteses representam os lançamentos nas contas movimentadas em razão de cada uma das operações realizadas pela empresa e explicitadas no texto.

Na sequência dos acontecimentos, no dia 18 de abril, o sócio João entrega à JOJO, para integralização no Capital Social, o computador no valor de R$ 5.000,00, conforme havia se comprometido a fazer. A Figura 3.8 inclui a operação identificada pelo número 7, em que a conta Computadores é debitada em R$ 5.000,00, para refletir a entrada da nova aplicação de recursos nesse bem, para o qual a conta é aberta. O crédito de contrapartida é atribuído à conta Capital a Integralizar, também já existente. O conjunto de Razonetes é o mesmo, mas dois deles têm seu saldo alterado.

Figura 3.8 – Razonetes na JOJO Academia de Ginástica Ltda. em 18/04/2017 (R$)

	Caixa					Capital Social		
(1)	300.000,00	180.000,00	(2)				300.000,00	(1)
(5)	90.000,00	12.000,00	(3)				100.000,00	(5)
		105.000,00	(4)					
		35.000,00	(6)					
	390.000,00	332.000,00					400.000,00	
	58.000,00						400.000,00	

	Imóveis				Móveis	
(2)	180.000,00			(3)	12.000,00	
	180.000,00	0,00			12.000,00	0,00
	180.000,00				12.000,00	

	Equipamentos				Capital a Integralizar		
(4)	105.000,00			(5)	10.000,00	5.000,00	(7)
(6)	95.000,00						
	200.000,00	0,00			10.000,00	5.000,00	
	200.000,00				5.000,00		

	Equipamentos a Pagar				Computadores	
		60.000,00	(6)	(7)	5.000,00	
	0,00	60.000,00			5.000,00	0,00
		60.000,00			5.000,00	

Nota: Os números entre parênteses representam os lançamentos nas contas movimentadas em razão de cada uma das operações realizadas pela empresa e explicitadas no texto.

Em 22 de abril, a JOJO adquire por R$ 72.000,00, sem entrada e em 24 parcelas iguais e mensais de R$ 3.000,00, o terreno ao lado do imóvel da empresa. A operação exige um débito de R$ 72.000,00 na conta Terrenos e um crédito de igual valor na conta Terrenos a Pagar, para especificar o motivo da dívida. Como nenhuma das contas foi utilizada até o momento, elas são incluídas para registrar a transação, indicada pelo número 8 na Figura 3.9, e passam a fazer parte do conjunto de Razonetes que contêm todas as operações da empresa, desde sua abertura até a data citada.

Figura 3.9 – Razonetes na JOJO Academia de Ginástica Ltda. em 22/04/2017 (R$)

	Caixa				Capital Social		
(1)	300.000,00	180.000,00	(2)			300.000,00	(1)
(5)	90.000,00	12.000,00	(3)			100.000,00	(5)
		105.000,00	(4)				
		35.000,00	(6)				
	390.000,00	332.000,00			0,00	4000.00,00	
	58.000,00					400.000,00	

(continua)

(Figura 3.9 – conclusão)

	Imóveis		
(2)	180.000,00		
	180.000,00	0,00	
	180.000,00		

	Móveis		
(3)	12.000,00		
	12.000,00	0,00	
	12.000,00		

	Equipamentos		
(4)	105.000,00		
	105.000,00	0,00	
	105.000,00		

	Capital a Integralizar		
(5)	10.000,00	5.000,00	(7)
	10.000,00	5.000,00	
		5.000,00	

	Equipamentos a Pagar		
		60.000,00	(6)
	0,00	60.000,00	
		60.000,00	

	Computador		
(7)	5.000,00		
	5.000,00	0,00	
	5.000,00		

	Terrenos		
(8)	72.000,00		
	72.000,00	0,00	
	72.000,00		

	Terrenos a pagar		
		72.000,00	(8)
	0,00	72.000,00	
		72.000,00	

Nota: Os números entre parênteses representam os lançamentos nas contas movimentadas em razão de cada uma das operações realizadas pela empresa e explicitadas no texto.

Em 28 de abril, o sócio José entrega o computador relativo à sua integralização de Capital Social na JOJO. Essa é a última operação do exemplo, e nela o débito no valor de R$ 5.000,00 é executado na conta Computadores, identificando a nova aplicação de recursos num ativo. Um crédito de igual valor ocorre na conta Capital a Integralizar. Após essa operação (registrada com o número 9 nos Razonetes da Figura 3.9), o saldo da conta Capital a Integralizar passa a ser zero. Portanto, agora não há mais diferença entre Capital Social Subscrito e Capital Social Integralizado.

A Figura 3.10 mostra o conjunto dos Razonetes das contas existentes em 28 de abril e seus respectivos saldos.

Figura 3.10 – Razonetes na JOJO Academia de Ginástica Ltda. em 28/04/2017 (R$)

	Caixa		
(1)	300.000,00	180.000,00	(2)
(5)	90.000,00	12.000,00	(3)
		105.000,00	(4)
		35.000,00	(6)
	390.000,00	332.000,00	
	58.000,00		

	Capital social		
		300.000,00	(1)
		100.000,00	(5)
	0,00	400.000,00	
		400.000,00	

	Imóveis		
(2)	180.000,00		
	180.000,00	0,00	
	180.000,00		

	Móveis		
(3)	12.000,00		
	12.000,00	0,00	
	12.000,00		

(continua)

(Figura 3.10 – conclusão)

	Equipamentos				Capital a integralizar		
(4)	105.000,00			(5)	10.000,00	5.000,00	(7)
						5.000,00	(9)
	105.000,00	0,00			10.000,00	10.000,00	
	105.000,00				0,00		

	Equipamentos a pagar				Computadores		
		60.000,00	(6)	(7)	5.000,00		
				(9)	5.000,00		
	0,00	60.000,00			10.000,00	0,00	
		60.000,00			10.000,00		

	Terrenos				Terrenos a pagar		
(8)	72.000,00					72.000,00	(8)
	72.000,00	0,00			0,00	72.000,00	
	72.000,00					72.000,00	

Nota: Os números entre parênteses representam os lançamentos nas contas movimentadas em razão de cada uma das operações realizadas pela empresa e explicitadas no texto.

A Tabela 3.2, por sua vez, mostra o Balanço Patrimonial da empresa com base nos Razonetes acima e seus respectivos saldos.

Tabela 3.2 – Balanço Patrimonial da JOJO Academia de Ginástica Ltda. em 28/04/2017, com base nos Razonetes da Figura 3.10 (R$)

ATIVO		PASSIVO	
Caixa	58.000,00	Equipamentos a Pagar	60.000,00
Imóvel	180.000,00	Terrenos a Pagar	72.000,00
Móveis	12.000,00	Total do Passivo	132.000,00
Equipamentos	200.000,00	PATRIMÔNIO LÍQUIDO	
Computadores	10.000,00	Capital Social Integralizado	400.000,00
Terrenos	72.000,00	Total do Patrimônio Líquido	400.000,00
Ativo Total	**532.000,00**	**Passivo + Patrimônio Líquido**	**532.000,00**

Cabe ressaltarmos que havia apenas nove contas com saldo, estando seis delas classificadas no Ativo: Caixa, Imóvel, Móveis, Equipamentos, Computadores e Terrenos. O Ativo soma R$ 532.000,00, e o lado direito do Balanço apresenta o mesmo resultado, com Passivo de R$ 132.000,00, formado pelas contas Equipamentos a Pagar e Terrenos a Pagar, além do Patrimônio Líquido, que tem o Capital Social como única conta e saldo de R$ 400.000,00.

Importante também levarmos em consideração que esse Balanço foi obtido mediante o uso contínuo dos Razonetes após os nove lançamentos, sem que houvesse necessidade de levantamento anterior de outro Balanço. Os números obtidos são os mesmos que foram alcançados no capítulo anterior, utilizando Balanços sucessivos, reproduzidos na Tabela 2.11.

Estudo de caso

Nivaldo era um empregado exemplar da Cia. Lucramais. Havia começado ainda bem jovem a trabalhar na empresa como auxiliar administrativo. Sua dedicação vinha sendo notada por seus superiores, e, ao surgir uma oportunidade no setor de contabilidade, ele foi promovido, passando a desempenhar a função de assistente contábil.

Com o decorrer do tempo, o interesse de Nivaldo pela contabilidade foi crescendo com sua vontade de ascensão profissional. Sempre atento, ele se esmerava para fazer os lançamentos de Diário e seus respectivos históricos, sempre corretos e detalhados, sem deixar margem para falhas.

Em virtude do sucesso de Nivaldo na atividade, seu chefe passou a designar-lhe também os lançamentos do Livro-Razão, tarefa que ele também assimilou facilmente. Aos poucos, Nivaldo foi dominando o método das partidas dobradas, aplicado-o tanto ao Livro Diário quanto ao Livro-Razão.

Todavia, ele foi percebendo que boa parte dos registros que fazia no Diário também eram feitos por ele no Razão, e isso passou a incomodá-lo. Investigou se os colegas mais antigos no setor também haviam notado a situação e constatou que sim. Contudo, seus colegas não ficaram preocupados com isso, pois se limitavam a cumprir suas funções. Ademais, se o chefe pedia que fosse feito assim, não havia por que contestar. Faziam e pronto.

Apesar de satisfeito com a nova função e de receber elogios da chefia, Nivaldo estava inconformado com o que considerava ser duplicidade de trabalho que vinha executando em muitas ocasiões. Ele se questionava: "Se já registrei essa operação no Diário, por que preciso registrar a mesma operação também no Razão?"

Após esse período de inquietação, Nivaldo criou coragem para expor sua dúvida ao chefe, mesmo sabendo que os colegas tinham a mesma dúvida, mas não procuraram saná-la.

Com base na leitura atenta que fez deste capítulo, responda: se fosse você o chefe de Nivaldo, que explicação lhe daria? Qual seria seu julgamento, como chefe, acerca da postura desse subordinado?

Síntese

Neste capítulo, explicamos que, em contabilidade, devemos registrar cada uma das operações de dois modos diferentes, ambos obrigatórios: no Livro Diário e no Livro-Razão.

Verificamos também que cada operação tem efeito nos saldos das contas movimentadas e que a lógica do registro individual das operações explica como foram aplicados os recursos relativos à operação e de que modo eles foram obtidos pela entidade.

Tal lógica do raciocínio contábil se faz notar também no método de partidas dobradas, que consiste em explicar cada operação relatando, primeiro, como foram aplicados os recursos (débito) e, depois, como eles foram obtidos (crédito).

Esclarecemos que um registro a débito de qualquer conta sempre indica uma aplicação de recursos. Ora, se no Ativo estão relatadas as aplicações de recursos da entidade, tais contas têm seus saldos a débito (devedores). O registro a crédito, por sua vez, indica a origem dos recursos (a qual, no Balanço Patrimonial, é representada à direita), e todas as contas do Passivo e Patrimônio Líquido têm seus saldos a crédito (credores).

Afirmamos, ainda, que, pelo mecanismo de débito e crédito, a cada operação a um ou mais débitos corresponde um ou mais créditos, de modo que o total debitado é igual ao total creditado. Contudo, o valor debitado pode estar dividido em mais de uma conta, ocorrendo o mesmo com o valor creditado.

Como todas as contas do Ativo (lado esquerdo do Balanço) apresentam saldo devedor, novos débitos aumentam os saldos dessas contas. A redução do valor do saldo dessas contas é representada por créditos.

Nas contas do lado direito do Balanço (as do Passivo e do Patrimônio Líquido), cujo comportamento é inverso ao das contas do Ativo, os créditos representam a presença de recursos adicionais à disposição da entidade. Novas origens de recursos, sejam em contas do Passivo ou do Patrimônio Líquido, são indicadas por créditos no método das partidas dobradas.

Também sobre as contas do lado direito do Balanço, demonstramos que um débito em qualquer uma delas indica aplicação de recursos para reduzir seu valor.

O mecanismo de débito e crédito é utilizado tanto no Livro Diário quanto no Livro-Razão, embora com enfoques diferentes (seus efeitos no Ativo, no Passivo e no Patrimônio Líquido estão resumidos no Quadro 3.1).

No Livro Diário, as operações são registradas cronologicamente, evidenciando-se a data da operação, a(s) conta(s) debitada(s) e depois as a(s) conta(s) creditada(s), assim como o valor e o histórico da transação. No entanto, à medida que sucessivos lançamentos são executados, não há como controlar, por meio desse livro, os saldos individuais de cada conta.

Sobre o Livro-Razão, informamos que corresponde ao conjunto dos registros das operações realizadas por uma entidade, individualizado por conta e que pode ser encadernado após impresso.

No Razão, diferentemente do que ocorre no Diário, o registro de cada operação não é feito por completo num único local. O Razão é dividido por contas, registrando-se a cada operação a forma como a conta nela envolvida é movimentada: a débito ou a crédito.

Exercícios resolvidos

1. A Empresa Semprepronta Ltda. foi constituída em 20 de junho de 2017 para prestar serviços de segurança, com capital inicial de R$ 50.000,00, totalmente integralizado em dinheiro naquela data. A partir de então, passou a executar as seguintes operações, destinadas a permitir seu efetivo funcionamento:

    - Comprou móveis e utensílios no valor de R$ 7.000,00, pagando-os à vista, em 30 de junho.
    - Comprou terreno a prazo no valor de R$ 18.000,00 em 05 de julho.
    - Comprou materiais à vista no valor de R$ 3.000,00 em 14 de julho.
    - Comprou materiais a prazo no valor de R$ 2.000,00 em 17 de julho.
    - Aumentou o capital no valor de R$ 20.000, em 30 de julho, pelo recebimento de um terreno.
    - Pagou R$ 1.000,00 dos materiais que devia em 05 de agosto.
    - Pagou R$ 3.000,00 em 10 de agosto, referentes à primeira parcela do terreno adquirido a prazo.
    - Comprou veículo no valor de R$ 3.500,00, com entrada de R$ 500,00 e saldo dividido em seis parcelas iguais, em 25 de setembro.

    Com base nessas informações, faça o lançamento das Partidas de Diário de cada uma das operações, desprezando o histórico.

    Resposta:

Curitiba, 20 de junho de 2017.	
Caixa	
a Capital Social	R$ 50.000,00
Curitiba, 30 de junho de 2017.	
Móveis e utensílios	
a Caixa	R$ 7.000,00
Curitiba, 05 de julho de 2017.	
Terrenos	
a Terrenos a Pagar	R$ 18.000,00
Curitiba, 14 de julho de 2017.	
Materiais	
a Caixa	R$ 3.000,00
Curitiba, 17 de julho de 2017.	
Materiais	
a Materiais a Pagar (Fornecedores)	R$ 2.000,00

Curitiba, 30 de julho de 2017.	
Terrenos	
a Capital Social	R$ 18.000,00

Curitiba, 5 de agosto de 2017.	
Materiais a pagar (Fornecedores)	
a Caixa	R$ 2.000,00

Curitiba, 10 de agosto de 2017.	
Terrenos a Pagar	
a Caixa	R$ 3.000,00

Curitiba, 10 de agosto de 2017.	
Veículos	
a Diversos	R$ 3.500,00
a Caixa	R$ 500,00
a Veículos a Pagar	R$ 3.000,00

2. A Empresa Semprepronta Ltda. foi constituída em 20 de junho para prestar serviços de segurança, com capital inicial de R$ 50.000,00, totalmente integralizado em dinheiro naquela data. A partir de então, passou a executar as seguintes operações, destinadas a permitir seu efetivo funcionamento:

- Comprou móveis e utensílios em 30 de junho no valor de R$ 7.000,00, pagando à vista.
- Comprou terreno a prazo no valor de R$ 18.000,00 em 05 de julho.
- Comprou materiais à vista no valor de R$ 3.000,00 em 14 de julho.
- Comprou materiais a prazo no valor de R$ 2.000,00 em 17 de julho.
- Aumentou o capital em 30 de julho no valor de R$ 20.000 mediante o recebimento de um terreno.
- Pagou R$ 1.000,00 dos materiais que devia, em 05 de agosto.
- Pagou R$ 3.000,00 em 10 de agosto referentes à primeira parcela do terreno adquirido a prazo.
- Comprou veículo em 25 de setembro no valor de R$ 3.500,00, com entrada de R$ 500,00 e o saldo dividido em 6 parcelas iguais.

Tendo essas informações, lance as operações em Razonetes e levante o Balanço em 25 de setembro de 2017.

Resposta (lançamentos identificados com os números das operações e valores em reais – R$):

Caixa e equivalentes			
(0)	50.000,00	7.000,00	(1)
		3.000,00	(3)
		1.000,00	(6)
		3.000,00	(7)
		500,00	(8)
	50.000,00	14.500,00	
	35.500,00		

Capital social			
		50.000,00	(0)
		20.000,00	(5)
	0	70.000,00	
		70.000,00	

Móveis e utensílios			
(1)	7.000,00		
	7.000,00	0,00	
	7.000,00		

Terrenos			
(2)	18.000,00		
(5)	20.000,00		
	38.000,00	0,00	
	38.000,00		

Terrenos a pagar			
(7)	3.000,00	18.000,00	(2)
	3.000,00	18.000,00	
		15.000,00	

Materiais			
(3)	3.000,00		
(4)	2.000,00		
	5.000,00	0,00	
	5.000,00		

Materiais a pagar (fornecedores)			
(6)	1.000,00	2.000,00	(4)
	1.000,00	2.000,00	
		1.000,00	

Veículos			
(8)	3.500,00		
	3.500,00	0,00	
	3.500,00		

Veículos a pagar		
		3.000,00 (8)
	0,00	3.000,00
		3.000,00

Balanço Patrimonial da Semprepronta Ltda. em 25/09/2017 (R$)

ATIVO		PASSIVO	
Caixa e Equivalentes	35.500,00	Terrenos a Pagar	15.000,00
		Materiais a pagar (Fornecedores)	1.000,00
Móveis e Utensílios	7.000,00	Veículos a Pagar	3.000,00
Materiais	5.000,00	Total do Passivo	19.000,00
Terrenos	38.000,00	Capital Social Integralizado	70.000,00
Veículos	3.500,00	Total do Patrimônio Líquido	70.000,00
Ativo Total	**89.000,00**	**Passivo + Patrimônio Líquido**	**89.000,00**

Questões para revisão

1. Como funciona o Método das Partidas Dobradas para contas do Passivo e do Patrimônio Líquido?

2. Quais são as principais diferenças entre Livro-Razão e Livro Diário?

3. Quando uma empresa adquire um novo Ativo, o valor do Ativo Total:
   a) aumenta sempre.
   b) aumenta quando há imediato pagamento.
   c) mantém-se quando é adquirido à vista.
   d) mantém-se quando é adquirido a prazo.

4. Luca Pacioli é importante para a contabilidade porque:
   a) escreveu o primeiro livro publicado sobre o assunto.
   b) criou esse ramo do conhecimento.
   c) elaborou o método das partidas dobradas.
   d) criou a esse ramo do conhecimento e o método das partidas dobradas.

5. No método das partidas dobradas, é verdadeiro que:
   a) o débito indica uma desvantagem.
   b) o crédito indica uma aplicação de recursos.
   c) o débito indica uma aplicação de recursos.
   d) o crédito indica uma vantagem.

Questões para reflexão

1. Que relação existe entre o mecanismo de débito e crédito e o balanço patrimonial?

2. Por que é necessário elaborar tanto o Livro Diário quanto o Livro-Razão na contabilidade de uma entidade?

Para saber mais

Para você aprofundar seus conhecimentos sobre o assunto deste capítulo, recomendamos a seguinte obra:

IUDÍCIBUS, S. de et al. **Contabilidade introdutória:** livro de exercícios. 11. ed. São Paulo: Atlas, 2011.

O livro traz exercícios referentes aos conteúdos desenvolvidos neste capítulo. Uma ótima contribuição para você tornar seu aprendizado ainda mais efetivo.

Atividade operacional e mensuração do resultado em empresas prestadoras de serviços

4

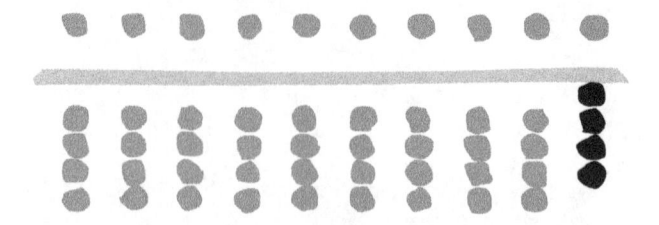

Conteúdos do capítulo:

- Acompanhamento contábil da atividade operacional.
- Contas periódicas.
- Variações do Patrimônio Líquido.
- Receitas.
- Despesas.
- Método das partidas dobradas aplicado às contas de resultado.
- Fatos administrativos e fatos contábeis.
- Partidas de diário de contas de resultado.
- Lançamento das contas de resultado no razão e em razonetes.
- Processo de encerramento de contas de resultado.
- Apuração do resultado nas empresas de prestação de serviços.
- Transferência do resultado para o Balanço Patrimonial.

Após o estudo deste capítulo, você será capaz de:

1. perceber que o acompanhamento da atividade de uma entidade qualquer exige contas específicas que não compõem o Balanço Patrimonial;
2. explicar a natureza e o funcionamento das contas periódicas;
3. diferenciar *contas periódicas* de *contas patrimoniais*;
4. aplicar o método das partidas dobradas às contas de resultados (periódicas);
5. distinguir fatos administrativos e fatos contábeis;
6. elaborar partidas de diário e lançamentos no razão e nos razonetes relativos a contas de resultado;
7. encerrar contas de resultado;
8. apurar o resultado da atividade empresarial;
9. transferir o resultado de um período para o Balanço Patrimonial.

Até o capítulo anterior, tratamos apenas de operações relacionadas à formação do Capital Social, à aquisição de ativos, à contração de dívidas e pagamentos de ativos adquiridos e de dívidas. Essas operações são todas registradas em contas patrimoniais, pois se referem a itens que são acompanhados em caráter permanente pela contabilidade. Uma vez criadas, essas contas sempre existirão, e seus saldos vão sendo modificados à medida que operações executadas pela entidade as movimentem, por meio de débitos ou créditos.

Enquanto não há atividade operacional na entidade para a qual é feita a contabilidade, os registros incluem apenas contas patrimoniais. Portanto, durante o período que antecede o efetivo início das atividades que uma empresa se proponha a realizar, tais contas são suficientes para efetuar todos os registros que devam ser feitos pela contabilidade, na sua função de escrituração, por meio dos livros Diário e Razão.

Contudo, quando uma empresa inicia suas atividades, as contas patrimoniais não são mais suficientes para acompanhar todos os fatos que alteram sua situação patrimonial, uma vez que a organização pode ter sua riqueza aumentada ou reduzida para averiguar tal situação.

Neste capítulo, abordamos as contas periódicas, ou contas de resultado, que complementam o conjunto das contas utilizadas para demonstrar a movimentação dos recursos numa entidade. Nosso foco são as empresas prestadoras de serviços e comentamos desde a flexibilidade do entendimento do que seja *período* até a transferência do resultado apurado para o Balanço.

4.1 Natureza e flexibilidade das contas periódicas

Contas periódicas, também conhecidas como *contas de resultados*, são aquelas pertencentes ao Plano de Contas da contabilidade de uma entidade com funções diferentes daquelas das contas patrimoniais, as quais estão sempre presentes no Plano de Contas, não estão sujeitas a ser encerradas e têm seu saldo atualizado quando uma transação qualquer as envolve.

Eventualmente, uma conta patrimonial pode ter saldo zero, mas continua aberta até que esse saldo seja modificado. Enquanto não há movimentação, a conta pode não aparecer na listagem das contas componentes do Balanço toda vez que ele seja levantado, mas continua a existir. A partir do momento em que sofre movimentação, seu saldo é mostrado nas datas em que novos Balanços Patrimoniais são elaborados. Por exemplo, o Plano de Contas pode prever a existência da conta Veículos no Ativo. Enquanto a empresa não possui automotor, o saldo é zero e não há necessidade de a conta constar no Balanço. Contudo, ela existe e continua aberta para quando a empresa adquirir um automóvel. No momento em que essa aquisição acontece, seu valor é debitado à conta, indicando que a partir de então a conta tem saldo. Nas datas posteriores em que houver levantamento de Balanço, a conta Veículos terá seu saldo aumentado (se novos veículos forem adquiridos) ou mantido (se a empresa permanecer com um único veículo).

Também pode ocorrer de o Plano de Contas ter previsto a existência da conta Empréstimos Bancários, mas a empresa não ter dívida bancária. A conta existe, mas seu saldo é zero. Se a empresa contrair uma dívida bancária, um crédito na conta mostrará que a partir desse momento ela passa a ter saldo, que poderá ser modificado e reduzido pela quitação parcial ou total, ou, ainda, elevado pela obtenção de novos empréstimos bancários. As contas de Balanço, tanto as do Ativo como as do Passivo e do Patrimônio Líquido, apresentam essa característica.

As contas de resultado (periódicas), por sua vez, têm sua abertura condicionada à cobertura de determinado período ao fim do qual é encerrada, ou seja, seu tempo de existência é predefinido. Embora do ponto de vista da legislação societária e fiscal haja obrigatoriedade de apuração do resultado ao menos uma vez por ano, isso não significa que o período de cobertura do resultado empresarial seja exclusivamente de um ano e nem que coincida com o ano civil.

O período de tempo relativo às contas de resultado pode variar em função de dispositivos legais ou de necessidades administrativas, cabendo a elas, durante esse período, captar os fatos que digam respeito a alterações favoráveis ou desfavoráveis no Patrimônio Líquido. São, portanto, contas cumulativas e específicas para cada evento que tenha influência sobre a riqueza da empresa.

4.2 Receitas e seus reflexos no Patrimônio Líquido

A intenção de qualquer organização é que a atividade que desenvolve lhe proporcione lucro e que, em consequência, o valor de sua riqueza se eleve. Para que isso seja possível, é necessário que tal atividade tenha valor para pessoas ou outras companhias não ligadas a ela, as quais concordem em pagar um preço para desfrutar do que a empresa tem a oferecer. O conjunto das pessoas e empresas potencialmente interessadas nos produtos e serviços de uma organização é seu mercado; e o daquelas a quem efetivamente consegue atender é sua clientela.

Para que uma empresa possa ter lucro com sua atividade, é preciso que cobre por ela. Em contabilidade, os valores cobrados dos clientes pelas atividades da empresa são denominados *receitas operacionais* e são definidas por Iudícibus (2010b) como **variações patrimoniais positivas** decorrentes do valor atribuído pelos clientes atividade exercida pela empresa.

As receitas operacionais estão diretamente ligadas à atividade empresarial. Em uma empresa que exerce atividade industrial, decorrem das vendas de seus produtos, no caso de atividade comercial, referem-se às revendas de mercadorias; e nas prestadoras de serviços, são as Receitas de serviços. Lembremos que existem empresas que realizam atividades em duas e até mesmo nessas três áreas.

> *Receitas operacionais* é um termo geral indicativo de que as receitas estão atreladas à atividade empresarial, sem especificá-la.

Neste capítulo, voltaremos nossa atenção às Receitas de serviços e continuaremos nos apoiando no exemplo da empresa JOJO Academia de Ginástica Ltda., retomando-a a partir da última situação que mencionamos no capítulo anterior, quando a empresa ultimava seus preparativos para entrar em efetiva operação.

Antes de entrarmos na explicação de como são executados os registros das receitas de serviços, é importante assinalarmos que, além das receitas operacionais, há outras possibilidades de obtenção de receitas, que podem ser receitas com juros ou receitas com aluguéis, por exemplo, sem que as atividades de empréstimo e locação sejam objeto social da entidade.

As receitas, portanto, podem decorrer de motivos que não tenham relação com as atividades operacionais, o que nos leva à necessidade de defini-las de modo mais amplo.

> Em termos mais gerais, Iudícibus (2010b) ensina que *receitas* podem ser definidas como variações patrimoniais positivas resultantes de esforços, de trabalhos ou de abrir mão, temporária ou definitivamente, de algum produto ou bem em favor de terceiros, em troca do que se recebe um ativo (normalmente dinheiro ou direito de receber no futuro).

Sempre uma receita tem uma justificativa para sua existência. Para fazer jus a ela, a empresa precisa cumprir suas obrigações relacionadas a tal justificativa.

Perguntas & respostas

1. Como devem ser organizadas as contas referentes às receitas obtidas por uma entidade?

A cada período de apuração de resultado, são abertas tantas contas de receita quantos forem os motivos que as justifiquem. É importante que as receitas sejam separadas por tipos, para que os resultados sejam adequadamente apurados. Não basta, portanto, reunir todas as receitas de uma empresa em uma só conta: para elaborar a demonstração do resultado do período, é imprescindível separá-las de acordo com suas justificativas.

4.3 Despesas e seus reflexos no Patrimônio Líquido

Toda organização objetiva ter receitas, mas elas não são obtidas ao acaso: é preciso empreender esforços para tal. Em contabilidade, esses **esforços** são designados *despesas* (Iudícibus, 2010b).

Quando executa serviços para seus clientes, a empresa cobra por isso, portanto obtém uma receita. Todavia, para a realização de um serviço, é preciso gastar com materiais e mão de obra. Ou seja, se não tiver à disposição os recursos para empregar nos serviços e não os utilizar para tal, não é possível obter receita de serviços. Nesse caso, a identificação entre a receita e a correspondente despesa é fácil, mas nem sempre essa relação é tão visível e direta.

Utilizemos o mesmo exemplo das receitas de serviços. Não basta que a empresa execute os serviços e arque com os respectivos custos para gerar receitas. Normalmente, é preciso um empenho muito maior, e nem sempre se pode visualizar até que ponto determinadas despesas contribuíram de fato para a geração de receitas. Imaginemos, por exemplo, que certa empresa de prestação de serviços gasta em propaganda: sua intenção com esse gasto é atrair novos clientes. Por causa da divulgação, consegue prestar mais serviços e obtém mais receitas. Logo, as despesas com propaganda são esforços para obtenção de receitas, sem que, entretanto, haja certeza quanto à utilidade desses esforços, pois nem sempre as campanhas publicitárias são bem-sucedidas.

Uma empresa também precisa manter seus funcionários nas áreas comercial e administrativa, gastar com combustível, telefone, internet etc. Afinal, uma estrutura empresarial representa despesas de vários tipos, com diversos itens imprescindíveis para o adequado funcionamento da empresa e a obtenção de receitas.

As receitas são geradas por acréscimo de recursos advindos de fora da companhia, uma vez que refletem o valor que o mercado atribui ao que ela lhe oferece. Se as despesas são decorrentes de esforços que a entidade realiza mediante sacrifício financeiro ou consumo de recursos, é natural que seu efeito em termos de Patrimônio Líquido seja negativo.

4.4 O método das partidas dobradas e sua utilização nas contas de resultados

No capítulo anterior, apresentamos o método das partidas dobradas (ou mecanismo de débito e crédito), para as contas patrimoniais. Explicamos que *débito* corresponde à *aplicação de recursos* e que, por isso, sempre que se obtém um novo Ativo, a conta que o representa recebe o valor a débito dela. Quando se trata de conta do Passivo ou do Patrimônio Líquido (à direita do Balanço), o débito tem a função de reduzir o valor dessa conta. Por exemplo, quando se paga uma dívida, o débito indica que os recursos foram aplicados para sua redução.

O crédito, por seu turno, indica a origem dos recursos. Por isso, quando uma conta de Ativo é creditada, isso denota que foram aqueles os recursos que tornaram possível a operação. Se uma empresa compra materiais, por exemplo, o débito é executado na conta Materiais, e o crédito dependerá de ter-se comprado à vista ou a prazo. Se a compra foi realizada à vista, o crédito será executado na conta Caixa e Equivalentes, e isso é sinal de que a origem dos recursos utilizados para a aquisição de materiais foi o dinheiro já existente na empresa. Na hipótese de a compra ter sido feita a prazo, o crédito mostra que há uma nova origem de recursos, advinda do financiamento da compra por parte de um fornecedor.

Na mesma linha de raciocínio, quando se credita a conta Capital Social, isso significa que mais recursos estão à disposição da empresa. O débito tem a função de especificar em que itens os mesmos recursos foram aplicados. Se o aumento de capital for integralizado em dinheiro, o débito precisa ser executado na conta Caixa e Equivalentes; porém, se a integralização não for simultânea à subscrição do capital, a parte não integralizada deverá ser debitada na conta Capital a Integralizar. Nesse caso, no Patrimônio Líquido figurarão ao mesmo tempo o crédito, indicando o aumento do Capital Subscrito, e o débito, na conta Capital a Integralizar, denotando uma redução do valor em virtude de haver parte ainda não integralizada pelos sócios.

Para as contas de resultado, assim como para as contas de Balanço, também utilizamos o **método das partidas dobradas**. Para compreender o uso desse método aplicado às contas de resultado, é preciso observar o efeito das contas no Patrimônio Líquido.

Ainda que tenham um tratamento à parte e não tramitem diretamente pelo Patrimônio Líquido, as contas de resultado guardam uma estreita relação com esse grupo do Balanço Patrimonial, pois, conforme afirmamos, as receitas são variação positivas no Patrimônio Líquido, enquanto as despesas são variações patrimoniais negativas.

Se o Patrimônio Líquido tem natureza credora e as receitas o aumentam, **todas as receitas são credoras**. Portanto, sempre que há uma nova receita, qualquer que seja, ela é indicada na contabilidade por um crédito em sua conta específica. Receitas de serviços, de vendas, de revendas, de aluguéis, de juros ou quaisquer outras são sempre lançadas a crédito, por serem **origens de recursos**.

Como as despesas são variações negativas no Patrimônio Líquido e este tem natureza credora (fica à direita no Balanço), **todas as despesas são lançadas a débitos**, sejam elas despesas de salários, de comissões, de juros, de aluguel, ou quaisquer outras, pois são **aplicações de recursos**.

A utilização do método das partidas dobradas nas contas de resultado pode, então, ser explicada de duas formas: em relação aos efeitos no Patrimônio Líquido e quanto a serem origens ou aplicações de recursos. As **despesas são sempre contas devedoras**, por serem redutoras do Patrimônio Líquido e representarem aplicações de recursos. As **receitas, por sua vez, são sempre contas credoras**, por resultarem em acréscimos ao Patrimônio Líquido e por serem origens de recursos.

4.5 Partidas de diário aplicadas às contas de resultados

As partidas de diário, quando aplicadas às contas periódicas (de resultados) seguem exatamente a mesma estrutura válida para as contas patrimoniais e misturam-se com elas, pelo fato de a separação entre elas ocorrer por dia, e não por tipos de contas. Ambas mantêm a lógica de iniciar com a conta devedora, seguida da conta credora precedida da preposição a, e de apresentar um valor único para o total do lançamento. Valem as mesmas regras para o uso de Diversos sempre que haja mais de uma conta debitada ou mais de uma conta creditada, assim como para o cabeçalho e o histórico.

Para ilustrar a aplicação das partidas de diário às contas periódicas, recorreremos mais uma vez ao exemplo da JOJO Academia de Ginástica Ltda., cujo último Balanço Patrimonial havia sido levantado em 28 de abril de 2017 (ver Tabela 3.10, que, apenas para facilitar o raciocínio, é aqui reproduzida sob o título de Tabela 4.1).

Conforme vimos no capítulo anterior, todas as operações que levaram aos saldos do Balanço da JOJO na referida data passaram por registro no Livro Diário, para que a contabilidade pudesse verificar cada uma delas em ordem cronológica.

Tabela 4.1 – Balanço Patrimonial da JOJO Academia de Ginástica Ltda. em 28/04/2017 (R$)

ATIVO		PASSIVO	
Caixa	58.000,00	Equipamentos a Pagar	60.000,00
Imóvel	180.000,00	Terrenos a Pagar	72.000,00
Móveis	12.000,00	Total do Passivo	132.000,00
Equipamentos	200.000,00	PATRIMÔNIO LÍQUIDO	
Computadores	10.000,00	Capital Social Integralizado	400.000,00
Terrenos	72.000,00	Total do Patrimônio Líquido	400.000,00
Ativo Total	**532.000,00**	**Passivo + Patrimônio Líquido**	**532.000,00**

Até a data desse Balanço, a JOJO estava se preparando para funcionar de fato. Por isso, todas as suas operações até aquele momento envolveram apenas contas patrimoniais. A partir de maio, a academia começa a ter atividade operacional, pois passou a ter clientes matriculados para o uso de suas instalações e de seus equipamentos de ginástica, bem como para seguirem as orientações do treinador contratado. De maio em diante, a contabilidade da JOJO utiliza não somente contas patrimoniais, mas também contas periódicas.

Em 2 de maio de 2017, a academia contrata o treinador pelo salário mensal de R$ 2.000,00 e uma recepcionista, na mesma condição, por R$ 800,00. Nesse dia, ocorrem na empresa apenas **fatos administrativos**, mas que ainda não são **fatos contábeis** nessa data. A contratação é feita nesse dia, mas os respectivos serviços são contratados para todo o referido mês, o que indica que a despesa de salários corresponde àquele mês inteiro. Portanto, seu registro deveria ser realizado no final de maio, pois o **fato contábil, ou seja, o fato que acarreta mudanças no Patrimônio Líquido**, ocorre durante todo o período de referência.

> Em contabilidade, utilizamos o princípio da competência de exercícios, ou seja, as despesas devem ser associadas ao período em que foram incorridas (utilizadas).

Agora, a empresa apresenta a condição mínima para seu funcionamento normal, pois, além das instalações e dos equipamentos, conta com quem atenda os eventuais clientes na recepção e com alguém que os instrua no uso dos equipamentos. Como a academia ainda é pouco conhecida na região, João e José, seus sócios, decidem oferecer no início aos alunos aulas individuais de preparação física ao preço de R$ 20,00, não havendo necessidade de o cliente assinar contrato de prestação de serviços mensais, como ocorre na concorrência.

No dia 3 de maio de 2017, a JOJO recebe a visita de vários interessados em utilizar a academia, e 20 deles resolve contratar uma aula no mesmo dia, pela qual cada um paga R$ 20,00. Portanto, nesse dia, a empresa obteve uma Receita de Serviços de R$ 400,00 (20 × R$ 20,00) totalmente recebida em dinheiro, no ato. A partida de diário que corresponde a essa operação está representada no Quadro 4.1.

Quadro 4.1 – Partida de diário da Receita de Serviços da JOJO Academia de Ginástica Ltda. em 03/05/2017

Curitiba, 03 de maio de 2017
Caixa
a Receitas de Serviços   R$ 400,00
ou
D Caixa   R$ 400,00
C Receitas de Serviços
Histórico
Receitas de Serviços por aulas de ginástica prestadas a 20 alunos, cada qual pagando R$ 20,00 no ato, em dinheiro.

No dia 4 de maio de 2017, a JOJO contrata serviços de uma empresa publicitária, que, por R$ 300,00 pagos no ato, confecciona panfletos exaltando as qualidades da academia e os distribui nos semáforos do bairro durante o fim de semana. Como nessa operação o contrato e sua efetiva execução ocorrem em um lapso de tempo bastante curto, é razoável admitir que o fato administrativo e o fato contábil ocorrem simultaneamente e por isso pode ser registrado no diário já no dia 4.

No Quadro 4.2, mostramos como deve ser registrada a partida de diário relativa às despesas de propaganda citadas.

Quadro 4.2 – Partida de diário da despesa de propaganda da JOJO Academia de Ginástica Ltda. em 04/05/2017

Curitiba, 04 de maio de 2017.	
Despesas de Propaganda	
a Caixa e Equivalentes	R$ 300,00
ou	
D Despesas de Propaganda	
C Caixa e Equivalentes	R$ 300,00
Histórico	
Despesas de propaganda junto à Publicitária Bairrista Ltda., para elaboração de material e distribuição, conforme a NF 0567, com pagamento de R$ 300,00 realizado nesta data, com o cheque n. 0005, de nossa emissão, da cta. BB 38.982-X, da agência 4536-2.	

Em resposta à propaganda, a academia recebe a visita de dez pessoas, que adquirem uma aula em 7 de maio, pagando-a à vista o preço de R$ 20,00, cada. Assim, a empresa conseguiu uma nova Receita de Serviços, dessa vez de R$ 200,00 (10 × R$ 20,00), recebida no mesmo dia. No Quadro 4.3, podemos verificar a partida de diário correspondente à Receita de Serviços obtida naquela data pela empresa.

Quadro 4.3 – Partida de diário da Receita de Serviços da JOJO Academia de Ginástica Ltda. em 07/05/2017

Curitiba, 07 de maio de 2017.	
Caixa	
a Receitas de Serviços	R$ 200,00
Histórico	
Receitas de Serviços por aulas de ginástica prestadas a 10 alunos, cada qual pagando R$ 20,00 no ato, em dinheiro.	

No dia 9 de maio, um grupo de 25 pessoas contrata aulas na JOJO. Dessa vez, por terem vindo em um só grupo, os alunos solicitaram pagar com um cheque pré-datado para o dia 5 de junho, o que foi aceito pela empresa, que obteve Receita de Serviços no valor de R$ 500,00 (25 × R$ 20,00) não recebida à vista.

Note que a validação do registro da Receita de Serviços independe de a empresa receber ou não no ato pelo serviço que presta: o que conta para esse registro é apenas a realização do serviço. A diferença entre Receita a Receber e à Receita Recebida está no débito: em vez de ser na conta Caixa, ele é feito na conta Clientes. No Quadro 4.4, mostramos a partida de diário referente a esse lançamento.

Quadro 4.4 – Partida de diário da Receita de Serviços da JOJO Academia de Ginástica Ltda. em 09/05/2017

Curitiba, 09 de maio de 2017.

Clientes

a Receitas de Serviços   R$ 500,00

Histórico

Receitas de Serviços por aulas de ginástica prestadas a um grupo de 25 alunos, quitadas com um único cheque no valor de R$ 500,00, n. 422, da agência 098 do Banco Y, a ser depositado no próximo dia 10 de junho.

Vale salientarmos que o registro das Receitas é feito sempre a crédito da mesma conta Receitas de Serviços. No caso da JOJO, o valor das Receitas de Serviços se acumula durante maio numa só conta, independentemente de tais receitas já terem sido recebidas ou não. Isso se justifica pelo princípio da competência, ou seja, as receitas pertencem ao mês de maio, pois os serviços foram realizados nesse mês, apesar de seu recebimento estar previsto para o mês seguinte. Comentaremos esse assunto mais detidamente na próxima seção, quando tratarmos dos Razonetes.

Destacamos também o fato de que a conta Clientes até então não havia sido utilizada pela contabilidade da empresa, uma vez que não houve uma situação anterior que exigisse sua movimentação. Essa conta faz parte do Ativo, por ser um direito a receber de clientes após o prazo estabelecido entre as partes. Observe que no Ativo, além de bens, há direitos. Nesse exemplo, mencionamos o primeiro direito que passou a fazer parte do Ativo e decorreu da atividade empresarial.

No dia 10 de maio, outros 15 alunos adquirem aulas por R$ 20,00 cada e pagam no ato. A Receita de Serviços da academia JOJO corresponde a R$ 300,00 (15 × R$ 20,00) recebidos à vista, conforme demonstra a partida de diário exposta no Quadro 4.5.

Quadro 4.5 – Partida de diário da Receita de Serviços da JOJO Academia de Ginástica Ltda. em 10/05/2017

Curitiba, 10 de maio de 2017.

Caixa

a Receitas de Serviços   R$ 300,00

Histórico

Receitas de Serviços por aulas de ginástica prestadas a 15 alunos, quitadas imediatamente, em dinheiro.

Em 15 de maio, a JOJO obtém nova Receita de Serviços à vista no valor de R$ 600,00, com aulas de ginástica ministradas a 30 alunos e pelas quais recebe no mesmo dia, conforme podemos observar no Quadro 4.6.

Quadro 4.6 – Partida de diário da Receita de Serviços da JOJO Academia de Ginástica Ltda. em 15/05/2017

Curitiba, 15 de maio de 2017.

Clientes

a Receitas de Serviços   R$ 600,00

Histórico

Receitas de Serviços por aulas de ginástica prestadas a 30 alunos, quitadas imediatamente, em dinheiro.

Em 17 de maio, o grupo de 25 alunos que já havia visitado a academia volta para fazer mais uma aula, quitada com um único cheque no valor de R$ 500,00 para o dia 20 de junho. Além do grupo, outros 20 alunos avulsos adquirem aulas no valor de R$ 20,00, pagando-as de imediato, o que gera uma Receita de Serviços de R$ 400,00 para a empresa. A Receita de Serviços da JOJO nesse dia é, portanto, de R$ 900,00, tendo recebido R$ 400,00 à vista. Os demais R$ 500,00 serão recebidos futuramente. Nesse caso, o lançamento correto consiste em lançar a Receita de Serviços por seu valor total de R$ 900,00, e ela é a conta credora. Já o débito deve ser desmembrado em duas partes: R$ 400,00 são debitados à conta Caixa, como forma de mostrar que já houve o recebimento, enquanto os R$ 500,00 são debitados à conta Clientes, indicando que essa parte da receita não resultou de imediato em dinheiro, mas sim no direito a receber de clientes em 20 de junho.

Como sabemos, a partida de diário, de acordo com o que é expresso no Quadro 4.7, inicia sempre descrevendo o débito. Como há mais de uma conta debitada, usamos o termo *diversos* para indicar esse fato. Em seguida, relatamos a conta creditada (no caso, Receita de Serviços), precedida da preposição *a*. Ambos os lançamentos devem ser registrados pelo valor total de R$ 900,00. Logo após, discriminamos as contas debitadas com os respectivos valores debitados a cada uma delas. A conta Caixa recebe o débito de R$ 400,00, relativos à parte já recebida; e a conta Clientes é debitada em R$ 500,00, da parte a receber. Como essas duas contas são debitadas, não são precedidas de *a*.

Quadro 4.7 – Partida de diário da Receita de Serviços da JOJO Academia de Ginástica Ltda. em 17/05/2017

Curitiba, 17 de maio de 2017.

Diversos

a Receitas de Serviços   R$ 900,00

Caixa   R$ 400,00

Clientes   R$ 500,00

Histórico

Receitas de Serviços por aulas de ginástica prestadas a um grupo de 25 alunos, quitadas por um único cheque no valor de R$ 500,00, n. 427, da agência 098 do Banco Z, a ser depositado no próximo dia 20 de junho.

Receitas de Serviços por aulas de ginástica prestadas a 20 alunos, quitadas imediatamente, em dinheiro.

Ainda durante maio, no dia 19, a JOJO paga R$ 20.000,00 de sua dívida por equipamentos adquiridos a prazo, e no dia 22, outros R$ 3.000,00, relativos à parcela vincenda dos terrenos também em compra parcelada. Ambas foram registradas nas respectivas datas em que ocorreram, conforme demonstramos nos Quadros 4.8 e 4.9.

Quadro 4.8 – Partida de diário do pagamento de Equipamentos a Pagar da JOJO Academia de Ginástica Ltda., vencida em 19/05/2017

Curitiba, 19 de maio de 2017.

Equipamentos a Pagar

a Caixa e Equivalentes R$ 20.000,00

Histórico

Pagamento da parcela do mês, referente à compra de equipamentos realizada a prazo na Fábrica de Equipamentos Atleta Elegante, representada pela duplicata a pagar n. 0455/a, com pagamento de R$ 20.000,00, realizado nesta data, com o cheque n. 0006, de nossa emissão da cta. BB 38.982-X, da agência 4536-2.

Quadro 4.9 – Partida de diário do pagamento da parcela de Terrenos a Pagar da JOJO Academia de Ginástica Ltda., vencida em 22/05/2017

Curitiba, 22 de maio de 2017.

Terrenos a Pagar

a Caixa e Equivalentes R$ 3.000,00

Histórico

Pagamento da parcela do mês, referente à compra de equipamentos realizada a prazo com o senhor Carlos Roberto Neto, CPF 000.000.000-02, representada pela NP n. 01, com pagamento de R$ 3.000,00 realizado nesta data, com o cheque n. 0007, de nossa emissão da cta. 38.982-X, da agência 4536-2.

Observe que essas duas últimas transações, mostradas nos Quadros 4.8 e 4.9, não envolvem contas da demonstração de resultados. Ambas as operações movimentam única e exclusivamente contas de Balanço. Repare que a partir de maio começam a existir contas de receitas e despesas na JOJO, mas isso não significa que outras transações em que os registros devam ser realizados apenas em contas do Balanço Patrimonial não continuem existindo.

Ainda durante maio, a academia obtém Receitas de serviços com aulas de ginástica nos dias 24, 28 e 30 de maio, todas recebidas no ato, nos valores respectivos de R$ 640,00, R$ 380,00 e R$ 880,00. As partidas de diário referentes a essas três operações são evidenciadas nos Quadros 4.10, 4.11 e 4.12.

Quadro 4.10 – Partida de diário da Receita de Serviços da JOJO Academia de Ginástica Ltda. em 24/05/2017

Curitiba, 24 de maio de 2017.	
Caixa	
a Receitas de Serviços	R$ 640,00
Histórico	
Receitas de Serviços por aulas de ginástica prestadas a 32 alunos, quitadas imediatamente, em dinheiro.	

Quadro 4.11 – Partida de diário da Receita de Serviços da JOJO Academia de Ginástica Ltda. em 28/05/2017

Curitiba, 28 de maio de 2017.	
Caixa	
a Receitas de Serviços	R$ 380,00
Histórico	
Receitas de Serviços por aulas de ginástica prestadas a 19 alunos, quitadas imediatamente, em dinheiro.	

Quadro 4.12 – Partida de diário da Receita de Serviços da JOJO Academia de Ginástica Ltda. em 30/05/2017

Curitiba, 30 de maio de 2017.	
Caixa	
a Receitas de Serviços	R$ 880,00
Histórico	
Receitas de Serviços por aulas de ginástica prestadas a 44 alunos, quitadas imediatamente, em dinheiro.	

Ao final de maio, resta verificar as demais situações da empresa transcorridas durante todo o mês, mas que ainda não registradas. Tal era a situação dos salários do instrutor e da recepcionista, que trabalharam em maio. As despesas de salários precisavam ser contabilizadas ainda em maio, pois a JOJO desfrutou dos serviços prestados pelos trabalhadores ao longo daquele mês.

Suponhamos ainda que, como é usual nas empresas em geral, os salários de maio da JOJO sejam pagos somente em 5 de junho. Quando devemos registrar a despesa de salários: em maio ou na data de seu pagamento? A resposta é *em maio*, e a justificativa é a competência de exercícios. A despesa incorre em maio, ou seja, a empresa utiliza os recursos humanos pelos quais remunera com salários durante o mês de maio. O lançamento correto, conforme registramos no Quadro 4.13, é com a partida de diário indicando débito em Despesas de Salários e crédito em Salários a Pagar pelo valor total do lançamento de R$ 2.800,00.

Quadro 4.13 – Partida de diário da Receita de Serviços da JOJO Academia de Ginástica Ltda. em 31/05/2017

Curitiba, 31 de maio de 2017.	
Despesa de Salários	
a Salários a Pagar	R$ 2.800,00
Histórico	
Despesa de Salários referentes aos salários de maio do instrutor (R$ 2.000,00) e da recepcionista (R$ 800,00), que serão pagos dia 5 de junho.	

A conta de consumo de energia elétrica do mês de maio, no valor de R$ 300,00, e a conta de consumo de água do mesmo mês, no valor de R$ 100,00, têm vencimento em 10 de junho. Como ambas as contas se referem a despesas correspondentes a maio, o correto é executar também esses lançamentos no último dia do mês.

Assim como no caso das despesas de salários, os lançamentos poderiam ser executados todos juntos, pois ocorreram na mesma data. No dia 31 de maio, o Diário deve relatar tantas operações quantas feitas nesse dia. Optamos, neste caso, por mostrá-las em separado por motivos didáticos, visando facilitar o entendimento de cada um dos lançamentos. Os Quadros 4.14 e 4.15 elucidam as partidas de diário de cada uma dessas duas despesas com pagamento programado para 10 de junho.

Quadro 4.14 – Partida de diário da Despesa de Energia Elétrica de maio da JOJO Academia de Ginástica Ltda. em 31/05/2017

Curitiba, 31 de maio de 2017.	
Despesa de Energia Elétrica	
a Energia Elétrica a Pagar	R$ 300,00
Histórico	
Despesa de Energia Elétrica de maio, no valor de R$ 300,00, a pagar em 10/06/2017.	

Quadro 4.15 – Partida de diário da Despesa de Água e Esgoto de maio da JOJO Academia de Ginástica Ltda. em 31/05/2017

Curitiba, 31 de maio de 2017.	
Despesa de Água e Esgoto	
a Água e Esgoto a Pagar	R$ 100,00
Histórico	
Despesa de Água e Esgoto de maio, no valor de R$ 100,00, a pagar em 10/06/2017.	

4.7 Lançamentos no Livro-Razão e Razonetes aplicados às contas de resultados

Como mencionamos anteriormente, são dois os trabalhos relacionados a registros contábeis: o Livro Diário e o Livro-Razão. Ambos lidam com todas as contas existentes na entidade – patrimoniais ou periódicas. Os registros no Diário são importantes para estabelecermos a ordem cronológica em que os fatos contábeis acontecem na entidade e quais são as contas movimentadas a débito e a crédito em virtude de sua ocorrência. Contudo, os lançamentos no Diário não são suficientes para acompanhar a evolução dos saldos de cada uma das contas.

Os registros no Livro-Razão servem para que os saldos das contas sejam atualizados após cada operação em que sejam movimentadas e permitem o acompanhamento individualizado das contas. No caso de contas do Balanço Patrimonial, os saldos referem-se aos valores apurados para a data por meio da contabilidade.

É normal que contas patrimoniais recebam tanto débitos como créditos e conforme o lado do Balanço a que pertença cada conta. O saldo de uma conta patrimonial se eleva a cada novo débito, se pertencer ao Ativo; e diminui por meio de créditos. Para as contas do lado direito do Balanço, onde são relatados o Passivo e o Patrimônio Líquido, ocorre exatamente o contrário.

As contas patrimoniais existem por si só, sem vínculo com qualquer período de tempo, e, por isso, permanecem sempre na contabilidade por todo o tempo durante o qual ela acompanhe o patrimônio da entidade. Eventualmente, contas dessa categoria podem até apresentar saldo nulo, mas não estão sujeitas ao processo de encerramento, pois são contas permanentes, e seu saldo vai sendo atualizado, conforme ocorram transações em que elas sejam movimentadas a débito ou a crédito.

Neste capítulo, focaremos os lançamentos do Livro-Razão aplicados às contas periódicas, ou seja, às de resultados, quais sejam receitas e despesas. Com relação a esses lançamentos é importante você levar em consideração que:

1. têm sua contrapartida numa conta de Balanço, portanto não há como isolá-las completamente;
2. referem-se apenas a um intervalo de tempo e valem somente para esse período, por isso estão sujeitas a um processo de encerramento quando finda o período para o qual foram abertas;
3. o intervalo de tempo para o qual são abertas e encerradas é flexível, isto é, podendo ser anual, trimestral ou mensal.

Para ficar mais nítido o efeito conjunto de diversos lançamentos realizados na contabilidade de uma entidade e também para facilitar a localização de falhas de lançamentos, utilizamos os Razonetes.

Com o intuito de verificarmos os procedimentos contábeis relativos aos lançamentos que envolvem contas periódicas e a correspondente Apuração de Resultado do período a que elas se refiram, voltemos ao caso da JOJO Academia de Ginástica Ltda., a partir do momento em que a empresa começa a, de fato, exercer suas atividades – o que acontece em maio de 2017.

Antes de maio de 2017 já havia sido feito um Balanço Patrimonial da empresa, que demonstrava qual era sua situação patrimonial antes da efetiva oferta de serviços aos clientes. Portanto, já existiam contas patrimoniais da empresa antes do surgimento das contas periódicas, que passaram a ser abertas no início de maio para apurar resultados (ver Tabela 4.1).

Como estas contas afetam aquelas, não há como tratá-las totalmente em separado. Os saldos de cada uma das contas componentes do Balanço Patrimonial de 28 de abril de 2017 da JOJO são os pontos de partida para o acompanhamento dos fatos contábeis que ocasionem modificações patrimoniais na empresa a partir de maio, tanto quando esses fatos envolvem contas periódicas quanto se disserem respeito somente a contas patrimoniais.

Dessa maneira, a Tabela 4.1 reúne os nove Razonetes que representam cada uma das contas patrimoniais existentes na contabilidade da JOJO no dia 28 de abril. Eles serão a base para o lançamento das operações realizadas pela empresa a partir de então.

Sempre que uma nova operação resulte em débito ou crédito que deva ser incluído em conta já existente, simplesmente fazemos o lançamento correspondente na conta e identificamos o débito ou o crédito executado na conta com o número que se refira à operação. Tal providência é essencial para que possamos rever cada um dos lançamentos e eventualmente encontrar erros gerados por:

- omissão de lançamento a débito ou a crédito;
- diferença entre valor total debitado e valor total creditado na mesma operação;
- lançamento de valores incorretos;
- lançamento a débito em vez de a crédito, e vice-versa;
- lançamento dobrado a débito ou dobrado a crédito;
- lançamento em conta errada.

Representamos cada uma das contas existentes da JOJO por seu saldo, devedor ou credor – conforme o lado em que se apresentem no Balanço Patrimonial. Observe na Figura 4.1 que indicamos esse saldo com (SI), de *saldo inicial*, para que ele não seja confundido com os lançamentos que serão feitos depois.

Figura 4.1 – Razonetes na JOJO Academia de Ginástica Ltda. em 28/04/2017 (R$)

Caixa			Capital social		
(SI)	58.000,00			400.000,00	(SI)

Imóveis			Móveis		
(SI)	180.000,00		(SI)	12.000,00	

Equipamentos			Computadores		
(SI)	200.000,00		(SI)	10.000,00	

(continua)

(Figura 4.1 – conclusão)

Terrenos		Terrenos a pagar	
(SI) 72.000,00			72.000,00 (SI)

Equipamentos a pagar	
	60.000,00 (SI)

Quando ocorre uma operação em que não há ainda uma conta na qual possa ser representado seu efeito sobre o patrimônio da entidade, é preciso criar uma nova conta que cumpra esse papel. Se a JOJO Academia de Ginástica Ltda. adquirisse, por exemplo, um veículo à vista, deveria ser criada uma conta com o título *Veículos*, na qual seria debitado o valor dessa aquisição, de modo que o crédito correspondente recaísse sobre a já existente conta Caixa.

No exemplo que temos utilizado, a academia começa a funcionar em maio e a partir desse mês precisa abrir contas de receitas e despesas, para registrar os ganhos e gastos decorrentes desse funcionamento. Para mostrar o processo de apuração do resultado, ao final de maio devem ser encerradas todas as contas de resultado. Caso as receitas totais do mês superem as despesas totais de maio, teremos lucro; se ocorre o contrário, há prejuízo.

Se não houvesse interesse em apurar o resultado do mês de maio, as contas de resultados continuariam abertas, e seriam fechadas somente quando se desejasse apurar o resultado acumulado no período entre o início de maio e o momento do fechamento. Há, portanto, flexibilidade na extensão do período para o qual se mede resultado em contabilidade.

Para facilitar o relato das transações ocorridas durante o mês de maio na JOJO, listamos todas as operações na ordem em que ocorreram e foram registradas no Diário (conforme Seção 4.6):

1. Em 3 de maio, a empresa obteve uma Receita de Serviços de R$ 400,00 recebida em dinheiro, no ato.
2. Em 4 de maio, contratou uma empresa para fazer propaganda da academia durante o fim de semana por R$ 300,00 à vista.
3. Em 7 de maio, a empresa obteve uma Receita de Serviços de R$ 200,00, recebida em dinheiro, no ato.
4. Em 9 de maio, obteve uma Receita de Serviços de R$ 500,00, recebida em cheque, a ser depositado em 10 de junho.
5. Em 10 de maio, obteve Receita de Serviços à vista, no valor de R$ 300,00.
6. Em 15 de maio, obteve Receita de Serviços à vista, no valor de R$ 600,00.
7. Em 17 de maio, obteve Receita de Serviços no valor de R$ 900,00, sendo R$ 400,00 à vista e R$ 500,00 a prazo.
8. Em 19 de maio, efetuou pagamento de R$ 20.000,00 da parcela relativa a Equipamentos a Pagar.
9. Em 22 de maio, pagou a parcela de R$ 3.000,00, relativa a Terrenos a Pagar.
10. Em 24 de maio, obteve Receita de Serviços a prazo, no valor de R$ 640,00.

11. Em 28 de maio, obteve Receita de Serviços à vista, no valor de R$ 380,00.

12. No dia 30 de maio, obteve Receita de Serviços à vista, no valor de R$ 880,00.

13. A Despesa de Salários de maio, no valor de R$ 2.800,00, será paga em 5 de junho.

14. A Despesa de Energia Elétrica de maio, de R$ 300,00, será paga em 10 de junho.

15. A Despesa de Água e Esgoto de maio, de R$ 100,00, será paga em 10 de junho.

Os 15 fatos contábeis ocorridos em maio na JOJO Academia de Ginástica Ltda. devem ser lançados sobre a base de Razonetes do final de abril, a qual contém os saldos iniciais para efeito da contabilidade do mês de maio, como exposto na Figura 4.2.

Figura 4.2 – Lançamentos das operações de maio da JOJO Academia de Ginástica Ltda. em Razonetes (R$)

Caixa		
(SI)	58.000,00	300,00 (2)
(1)	400,00	20.000,00 (8)
(3)	200,00	3.000,00 (9)
(5)	300,00	
(6)	600,00	
(7)	400,00	
(11)	380,00	
(12)	880,00	

Receita de serviços	
	400,00 (1)
	200,00 (3)
	500,00 (4)
	300,00 (5)
	600,00 (6)
	900,00 (7)
	640,00 (10)
	380,00 (11)
	880,00 (12)

Imóveis	
(SI)	180.000,00

Móveis	
(SI)	12.000,00

Equipamentos	
(SI)	200.000,00

Computadores	
(SI)	10.000,00

Terrenos	
(SI)	72.000,00

Terrenos a pagar		
(9)	3.000,00	72.000,00

Equipamentos a pagar		
(8)	20.000,00	60.000,00

Capital social		
		400.00,00 (SI)

Despesa de propaganda	
(2)	300,00

Clientes		
(4)	500,00	
(7)	500,00	
(10)	640,00	

Despesa de salários	
(13)	2.800,00

Salários a pagar		
	2.800,00	(13)

Despesa de energia elétrica	
(14)	300,00

Energia elétrica a pagar		
	300,00	(14)

Despesa de água e esgoto	
(15)	100,00

Água e esgoto a pagar		
	100,00	(15)

Podemos observar na Figura 4.2 que as operações são lançadas na sequência numérica, o que permite a identificação de cada lançamento. Assim que ocorre o primeiro lançamento, a conta é aberta, e seu Razonete é incorporado ao sistema.

Não é obrigatório adotarmos qualquer tipo de ordenação nos Razonetes. O que não pode ocorrer é deixarmos de incluir algum dos Razonetes utilizados. Apenas e tão somente para facilitar o posterior encerramento das contas de resultados, deixamos os Razonetes relativos a contas de receitas e despesas em destaque.

4.8 Encerramento das contas de resultados e apuração de resultado

Como explicamos, as contas de resultados diferenciam-se em relação às contas patrimoniais, pois estão associadas especificamente a um período de tempo. Esse intervalo é definido entre o momento da abertura e o momento de fechamento do conjunto de contas periódicas.

No caso da JOJO, as contas de resultados foram abertas em maio de 2017. Se a contabilidade quiser apurar o resultado desse mês de referência, deve encerrar as contas de resultado ao final desse mês. Na hipótese, por exemplo, de pretendermos levantar o resultado de todo o ano de 2017 da academia as contas de resultado deve ser encerradas somente ao final de dezembro desse ano.

Para mostrar o processo de encerramento de contas de resultado, apuraremos o resultado do mês de maio de 2017 para a JOJO Academia de Ginástica Ltda. Nesse processo, separamos todas as contas de resultados e transferimos o saldo de cada uma delas para a conta de resultado do período.

O encerramento de cada conta de resultado consiste no somatório de seu saldo e no correspondente lançamento desse saldo do outro lado do Razonete, de maneira a indicar que todo o saldo foi transferido para a conta de resultado do período e que a conta não será mais utilizada.

Quando a conta a ser encerrada é de receita, seu saldo é credor. O encerramento é feito com um débito de valor equivalente ao saldo acumulado da conta. A função desse débito, normalmente indicado por uma letra, é zerar o saldo da conta e encerrá-la, transferindo esse saldo (a crédito e indicado com a mesma letra) para a apuração de resultado do período.

Sempre que se tratar de contas de despesas, o procedimento é exatamente o oposto, uma vez que despesas têm saldos devedores. Cada conta de despesa tem seu saldo apurado pelo somatório dos débitos. O encerramento das contas de despesas consiste em crédito de igual valor do saldo de cada conta de despesa e serve para anular seu valor e indicar que a partir dali a conta não faz mais parte da apuração do resultado. Esse crédito é indicado por uma letra, que será a mesma ao lado da contrapartida a débito na conta Apuração do Resultado do período.

No caso do encerramento das contas de resultado da JOJO Academia de Ginástica Ltda. para o mês de maio, o processo se dá conforme explicitado na Figura 4.3.

Figura 4.3 – Encerramento das contas periódicas de maio da JOJO Academia de Ginástica Ltda. em Razonetes (R$)

Resultado de Maio				Receitas de serviços		
(B)	300,00	4.800,00	(A)		400,00	(1)
(C)	2.800,00				200,00	(3)
(D)	300,00				500,00	(4)
(E)	100,00				300,00	(5)
					600,00	(6)
					900,00	(7)
					640,00	(10)
					380,00	(11)
					880,00	(12)
	3.500,00	4.800,00		(A) 4.800,00	4.800,00	
		1.300,00				

Despesa de propaganda				Despesa de energia elétrica		
(2)	300,00	300,00	(B)	(14)	300,00	300,00	(D)

Despesas de salários				Despesa de água e esgoto		
(13)	2.800,00	2.800,00	(C)	(15)	100,00	100,00	(E)

Também observamos na Figura 4.3 que as receitas transferidas para a Conta Resultados de Maio no valor de R$ 4.800,00 superaram as despesas totais de R$ 3.500,00 para ela transferidas. Como o total das receitas excedeu o total das despesas, o saldo da conta é credor e houve lucro de R$ 1.300,00. Caso o total das despesas tivesse suplantado o total das receitas, o saldo da conta seria devedor e haveria prejuízo.

> Generalizando:
> - se total das receitas é maior que total das despesas, há **lucro**;
> - se total das receitas é menos que o total das despesas, há **prejuízo**.

4.9 Transferência do Resultado para o Balanço

Na seção anterior, explicitamos que as contas de resultado estão associadas apenas ao período ao qual dizem respeito. Uma vez encerradas, não são mais utilizadas, pois seus saldos foram todos transferidos a uma única conta, na qual é apurado um saldo final.

Relembremos que as receitas são contas credoras devido a seu efeito favorável sobre o Patrimônio Líquido. Ao contrário, as despesas são contas que apresentam saldos devedores, em decorrência de seu efeito adverso sobre o Patrimônio Líquido.

Ora, se todas as Receitas são transferidas em seu total para uma única conta (Apuração de Resultado) e ocorre o mesmo com as contas de despesas, o seu saldo de tal conta é credor, se os créditos superam os débitos, e será devedor, se ocorre o contrário.

Todavia, se o saldo final da conta Apuração de Resultado for credor, é sinal de que houve lucro. Consequentemente, seu saldo deve ser transferido para o Balanço, mais especificamente para o Patrimônio Líquido, para uma conta intitulada *Lucros Acumulados*. Ocorrendo o oposto, ou seja, se houver prejuízo, a conta de Apuração de Resultado é encerrada, e seu saldo, transferido ao Patrimônio Líquido, para uma conta intitulada *Prejuízos Acumulados*.

As duas hipóteses são possíveis. Por isso, utilizamos uma única conta, denominada *Lucros/Prejuízos Acumulados*, e seu saldo, por si só, indica se há lucros ou prejuízos acumulados. No primeiro caso, o Patrimônio Líquido aumenta, ao passo que, no segundo, o saldo diminui.

Na Figura 4.4, podemos verificar o processo de encerramento do Resultado de Maio por meio de um débito e a transferência de seu saldo com a contrapartida a crédito na conta Lucros/Prejuízos Acumulados no Balanço, o que indica que o lucro de R$ 1.300,00 obtido em maio de 2017 pela JOJO aumentou o Patrimônio Líquido da empresa.

Figura 4.4 – Encerramento da conta Resultado de Maio e sua transferência para o Patrimônio Líquido da JOJO Academia de Ginástica Ltda. em Razonetes (R$)

	Resultado de Maio				Lucros/Prejuízos Acumulados	
(B)	300,00	4.800,00	(A)		1.300,00	(F)
(C)	2.800,00					
(D)	300,00					
(E)	100,00					
		4.800,00				
(F)	1.300,00	1.300,00				

A seguir, na Figura 4.5, são registradas as contas do Balanço Patrimonial da JOJO às quais é adicionada a conta Lucros/Prejuízos Acumulados.

Figura 4.5 – Razonetes correspondentes ao Balanço de 31 de maio de 2017 da JOJO Academia de Ginástica Ltda. em 31/05/2017 (R$)

	Caixa				Móveis	
(SI)	58.000,00	300,00	(2)	(SI)	12.000,00	0,00
(1)	400,00	20.000,00	(8)			
(3)	200,00	3.000,00	(9)			
(5)	300,00					
(6)	600,00					
(7)	400,00					
(11)	380,00					
(12)	880,00					
	61.160,00	23.300,00		(SF)	12.000,00	
(SF)	37.860,00					

	Imóveis			Equipamentos	
(SI)	180.000,00	0,00	(SI)	200.000,00	0,00
(SF)	180.00,00		(SF)	200.000,00	

	Computadores			Terrenos	
(SI)	10.000,00	0,00	(SI)	72.000,00	0,00
(SF)	10.000,00		(SF)	72.000,00	

(continua)

(Figura 4.5 – conclusão)

	Terrenos a Pagar		
(9)	3.000,00	72.000,00	(SI)
		69.000,00	(SF)

	Equipamentos a Pagar		
(8)	20.000,00	60.000,00	(SI)
		40.000,00	(SF)

	Capital Social		
	0,00	400.000,00	(SI)
		400.000,00	(SF)

	Salários a Pagar		
	0,00	2.800,00	(13)
		2.800,00	(SF)

	Clientes		
(4)	500,00	0,00	
(7)	500,00		
(10)	640,00		
(SF)	1.640,00		

	Água e Esgoto a Pagar		
	0,00	100,00	(15)
		100,00	(SF)

	Energia Elétrica a Pagar		
		300,00	(14)

	Lucros/Prejuízos Acumulados		
	0,00	1.300,00	(F)
		1.300,00	

Com os saldos das contas existentes em 28 de abril, atualizados até 31 de maio, e com a inclusão das novas contas patrimoniais que passaram a ter saldo em maio, temos o Balanço Patrimonial da JOJO Academia de Ginástica Ltda. na Tabela 4.3.

Tabela 4.3 – Balanço Patrimonial da JOJO Academia de Ginástica Ltda. em 31/05/2017 (R$)

ATIVO		PASSIVO	
Caixa	37.860,00	Equipamentos a Pagar	40.000,00
Clientes	1.640,00	Terrenos a Pagar	69.000,00
Imóvel	180.000,00	Salários a Pagar	2.800,00
Terrenos	72.000,00	Energia Elétrica a Pagar	300,00
Móveis	12.000,00	Água e Esgoto a Pagar	100,00
Equipamentos	200.000,00	Total do Passivo	112.200,00
Computadores	10.000,00	PATRIMÔNIO LÍQUIDO	
		Capital Social Integralizado	400.000,00
		Lucros/Prejuízos Acumulados	1.300,00
		Total do Patrimônio Líquido	401.300,00
Ativo Total	**513.500,00**	**Passivo + Patrimônio Líquido**	**513.500,00**

Esse é o novo Balanço Patrimonial da JOJO, agora para 31 de maio. Conforme observamos, o Patrimônio Líquido nesse Balanço não é mais formado apenas pela conta Capital Social Integralizado, pois nele ficou incluída a conta Lucros/Prejuízos Acumulados. Com relação a essa conta, ela indica que:

- todas as contas de resultados foram encerradas e o saldo foi transferido primeiro para Resultado de Maio.
- posteriormente o saldo do Resultado do Período de Maio (lucro ou prejuízo) também foi transferido para o Balanço na conta Lucros/Prejuízos Acumulados.

- não há, portanto, mais contas de resultados abertas, e o resumo de todas as contas periódicas encerradas foi transferido para o Balanço Patrimonial;
- a partir de sua existência, a empresa não depende mais exclusivamente de seus sócios para a formação do Patrimônio Líquido;
- a empresa tem uma nova fonte de recursos, advinda do exercício de suas atividades, o que é denominado *autofinanciamento*.

Estudo de caso

O Sr. Vitor é proprietário de uma tradicional drogaria na Região Sul do país. Apesar de satisfeito com os resultados apresentados por seu negócio, nos últimos meses, uma dúvida o aflige. Por isso, o senhor Vitor resolveu chamar seu contador, o Sr. Haroldo, para que este lhe ajude a entender o que, de fato, vem ocorrendo na drogaria.

O contador prontamente atendeu ao chamado de seu cliente:

— Como vai, Vitor?

O que tem tirado seu sono?

E pôs-se a ouvir pacientemente o relato da situação que intrigou o empresário.

— Pois é, Haroldo, você definiu muito bem. Estou mesmo muito irritado e sem resposta para o que ocorre com a farmácia. Literalmente, estou perdendo o sono.

— Então, explique-me o que tanto o preocupa.

— Note, Haroldo, que, nesse mês que acabou de fechar, vendemos 1 milhão de reais e, deduzidas todas as despesas, houve lucro líquido de 400 mil reais.

— Isso mesmo, Vitor!

— Mas, quando observo a variação de caixa da drogaria, o saldo não chegou a subir mais do que 150 mil reais. Isso está me deixando muito confuso. Chego a pensar que possa estar havendo algum desfalque. O senhor acha que isso seria possível, Haroldo?

O Sr. Haroldo confirma que a variação de caixa foi efetivamente próxima a 150 mil reais e tranquiliza o Sr. Vitor, explicando os motivos que levaram à existência dessa diferença.

Com base no que aprendeu neste capítulo, faça uma relação de argumentos que você acredita que poderiam ter sido utilizados pelo contador Haroldo em sua explicação ao Sr. Vitor.

Síntese

Neste capítulo, comentamos a necessidade de evidenciar em separado do Balanço Patrimonial, em um relatório contábil específico intitulado *Demonstração de Resultados*, o reflexo patrimonial gerado pelas atividades operacionais das entidades acompanhadas pela contabilidade.

Como demonstramos, a partir do momento em que uma entidade passa a exercer atividade operacional, as contas patrimoniais não são mais suficientes para acompanhar todos os fatos que alteram sua a situação patrimonial, pois as atividades empresariais produzem variações no Patrimônio Líquido, podendo aumentar ou reduzir suas riquezas.

Para medir o resultado da atividade empresarial, a contabilidade deve utilizar contas específicas, as contas periódicas, ou de resultado, que complementam o conjunto das contas utilizadas para demonstrar a movimentação dos recursos em uma entidade. Neste capítulo, focamos nas empresas prestadoras de serviços.

Explicamos que a conta patrimonial está sempre presente e tem seu saldo atualizado quando uma transação a envolve. Eventualmente, essa conta pode ter saldo zero, mas continua aberta até que seu saldo é modificado. A partir do momento que sofre movimentação, seu saldo é mostrado nas datas em que novos Balanços Patrimoniais são elaborados.

As contas de resultado, por sua vez, têm sua abertura condicionada à cobertura de determinado período, ao fim do qual é encerrada; ou seja, elas têm um tempo de existência predefinido e variável.

Em contabilidade, os valores cobrados dos clientes pelas atividades desenvolvidas por uma empresa são denominados *receitas operacionais*, definidas como variações patrimoniais positivas.

Já esforços que a organização empreende para obter receitas são designados *despesas*, que têm efeito negativo sobre o Patrimônio Líquido.

Quanto à aplicação do método de partidas dobradas às contas de resultado, explicamos que todas as receitas são contas credoras, por serem origens de recursos, e devem ser indicadas na contabilidade por um crédito em sua conta específica. Já as despesas são contas devedoras, portanto devem ser lançadas a débito, pois são aplicações de recursos.

Evidenciamos, também, que o encerramento de cada Conta de Resultado consiste no somatório de seu saldo e no correspondente lançamento desse saldo do outro lado do Razonete, de maneira a indicar que todo o saldo foi transferido para a conta de resultado do período e que a conta não mais será utilizada.

Exercícios resolvidos

1. A Semprepronta, empresa de segurança que elaborou seu último Balanço Patrimonial em 25 de setembro de 2017, inicia de fato sua atuação no mercado a partir de outubro. Utiliza os últimos dias de setembro para providências finais, tais como contratação de funcionários e primeiros contatos por parte de seus sócios, apresentando a empresa a possíveis futuros clientes.

   Balanço Patrimonial da Semprepronta Ltda. em 25/09/2017 (R$)

ATIVO		PASSIVO	
Caixa e Equivalentes	35.500,00	Terrenos a Pagar	15.000,00
		Materiais a pagar (Fornecedores)	1.000,00
Móveis e Utensílios	7.000,00	Veículos a Pagar	3.000,00
Materiais	5.000,00	Total do Passivo	19.000,00
Terrenos	38.000,00	Capital Social Integralizado	70.000,00
Veículos	3.500,00	Total do Patrimônio Líquido	70.000,00
Ativo Total	89.000,00	Passivo + Patrimônio Líquido	89.000,00

As operações da Semprepronta durante o mês de outubro são as seguintes:

1. Em 1º de outubro, a empresa fecha seu primeiro contrato com a Cia. Montanhesa, o que lhe renderá mensalmente R$ 2.000,00, a serem recebidos no final do mês.

2. Em 3 de outubro, há despesa com combustível no valor de R$ 300, paga no ato.

3. Em 5 de outubro, utiliza R$ 400,00 em materiais nos serviços prestados à Cia. Montanhesa.

4. Em 10 de outubro, paga R$ 1.000,00 relativos à dívida com veículos.

5. Em 15 de outubro, consegue um novo contrato, no valor de R$ 3.000,00 mensais, com a Destino Atacado de Metais Ltda., que pagará todo final de mês. Nesse mês, a cobrança é de metade do valor, levando em conta que o atendimento seria por 15 dias.

6. Em 23 de outubro, utiliza R$ 700,00 em materiais nos serviços prestados à Cia. Montanhesa.

7. Em 26 de outubro, há despesa com combustível no valor de R$ 500,00, pagos no ato.

8. Os salários de outubro foram de R$ 3.200,00 e têm pagamento programado para novembro.

9. Em 31/10, recebe o valor do mês de outubro referente ao contrato da Montanhesa.

Sabendo dessas operações:

a) lance as operações em Razonetes;
b) apure o resultado de outubro de 2017;
c) levante o Balanço em 31 de outubro de 2017.

Resposta (valores em reais – R$):

	Caixa e Equivalentes		
(SI)	35.500,00	300,00	(2)
(9)	1.500,00	1.000,00	(4)
		500,00	(7)
	37.000,00	1.800,00	
(SF)	35.200,00		

	Capital Social	
	70.000,00	(SI)
0,00	70.000,00	
	70.000,00	(SF)

	Móveis e Utensílios	
(SI)	7.000,00	
	7.000,00	0,00
(SF)	7.000,00	

	Terrenos	
(SI)	38.000,00	
	38.000,00	0,00
(SF)	38.000,00	

	Terrenos a Pagar	
	15.000,00	(SI)
0,00	15.000,00	
	15.000,00	(SF)

	Materiais		
(SI)	5.000,00	400,00	(3)
		700,00	(6)
	5.000,00	1.100,00	
(SF)	3.900,00		

(continua)

(conclusão)

Fornecedores		
	1.000,00	(SI)
0,00	1.000,00	
	1.000,00	(SF)

Veículos		
(SI)	3.500,00	0,00
	3.500,00	
(SF)	3.500,00	

Veículos a pagar			
(4)	1.000,00	3.000,00	(SI)
	1.000,00	3.000,00	
		2.000,00	(SF)

Clientes			
(1)	2.000,00	1.500,00	(9)
(5)	1.500,00		
	3.500,00	1.500,00	
(SF)	2.000,00		

Receitas de Serviços			
		2.000,00	(1)
		1.500,00	(5)
(A)	3.500,00	3.500,00	

Custo de Serviços Prestados			
(3)	400,00		
(6)	700,00		
	1.100,00	1.100,00	(B)

Despesas com Combustíveis			
(2)	300,00		
(7)	500,00		
	800,00	800,00	(C)

Salários a Pagar			
		3.200,00	(8)
	0,00	3.200,00	(8)
		3.200,00	(SF)

Despesas de Salários			
(8)	3.200,00		
	3.200,00	3.200,00	(D)

Apuração de Resultado de Outubro			
(B)	1.100,00	3.500,00	(A)
(C)	800,00		
(D)	3.200,00		
	5.100,00	3.500,00	
	1.600,00	1.600,00	(E)

Prejuízo Acumulado			
(E)	1.600,00		
	1.600,00	0,00	
(SF)	1.600,00		

ATIVO		PASSIVO	
Caixa e Equivalentes	35.200,00	Terrenos a Pagar	15.000,00
Clientes	2.000,00	Fornecedores	1.000,00
Materiais	3.900,00	Veículos a Pagar	2.000,00
Terrenos	38.000,00	Salários a Pagar	3.200,00
Móveis e Utensílios	7.000,00	Total do Passivo	21.200,00
Veículos	3.500,00		
		Capital Social Integralizado	70.000,00
		Prejuízos Acumulados	(1.600,00)
		Patrimônio Líquido	68.400,00
Ativo Total	89.600	Passivo + Patrimônio Líquido	89.600,00

Questões para revisão

1. O que são receitas e como devem ser contabilizadas?
2. Como se aplica o mecanismo de débito e crédito às contas periódicas?
3. Receitas são contas:
   a) de Patrimônio Líquido, com saldo credor e cuja contrapartida sempre aumenta o saldo da conta Caixa.
   b) de Patrimônio Líquido, com saldo devedor e cuja contrapartida sempre aumenta o saldo da conta Caixa.
   c) periódicas, com saldo credor e cuja contrapartida sempre aumenta o saldo da conta Caixa.
   d) periódicas, com saldo credor e cuja contrapartida pode ou não aumentar o saldo da conta Caixa.
4. Contas Periódicas são utilizadas:
   a) apenas para efeito de Razão e com prazo exclusivamente de um ano.
   b) apenas para efeito de Razão, mas com prazos flexíveis.
   c) tanto para efeito de Razão como de Diário, e com prazos flexíveis.
   d) apenas para efeito de Diário, e com prazo exclusivamente de um ano.
5. O encerramento de contas de resultado consiste em:
   a) transferir as contas de receitas a crédito e as contas de despesas a débito para uma conta única em que se apura o resultado.
   b) transferir as contas de receitas a débito e as contas de despesas a crédito de uma conta única em que se apura o resultado.
   c) não utilizar essas contas no Balanço Patrimonial.
   d) transferir essas contas para o Balanço Patrimonial.

Questões para reflexão

1. Por que as Receitas recebidas à vista e as Receitas a receber têm o mesmo tratamento na Demonstração de Resultados?
2. O que é o Regime de Competência e quais são as suas consequências para a Apuração de Resultado?

Para saber mais

Recomendamos a seguinte obra:

MARION, J. C. **Contabilidade empresarial:** livro de exercícios. São Paulo: Atlas, 2011.

O livro contém ótimos exercícios sobre os conteúdos desenvolvidos neste capítulo. Excelente para tonar seu aprendizado ainda mais efetivo.

O Balancete de
Verificação e sua utilidade

5

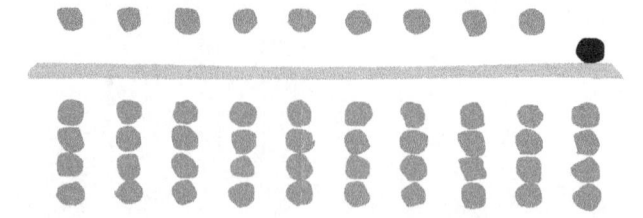

Conteúdos do capítulo:

- Balancete de Verificação: conceito, conteúdo e elaboração.
- Diferenças entre Balancete e Balanço.
- Momento da elaboração do Balancete.
- A importância do Balancete de Verificação.
- Utilização e desmembramento do Balancete.

Após o estudo deste capítulo, você será capaz de:

1. conceituar o Balancete de Verificação;
2. diferenciar Balancete de Verificação de Balanço Patrimonial;
3. elaborar o Balancete de Verificação;
4. identificar a importância e a utilidade do Balancete de Verificação;
5. dividir o Balancete entre contas patrimoniais e contas periódicas.

No capítulo anterior, afirmamos que, para apurar resultado, é necessário separar as contas periódicas e proceder ao encerramento de cada uma delas, transferindo simultaneamente os saldos para uma única conta. Neste capítulo, verificamos que, na realidade, os lançamentos contábeis são executados sem que haja uma prévia separação entre contas patrimoniais e contas periódicas.

Esclarecemos que, em um primeiro momento, o importante é separar as contas em dois grandes grupos: as contas de saldo devedor e as contas de saldo credor. Ao reunir as contas devedoras com seus respectivos saldos e colocadas no lado esquerdo de uma demonstração contábil de dois lados, e as contas credoras com seus saldos apontados no lado direito, obtém-se uma nova demonstração, chamada *Balancete de Verificação*.

O Balancete de Verificação é, portanto, o ponto de partida da contabilidade, uma vez que os lançamentos contábeis numa única operação podem envolver simultaneamente contas patrimoniais e contas periódicas. Por isso, é necessário que as contas sejam tratadas de forma conjunta e não compartimentada.

O Balancete de Verificação permite observar se os saldos devedores e credores totais mantêm-se idênticos antes de haver a separação entre contas patrimoniais e periódicas. Desse modo, a separação das contas pode ser executada apenas quando for oportuna para a empresa, ou seja, quando efetivamente se deseja apurar o resultado de um período. Esse é o tema deste capítulo.

5.1 Conceito de Balancete de Verificação

O **Balancete de Verificação** é a **demonstração elaborada ao final de um período qualquer e antes do fechamento das contas de resultados**, que engloba todas as contas existentes, independentemente de serem patrimoniais ou periódicas, e as divide em contas devedoras e contas credoras.

Existem diversas formas de apresentar o Balancete de Verificação. Podemos variar a disposição dos dados e o número de colunas, incluir ou não colunas que mostrem os valores totais de débitos e créditos realizados em cada conta, mostrando as mudanças de saldos entre duas datas distintas ou demonstrando as posições em duas datas diferentes, uma inicial e outra final. O importante é que, para a data em que é levantado, ele explicite todas as contas devedoras, seus saldos individuais e o somatório dos débitos, tal como todas as contas credoras, seus respectivos saldos e o total dos créditos.

Para exemplificar a lógica da estrutura do Balancete de Verificação, recorremos ao caso fictício da JOJO Academia de Ginástica Ltda. Se voltarmos ao Capítulo 4 e recuperarmos os Razonetes representativos de todas as contas existentes antes da Apuração de Resultado de maio de 2017, constatamos a posição mostrada na Figura 5.1.

Figura 5.1 – Contas da JOJO Academia de Ginástica e seus saldos em 31/05/2017 (R$)

Despesa de Propaganda	Despesa de Energia Elétrica
300,00	300,00

Despesa de Salários	Despesa de Água e Esgoto
2.800,00	100,00

Caixa	Móveis
37.680,00	12.000,00
	180.000,00

Equipamentos	Computadores
200.000,00	10.000,00

Terrenos	Terrenos a Pagar
72.000,00	69.000,00

Equipamentos a Pagar	Capital Social
40.000,00	400.000,00

Salários a Pagar	Clientes
2.800,00	1.640,00

Água e Esgoto a Pagar	Energia Elétrica a Pagar
100,00	300,00

Receita de Serviços
4.800,00

Note que, para efeito de elaboração do Balancete de Verificação, não importa a ordem em que as contas são transcritas nem sua separação em patrimoniais e periódicas. Porém, é indispensável que todas as contas existentes, com seus respectivos saldos corretos, sejam incluídas e separadas em devedoras e credoras. Esse procedimento é demonstrado na Tabela 5.1.

Tabela 5.1 – Balancete de Verificação da JOJO Academia de Ginástica em 31/05/2017 (R$)

CONTAS DEVEDORAS		CONTAS CREDORAS	
Despesas de Propaganda	300,00	Terrenos a Pagar	69.000,00
Despesas de Energia elétrica	300,00	Equipamentos a Pagar	40.000,00
Despesas de Água e Esgoto	100,00	Capital Social	400.000,00
Despesas de Salários	2.800,00	Salários a Pagar	2.800,00
Caixa	37.860,00	Água e Esgoto a Pagar	100,00
Móveis	12.000,00	Energia Elétrica a Pagar	300,00
Imóveis	180.000,00	Receitas de Serviços	4.800,00
Equipamentos	200.000,00		
Computadores	10.000,00		
Terrenos	72.000,00		
Clientes	1.640,00		
Total dos Débitos	**517.000,00**	**Total dos Créditos**	**517.000,00**

Observe que o Total dos Débitos coincide com o Total dos Créditos, independentemente de as contas serem patrimoniais ou periódicas. Isso se deve ao método das partidas dobradas, pelo qual tanto as contas patrimoniais como as periódicas são movimentadas.

Se o processo de apuração de resultado isola apenas as contas periódicas, o Balancete de Verificação permite averiguar se a igualdade entre débitos e créditos foi mantida durante os diversos lançamentos ocorridos até o momento de seu levantamento.

5.2 A importância do Balancete de Verificação e o significado dos saldos de suas contas

Conforme constatamos na Tabela 5.1, o Balancete de Verificação é uma demonstração à qual está vinculada uma data. No exemplo, a data corresponde a 31 de maio de 2017. Entretanto, há uma diferença conceitual expressiva entre o significado das contas patrimoniais e o das contas periódicas.

As contas patrimoniais, assim como ocorre no Balanço Patrimonial (às quais elas pertencem), exibem os saldos para a data do Balancete de Verificação – que, em nosso exemplo, é 31 de maio. Todavia, no caso das contas periódicas, que dizem respeito à apuração de resultado, seus saldos se referem ao período de tempo ao qual estão associadas.

Se a empresa estivesse em plena atividade desde o início de 2017 e não tivesse ainda ocorrido qualquer apuração de resultados, os saldos das contas seriam para o período de cinco meses, compreendido entre janeiro e maio. Como no caso da JOJO Academia de Ginástica Ltda. as atividades foram iniciadas em maio, os saldos das contas periódicas do Balancete de Verificação referem-se apenas ao quinto mês do ano.

No Capítulo 4, comentamos que a apuração de resultado do mês de maio da empresa correspondeu a um lucro de R$ 1.300,00, que foi transferido para a conta Lucros Acumulados. Com o encerramento de todas as contas periódicas, o Balanço Patrimonial foi encerrado e ficou mantida a igualdade entre seus dois lados no dia 31 daquele mês.

Entretanto, se não quiséssemos apurar o resultado do mês de maio da JOJO, poderíamos continuar registrando as operações seguintes da empresa a partir dos saldos das contas componentes do Balancete de Verificação feito no dia 31 e apurar o resultado em qualquer outra data futura. Teríamos, então, o resultado acumulado desde o início de maio até a data em que fizéssemos a apuração.

Perguntas & respostas

1. Qual é a utilidade do Balancete de Verificação?

O Balancete de Verificação é útil para permitir o acúmulo de todas as contas periódicas até o final do período para o qual queiramos apurar o resultado, bem como para atualizar as contas patrimoniais para a data correspondente ao final do período de apuração de resultado.

Para explicitarmos tal característica do Balancete de Verificação, recorramos novamente ao caso fictício da JOJO e ao relato das respectivas transações ocorridas durante junho de 2017, de modo que seu registro seja executado a partir das contas e dos saldos do Balancete de Verificação da empresa em 31 de maio.

Suponhamos que no mês de junho as transações da empresa sejam as seguintes:

1. No dia 5, obtém receitas de serviços no valor de R$ 2.600,00, recebidas no ato de um grupo de alunos que contratou aulas de ginástica nessa data.
2. No dia 6, paga os salários que deve, além das contas de água e energia elétrica.
3. No dia 10, recebe R$ 820,00 de clientes.
4. No dia 17, paga R$ 20.000,00 da dívida com equipamentos, e R$ 3.000,00 da prestação relativa aos terrenos.
5. No dia 23, obtém receitas de serviços no valor de R$ 2.400,00, como pagamento por treinamentos de condicionamento físico prestados a clientes, com recebimento programado para julho.
6. As despesas com salários foram de R$ 2.800,00; a de energia elétrica, R$ 250,00; e a de água e saneamento, R$ 120,00 – todas a vencer em julho.

Quando voltamos aos Razonetes relativos ao Balancete de Verificação de 31 de maio e lançamos as transações de junho ocorridas na empresa (numeradas de 1 a 6 e indicadas pelos números nos Razonetes), passamos a ter a situação representada na Figura 5.2, a seguir.

Figura 5.2 – Lançamentos de junho da JOJO Academia de Ginástica Ltda. executados sobre a posição do Balancete de Verificação de 31/05/2017 (R$)

Despesa de Propaganda			
SI	300,00		
SF	300,00		

Despesa de Energia Elétrica			
SI	300,00		
(6)	250,00		
SF	550,00		

Despesas de Salários			
SI	2.800,00		
(6)	2.800,00		
SF	5.600,00		

Caixa			
SI	37.860,00	3.200	(2)
(1)	2.600,00	23.000	(4)
(3)	820,00		
	41.280,00	26.200,00	
SF	15.080,00		

Móveis			
SI	12.000,00		
SF	12.000,00		

Imóveis			
SI	180.00,00		
SF	180.000,00		

Equipamentos			
SI	200.00,00		
SF	200.000,00		

Computadores			
SI	10.000,00		
SF	10.000,00		

Terrenos			
SI	72.000,00		
SF	72.000,00		

Clientes			
SI	1.640,00	820,00	(3)
(5)	2.400,00		
	4.040,00	820,00	
SF	3.220,00		

Despesa Água e Esgoto			
SI	100,00		
(6)	120,00		
SF	220,00		

Terrenos a Pagar			
(4)	3.000,00	69.000,00	SI
	3.000,00	69.000,00	
		66.000,00	SF

Capital Social			
		400.000,00	SI
		400.00,00	SE

Salários a Pagar			
(2)	2.800,00	2.800,00	SI
		2.800,00	(6)
	2.800,00	5.600,00	
		2.800,00	SF

Água e Esgoto a Pagar			
(2)	100,00	100,00	SI
		120,00	(6)
	100,00	220,00	
		120,00	SF

Energia Elétrica a Pagar			
(2)	300,00	300,00	SI
		250,00	(6)
	300,00	550,00	
		250,00	SF

Receitas de Serviços			
		4.800,00	SI
		2.600,00	(1)
		2.400,00	(9)
		9.800,00	SF

Equipamentos a Pagar			
(4)	20.000,00	40.000,00	SI
	20.000,00	40.000,00	
		20.000,00	SF

Os lançamentos das operações de junho na contabilidade da JOJO alteram os saldos iniciais (SI, nos Razonetes) das contas movimentadas no período, o que explica a alteração de seus respectivos saldos ao final do período (indicados por SF). Note que, naquelas contas em que não houve movimentação, os saldos iniciais e finais são iguais.

Para obtermos o Balancete de Verificação para 30 de junho, procedemos ao enquadramento das contas existentes (com seus respectivos saldos finais), divididas em devedoras e credoras, de acordo com o que está expresso na Tabela 5.2.

Tabela 5.2 – Balancete de Verificação da JOJO Academia de Ginástica em 30/06/2017 (R$)

CONTAS DEVEDORAS	VALORES	CONTAS CREDORAS	VALORES
Despesas de Propaganda	300,00	Terrenos a Pagar	66.000,00
Despesas de Energia Elétrica	550,00	Equipamentos a Pagar	20.000,00
Despesas de Água e Esgoto	220,00	Capital Social	400.000,00
Despesas de Salários	5.600,00	Salários a Pagar	2.800,00
Caixa	15.080,00	Água e Esgoto a Pagar	120,00
Móveis	12.000,00	Energia Elétrica a Pagar	250,00
Imóveis	180.000,00	Receitas de Serviços	9.800,00
Equipamentos	200.000,00		
Computadores	10.000,00		
Terrenos	72.000,00		
Clientes	3.220,00		
TOTAL DOS DÉBITOS	**498.970,00**	**TOTAL DOS CRÉDITOS**	**498.970,00**

As contas patrimoniais do Balancete de Verificação da JOJO contidas na Tabela 5.2 têm seus saldos (devedores e credores) expressos para 30 de junho. Já os saldos das Contas Periódicas compreendem desde o início do período de mensuração até a referida data. Como a empresa começou a operar somente em maio, as contas periódicas (de resultados) correspondem ao bimestre entre 1º de maio e 30 de junho.

Assim sendo, se utilizarmos esse mesmo Balancete de Verificação para apurar o resultado e levantar o Balanço Patrimonial, o resultado obtido será referente ao bimestre maio-junho, o qual será destinado ao Balanço Patrimonial de 30 de junho. As contas patrimoniais que não são afetadas pelas transferências do resultado ao Balanço permanecem com os mesmos saldos do Balancete de Verificação da mesma data.

5.4 A apuração de resultado com base no balancete de verificação

O processo de apuração de resultado com base no Balancete de Verificação consiste em encerrar as contas periódicas e transferir seus saldos a uma única conta que receba as contrapartidas de todos os saldos, tanto devedores quanto credores dessas contas.

Podemos observar na Figura 5.3 que as contas patrimoniais não sofrem qualquer tipo de tratamento nessa etapa. As contas de resultados (e apenas elas) são encerradas, e os lançamentos para encerramento e apuração de resultado na conta Apuração do Resultado do Exercício (ARE) – neste caso, bimestral – são representados por letras maiúsculas, para diferenciá-los dos lançamentos das operações anteriormente executadas.

Figura 5.3 – Apuração de Resultado bimestral da JOJO Academia de Ginástica a partir do Balancete de Verificação de 30/06/2017 (R$)

Despesas de Propaganda

SI	300,00		
SF	300,00	300,00	(A)

Despesa de Energia Elétrica

SI	300,00		
(6)	250,00		
SF	550,00	550,00	(B)

Despesas de Salários

SI	2.800,00		
(6)	2.800,00		
SF	5.600,00	5.600,00	(C)

Caixa

SI	37.860,00	3.200,00	(2)
(1)	2.600,00	23.000,00	(4)
(3)	820,00		
	41.280,00	26.200,00	
SF	15.080,00		

Móveis

SI	12.000,00
SF	12.000,00

Imóveis

SI	180.000,00
SF	180.000,00

Equipamentos

SI	200.000,00
SF	200.00,00

Computadores

SI	10.000,00
SF	10.000,00

Terrenos

SI	72.000,00
SF	72.000,00

Clientes

SI	1.640,00	820,00	(3)
(5)	2.400,00		
	4.040,00	820,00	
SF	3.220,00		

Despesas de Água e Esgoto

SI	100,00		
(6)	120,00		
SF	220,00	220,00	(D)

Terrenos a Pagar

(4)	3.000,00	69.000,00	SI
	3.000,00	69.000,00	
		66.000,00	

Capital Social

		400.000,00	SI
		400.000,00	SF

Salários a Pagar

(2)	2.800,00	2.800,00	SI
		2.800,00	(6)
	2.800,00	5.600,00	
		2.800,00	SF

Água e Esgoto a Pagar

(2)	100,00	100,00	SI
		120,00	(6)
	100,00	220,00	
		120,00	SF

Energia Elétrica a Pagar

(2)	300,00	300,00	SI
		250,00	(6)
	300,00	550,00	
		250,00	SF

Receitas de Serviços

		4.800,00	SI
		2.600,00	(1)
		2.400,00	(9)
E	9.800,00	9.800,00	SF

Equipamentos a Pagar

(4)	20.000,00	40.000	SI
	20.000,00	40.000,00	
		20.000	SF

ARE

A	300,00	9.800,00	(E)
B	550,00		
C	5.600,00		
D	220,00		
	6.670,00	9.800,00	
		3.130,00	

Nota: Os números entre parênteses referem-se às operações executadas.
As letras A, B, C, D e E referem-se a encerramentos de contas.

Como podemos observar na Figura 5.3, o resultado do período refere-se ao bimestre maio-junho, que é o intervalo para o qual o Balancete de Verificação acumula as contas de resultado. É fundamental deixarmos claro que o conceito de Balancete de Verificação é flexível e que as contas periódicas podem acumular períodos maiores ou menores que o do exemplo que utilizaremos.

Caso o Balancete de Verificação da JOJO de 31 de maio continuasse a receber os diversos registros das operações da empresa, ele poderia dar origem à apuração de resultados de períodos maiores (trimestral, semestral e assim por diante).

5.5 A transferência do resultado do período para o Balanço Patrimonial

O passo seguinte à apuração de resultado é sua transferência para o Balanço. Como todas as contas de resultados já foram encerradas, o saldo contido na conta ARE representa a variação líquida entre as receitas e as despesas de um mesmo período. Quando o saldo de ARE é credor, isso significa que as receitas superaram as despesas e houve lucro no período. Na hipótese contrária, houve prejuízo.

No exemplo da JOJO, o saldo é credor e, portanto, o resultado é um lucro de R$ 3.300,00. Conforme podemos verificar na Figura 5.4, a transferência do resultado para o Balanço consiste no encerramento da conta de ARE, do mesmo modo como ocorreu nas demais contas periódicas. Não há qualquer outra mudança nas demais contas constantes da Figura 5.3, por isso, apesar de a Figura 5.4 se ater apenas à transferência do resultado para o Balanço, as demais contas patrimoniais mantêm seus saldos.

Figura 5.4 – Transferência do resultado para o Balanço: o caso da JOJO Academia de Ginástica Ltda. (R$)

	ARE				Lucros acumulados	
(A)	300,00	9.800,00	(D)		3.130,00	(E)
(B)	550,00					
(C)	5.600,00					
(D)	220,00					
	6.670,00	9.800,00				
(E)	3.130,00	3.130,00				

Observe que, em razão de o resultado ter sido de lucro para o período, ele foi transferido para o Balanço, por meio da conta Lucros Acumulados, pertencente ao Patrimônio Líquido da JOJO.

5.6 O levantamento do Balanço Patrimonial com base no Balancete de Verificação

Após a transferência do resultado do período para o Balanço Patrimonial, todas as contas que não foram encerradas são contas patrimoniais. Considerando que todas as contas periódicas foram encerradas – inclusive a de ARE, cujo saldo foi transferido para o Balanço por meio da conta Lucros Acumulados –, essas contas são eliminadas e permanecem com saldos em aberto somente as contas do Balanço Patrimonial.

Basta, então, enquadrar contas remanescentes do Balancete de Verificação em seus respectivos grupos patrimoniais para obter ao Balanço Patrimonial na mesma data que a do Balancete de Verificação que lhe deu origem.

No exemplo da JOJO, as contas remanescentes do Balancete em 30 de junho são as aquelas indicadas na Figura 5.5.

Figura 5.5 – Saldos das contas patrimoniais do Balancete de Verificação de 30/06/2017 (R$)

	Caixa				Móveis				Imóveis	
SI	37.860,00	3.200,00	(2)	SI	12.000,00			SI	180.000,00	
(1)	2.600,00	23.000,00	(4)							
(3)	820,00									
	41.280,00	26.200,00								
SF	15.080,00			SF	12.000,00			SF	180.000,00	

	Equipamentos			Computadores			Terrenos	
SI	200.000,00		SL	10.000,00		SL	72.000,00	
SF	200.000,00		SF	10.000,00		SF	72.000,00	

	Clientes				Terrenos a Pagar				Capital Social	
SI	1.640,00	820,00	(3)	(4)	3.000,00	69.000,00	SI		400.000,00	SI
(5)	2.400,00									
	4.040,00	820,00			3.000,00	69.000,00				
SF	3.220,00					66.000	SF		400.000,00	SF

	Salários a Pagar				Água e Esgoto a Pagar				Energia Elétrica a Pagar		
(2)	2.800,00	2.800,00	SI	(2)	100,00	100,00	SI	(2)	300,00	300,00	SI
		2.800,00	(6)			120,00	(6)			250,00	(6)
	2.800,00	5.600,00			100,00	220,00			300,00	550,00	
		2.800	SF			120,00	SF			250,00	SF

	Lucros Acumulados				Equipamentos a Pagar		
		3.350,00	E	(4)	20.000,00	40.000,00	SI
						20.000,00	SF

As Contas Patrimoniais e seus respectivos saldos, divididos em Ativo, Passivo e Patrimônio Líquido, formam o Balanço Patrimonial de 30 de junho, conforme expomos na Tabela 5.3.

Tabela 5.3 – Balanço Patrimonial da JOJO Academia de Ginástica Ltda. em 30/06/2017 (R$)

Ativo	Valores	Passivo + Patrimônio Líquido	Valores
Caixa	15.080,00	Terrenos a Pagar	66.000,00
Clientes	3.220,00	Equipamentos a Pagar	20.000,00
Móveis	12.000,00	Salários a Pagar	2.800,00
Imóveis	180.000,00	Água e Esgoto a Pagar	120,00
Equipamentos	200.000,00	Energia Elétrica a Pagar	250,00
Computadores	10.000,00		
Terrenos	72.000,00	Passivo	89.170,00
		Capital Social	400.000,00
		Lucros Acumulados	3.130,00
		Patrimônio Líquido	403.130,00
Ativo Total	**492.300,00**	**Passivo + Patrimônio Líquido**	**492.300,00**

Como demonstramos, o Balanço Patrimonial é obtido tendo como base as informações do Balancete de Verificação e após a apuração de resultado referente ao período mensurado nas contas de resultados nele incluídas.

Estudo de caso

Era mais um início de mês. Como de costume, os principais gestores da Estamparia Bragança Ltda. estavam reunidos para tomar conhecimento dos resultados do mês anterior e receber retorno sobre a avaliação do desempenho da empresa. Essas reuniões eram sempre conduzidas pelo principal executivo da empresa, que comentava os diversos aspectos relacionados aos pontos de avaliação, amparado pelo contador, que explicava os detalhes pertinentes à área contábil e que, previamente, entregava aos participantes os relatórios por ele preparados.

Tanto o principal executivo quanto o contador acreditavam que distribuir os relatórios no dia anterior à reunião pudesse tornar o encontro dos executivos das diversas áreas da empresa mais proveitoso e resultar em participações mais efetivas dos integrantes do corpo gerencial nas discussões. Contudo, a tentativa era sempre frustrada, pois raramente algum participante fazia questionamentos ou considerações a respeito da pauta. Apesar dos esforços dos condutores da reunião, geralmente ela se transformava num comunicado conjunto aos gestores, tamanha era a passividade do corpo gerencial em tais encontros.

Apesar de a postura dos participantes não agradar nem ao principal executivo nem ao contador, ambos acreditavam que todos tinham pleno domínio dos conceitos contábeis, até porque já eram antigos na casa, além de profissionais dedicados e responsáveis em suas áreas de atuação.

Os materiais distribuídos a cada reunião mensal eram: o Balancete de Verificação, datado do final do mês anterior; o Balanço Patrimonial nessa mesma data; o resultado acumulado no ano corrente; além dessas mesmas três demonstrações relativas ao ano anterior. Comparações entre dados dos dois anos de referência serviam de base para julgar o desempenho das várias áreas e da empresa.

Durante a última reunião, após a apresentação de diversos quadros e números, o gerente de vendas pediu a palavra, com o intuito de buscar um esclarecimento. Ele observou que os totais do Balancete de Verificação referentes ao ano em curso eram maiores que os totais do último Balanço e que ocorreu o mesmo no ano anterior. Solicitou explicação a respeito e, antes mesmo que o contador ou o principal executivo respondessem, o gerente de produção também se manifestou, afirmando não entender como aquilo era possível e questionando se os números estariam corretos. A gerente de recursos humanos, visivelmente aliviada, respirou fundo e disse:

Também sempre achei isso estranho, mas como ninguém havia levantado esse ponto em tantas reuniões anteriores, pensei que somente eu não entendesse as razões, se é que elas existem.

Considerando a situação relatada, o que você responderia ao gerente de vendas? A qual conclusão a respeito do conhecimento dos participantes da reunião em relação à contabilidade podemos chegar? Como seria possível tornar as reuniões mais produtivas?

Síntese

Explicamos neste capítulo, que o Balancete de Verificação é a demonstração elaborada ao final de um período qualquer e antes do fechamento das contas de resultados. Ele engloba todas as contas existentes, independentemente de serem patrimoniais ou periódicas, e as divide em contas devedoras e contas credoras. Além disso, pode ser apresentado de diversas formas.

Afirmamos que, para efeito de elaboração do Balancete de Verificação, não importa a ordem em que as contas são transcritas nem sua separação em contas patrimoniais e periódicas, mas é indispensável que todas as contas existentes (com os respectivos saldos corretos), sejam incluídas e separadas em devedoras e credoras.

Demonstramos, ainda, que o total dos débitos coincide com o total dos créditos (sejam elas contas patrimoniais ou periódicas), e que, se o processo de apuração de resultado isola apenas as contas periódicas, o Balancete de Verificação, feito anteriormente, permite constatar se a igualdade entre débitos e créditos foi mantida.

Também sobre o Balancete de Verificação, verificamos que ele é utilizado para apurar o resultado e levantar o Balanço Patrimonial.

No que se refere à apuração de resultado, expusemos o seu processo a partir do Balancete de Verificação, bem como sua transferência para o Balanço.

Também mostramos a identificar com base no saldo contido na conta ARE se houve lucro ou prejuízo no período contábil.

Além disso, esclarecemos que as contas patrimoniais que não são afetadas pelas transferências do resultado ao Balanço permanecem com os mesmos saldos do Balancete de Verificação de uma mesma data.

Exercícios resolvidos

1. A Semprepronta, cujo último Balanço Patrimonial, de 30 de setembro de 2017, exibida a seguir, inicia sua atuação no mercado em outubro. A empresa destina os últimos dias de setembro para providências tais como a contratação de funcionários e os sócios em executar os primeiros contatos com possíveis futuros clientes.

Balanço Patrimonial da Semprepronta Ltda. em 30/09/2017 (R$)

ATIVO		PASSIVO	
Caixa e Equivalentes	35.500,00	Terrenos a Pagar	15.000,00
		Materiais a Pagar (Fornecedores)	1.000,00
Móveis e Utensílios	7.000,00	Veículos a pagar	3.000,00
Materiais	5.000,00	Total do Passivo	19.000,00
Terrenos	38.000,00	Capital Social Integralizado	70.000,00
Veículos	3.500,00	Total do Patrimônio Líquido	70.000,00
Ativo Total	**89.000,00**	**Passivo + Patrimônio Líquido**	**89.000,00**

As operações da Semprepronta durante outubro foram:

1. No dia 1º, fecha seu primeiro contrato com a Cia. Montanhesa, o que lhe renderá R$ 2.000,00 por mês, pagos sempre no dia 5 do mês seguinte.

2. No dia 3, tem despesa com combustível no valor de R$ 300,00, paga no ato.

3. No dia 5, utiliza R$ 400,00 em materiais nos serviços prestados à Cia. Montanhesa.

4. No dia 10, paga R$ 1.000,00, relativos à dívida com veículos.

5. No dia 15, consegue um novo contrato, no valor de R$ 3.000,00 mensais, com a Destino Atacado de Metais Ltda., que pagará todo final de mês. No mês de outubro, a cobrança é de metade do valor, levando-se em conta que o atendimento foi por 15 dias.

6. No dia 23, utiliza R$ 700,00 em materiais nos serviços prestados à Cia. Montanhesa.

7. No dia 26, tem despesa com combustível, paga no ato, no valor de R$ 500,00.

8. Os salários de outubro totalizam R$ 3.200,00 com pagamento programado para o mês seguinte.

9. Recebe o valor do mesmo mês referente ao contrato da Cia. Montanhesa.

Tendo essas informações:
a) lance as operações em Razonetes;
b) levante o Balancete de Verificação de 31 de outubro de 2017;
c) apure o resultado de outubro e o transferiu para o Balanço Patrimonial;
d) levante o Balanço Patrimonial de 31 de outubro.

Resposta (lançamentos identificados com os números das operações e valores em reais - R$):

Caixa e Equivalentes			
(SI)	35.500,00	300,00	(2)
(9)	1.500,00	1.000,00	(4)
		500,00	(7)
	37.000,00	1.800,00	
(SF)	35.200,00		

Capital Social			
		70.000,00	(SI)
	0,00	70.000,00	
		70.000,00	(SF)

Móveis e Utensílios			
(SI)	7.000,00		
	7.000,00	0,00	
(SF)	7.000,00		

Terrenos			
(SI)	38.000,00		
	38.000,00	0,00	
(SF)	38.000,00		

Terrenos a Pagar			
		15.000,00	(SI)
	0,00	15.000,00	
		15.000,00	(SF)

Materiais			
(SI)	5.000,00	400,00	(3)
		700,00	(6)
	5.000,00	1.100,00	
(SF)	5.000,00		

Fornecedores			
		1.000,00	(SI)
	0,00	1.000,00	
		1.000,00	(SF)

Veículos			
(SI)	3.500,00	0,00	
	3.500,00		
(SF)	3.500,00		

Veículos a Pagar			
(4)	1.000,00	3.000,00	(SI)
	1.000,00	3.000,00	
		2.000,00	(SF)

Clientes			
(1)	2.000,00	1.500,00	(9)
(5)	1.500,00		
	3.500,00	1.500,00	
(SF)	2.000,00		

Receitas de Serviços			
		2.000,00	(1)
		1.500,00	(5)
(A)	3.500,00	3.500,00	

Custo de Serviços Prestados		
(3)	400,00	
(6)	700,00	
	1.100,00	

Despesas com Combustíveis		
(2)	300,00	
(7)	500,00	
	800,00	

Salários a Pagar			
		3.200,00	(8)
	0,00	3.200,00	
		3.200,00	(SF)

Despesas de salários		
(8)	3.200,00	

Balancete de Verificação em 31/10/2017

CONTAS DEVEDORAS		CONTAS CREDORAS	
Caixa e Equivalentes	35.200,00	Terrenos a Pagar	15.000,00
Clientes	2.000,00	Fornecedores	1.000,00
Materiais	3.900,00	Veículos a Pagar	2.000,00
Terrenos	38.000,00	Salários a Pagar	3.200,00
Móveis e Utensílios	7.000,00	Capital Social Integralizado	70.000,00
Veículos	3.500,00	Receitas de Serviços	3.500,00
Despesas de Salários	3.200,00		
Custos Serviços Prestados	1.100,00		
Despesas com Combustíveis	800,00		
Total dos Débitos	**94.700,00**	**Total dos Créditos**	**94.700,00**

Apuração de resultado de outubro e sua transferência ao Balanço Patrimonial

Receitas de serviços			
	2.000,00		(1)
	1.500,00		(5)
(A)	3.500,00	3.500,00	

Despesas de salários			
(8)	3.200,00		
	3.200,00	3.200,00	(D)

Custos de serviços prestados			
(3)	400,00		
(6)	700,00		
	1.100,00	1.100,00	(B)

Despesas com combustíveis			
(2)	300,00		
(7)	500,00		
	800,00	800,00	(C)

Apuração resultado de outubro			
(B)	1.100,00	3.500,00	(A)
(C)	800,00		
(D)	3.200,00		
	5.100,00	3.500,00	
	1.600,00	1.600,00	(E)

Prejuízo acumulado			
(E)	1.600,00		
	1.600,00	0,00	
(SF)	1.600,00		

Balanço Patrimonial em 31/10/2017

ATIVO		PASSIVO	
Caixa e equivalentes	35.200,00	Terrenos a pagar	15.000,00
Clientes	2.000,00	Fornecedores	1.000,00
Materiais	3.900,00	Veículos a Pagar	2.000,00
Terrenos	38.000,00	Salários a Pagar	3.200,00
Móveis e Utensílios	7.000,00	Total do Passivo	21.200,00
Veículos	3.500,00		
		Capital Social Integralizado	70.000,00
		Prejuízos Acumulados	(1.600,00)
		Patrimônio Líquido	68.400,00
Ativo Total	**89.600,00**	**Passivo + Patrimônio Líquido**	**89.600,00**

Questões para revisão

1. O que é Balancete de Verificação?

2. Qual é a utilidade do Balancete de Verificação e para que ele serve?

3. O Balancete de Verificação:
   a) deve ser levantado antes da apuração de resultado do período.
   b) deve ser levantado após a apuração de resultado do período.
   c) nada tem a ver com a apuração de resultado do período.
   d) já contém o resultado do período.

4. Com relação ao Balancete de Verificação, são feitas as seguintes afirmações:
   I. É um Balanço simplificado.
   II. Contém apenas contas patrimoniais.
   III. Os saldos de todas suas contas referem-se à data de sua elaboração.

   São falsas as afirmações:
   a) I e II.
   b) I e III.
   c) II e III.
   d) I, II e III.

5. O Balancete de Verificação destina-se a proporcionar a:
   a) conferência apenas do Balanço anterior a ele.
   b) conferência apenas do resultado anterior a ele.
   c) Apuração de resultado do período e sua posterior transferência ao Balanço Patrimonial.
   d) conferência do Balanço e resultado anteriores a ele.

Questões para reflexão

1. É possível apurar o resultado de um período sem antes levantar o Balancete de Verificação? Justifique.

2. Por que os totais do Balancete de Verificação são superiores aos totais do Balanço Patrimonial?

Para saber mais

Recomendamos a seguinte leitura:

IUDÍCIBUS, S. de; MARION, J. C. **Contabilidade comercial**: atualizado conforme Lei n. 11.638/07 e Lei n. 11.941/09. 9. ed. São Paulo: Atlas, 2010.

O livro discute em profundidade os temas abordados neste capítulo, contribuindo para complementar seu aprendizado.

A mensuração do resultado em empresas comerciais

6

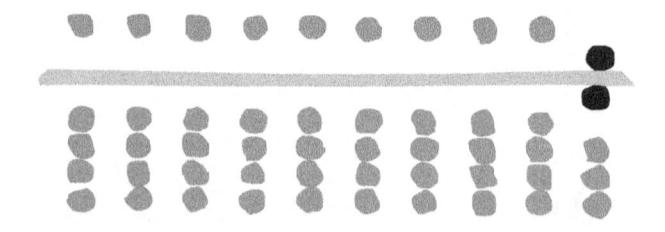

Conteúdos do capítulo:

- Atividade comercial e suas peculiaridades.
- Ciclo comercial.
- Receitas advindas do comércio.
- Inventário Periódico.
- Custo das Mercadorias Vendidas (CMV) com uso de Inventário Periódico.
- Apuração do Resultado com Mercadorias (RCM) com uso de Inventário Periódico.
- Fatos que alteram os valores de compras e vendas.
- Cálculo do CMV e RCM com inclusão dos fatos que alteram os valores de compras e vendas e com uso de Inventário Periódico.
- Inventário Permanente.
- Métodos de avaliação de estoques.
- Cálculo do CMV e RCM com inclusão dos fatos que alteram os valores de compras e vendas e com uso de Inventário Permanente.
- Tratamento das demais despesas.

Após o estudo deste capítulo, você será capaz de:

1. descrever o processo de apuração de resultados na atividade comercial;
2. distinguir Vendas Brutas de Vendas Líquidas;
3. calcular o CMV e apurar o RCM utilizando Inventários Periódicos;
4. diferenciar Inventários Periódicos de Inventários Permanentes;
5. aplicar os métodos de avaliação de estoques;
6. identificar os efeitos dos métodos de avaliação de estoques sobre o CMV e RCM;
7. diferenciar o Resultado Bruto do Resultado Líquido na atividade comercial.

Nos capítulos anteriores, tratamos da apuração de resultado de um período qualquer de forma mais genérica, tomando o resultado como a confrontação entre a soma das receitas e a soma das despesas: explicitamos que, quando esta é superada por aquela, há lucro; na hipótese contrária, há prejuízo. Nossa discussão, no entanto, prendeu-se mais à atividade de Serviços, porque, até este ponto do livro, era suficiente para fim de conceituação dos termos.

Uma vez esclarecidos os conceitos iniciais, neste capítulo demonstramos como os conceitos da contabilidade para apuração de resultado são aplicados em empresas comerciais. Para tanto, enunciamos a essência da atividade comercial, a fim de evidenciar os meios possíveis para realizar um acompanhamento contábil.

Em razão do caráter introdutório desta obra, não abordaremos questões de tributos incidentes sobre compras e vendas. Pelo mesmo motivo, neste capítulo daremos ênfase maior para a apuração do Resultado Bruto (aqui apresentado como Resultado com Mercadorias – RCM), do que para o Resultado Líquido.

6.1 A atividade comercial e suas peculiaridades

A atividade comercial consiste na contínua compra de mercadorias para posterior revenda, com objetivo de obter lucros. O comerciante caracteriza-se por ter no comércio sua atividade habitual, e não ocasional. A atividade é realizada de maneira organizada, empreendedora e profissional, como meio de sustento do empresário, de seus empregados e famílias, bem como de sobrevivência e progresso da empresa comercial.

A essência da atividade comercial é explicada pelo **ciclo comercial**, que consiste na continuada movimentação de mercadorias, as quais, em um primeiro momento, são adquiridas para formar estoques. Esses **estoques** de mercadorias são necessários para que o comerciante possa atender seus clientes, vendendo-lhes normalmente por preços superiores aos custos de aquisição.

Com a efetivação das vendas, os estoques diminuem. Consequentemente, há necessidade de o comerciante realizar novas compras para repor os estoques vendidos. É essa constante movimentação de entradas e saídas de mercadorias dos estoques que constitui o ciclo comercial, sobre o qual é fundamental esclarecer que:

a) as mercadorias compradas por um comerciante são vendidas aos clientes;

b) faz sentido que os preços pelos quais se revendem as mercadorias sejam superiores aos custos de aquisição;

c) não há por parte do comerciante qualquer transformação nos itens comprados para revenda, portanto ele vende exatamente aquilo que comprou.

6.2 Receitas advindas do comércio

Nos capítulos anteriores, definimos *receitas* como acréscimos patrimoniais decorrentes de ganhos originados por algum evento que proporcione a terceiros benefícios aos quais é atribuído um valor de comum acordo entre as partes. Por serem beneficiados, os terceiros consideram justo remunerar aquele que fez por merecer tais ganhos e, portanto, obteve a receita.

Na atividade de serviços, conforme já mencionado, as receitas decorrem de prestação de serviços em geral.

Na mesma linha de raciocínio, é perfeitamente compreensível que alguém que empreste seu dinheiro obtenha receitas de juros por ter cedido o uso de seu dinheiro a um terceiro, que passa a ter o direito de utilizar esse dinheiro durante o período pelo qual a operação financeira é combinada entre as partes. Se aquele que emprestou o dinheiro tem receitas de juros, aquele que tomou o dinheiro emprestado tem despesas de juros.

Outra situação de simples entendimento é o caso das receitas de aluguel. Se alguém cede o direito de uso de um imóvel sem deixar de ser seu proprietário, permitirá que o inquilino desfrute desse imóvel durante o tempo do contrato que rege essa relação entre as partes. Àquele, chamamos locador; a este, locatário. O locador, que continua dono do imóvel, tem receitas de aluguel; o locatário, por sua vez, tem despesas de aluguel.

Na atividade comercial, a receita de revenda surge pela venda, ou seja, pela cessão definitiva das mercadorias antes compradas. A **receita de revenda** (ou simplesmente venda) decorre do valor cobrado ao cliente em razão do lote de mercadorias vendido. Ela é calculável como o produto entre o preço unitário de cada mercadoria vendida e a respectiva quantidade vendida.

O comerciante registra a receita a crédito em sua demonstração de resultado, e a contrapartida será a conta Caixa, caso receba imediatamente, ou a conta Clientes, se o recebimento ocorrer em época futura. Por outro lado, o comerciante deixa de ser dono das mercadorias vendidas, cujo valor deve ser então creditado da conta Estoques e lançado como Custo das Mercadorias Vendidas (CMV). Para proceder dessa forma, o comerciante deverá ter o controle de seus estoques.

Tal controle, denominado Inventário Permanente, é feito por meio do acompanhamento de todas as entradas e saídas de todas as mercadorias simultaneamente às suas efetivas ocorrências.

Inventários Permanentes, de acordo com Iudícibus et al. (2011), demandam sistemas de informações que implicam custos nem sempre viáveis para empreendimentos de pequeno porte. A alternativa para quando não houver Inventários Permanentes são os Inventários Periódicos, sobre os quais comentaremos na próxima seção.

6.3 Inventários Periódicos

Inventários Periódicos são meios de levantar o valor de estoques de mercadorias de maneira mais simples e sem implicar o acompanhamento simultâneo às ocorrências de entradas e saídas de mercadorias pela contabilidade. Por isso, conforme Iudícibus et al. (2011), dizemos que, com Inventários Periódicos, os valores dos estoques são apurados extracontabilmente.

Quando adotamos Inventários Periódicos, os valores dos estoques são determinados com base na contagem física de cada tipo diferente de mercadoria que esteja em estoque na data da contagem. Uma vez sabida a quantidade de cada item existente em estoque, essa quantidade é multiplicada pelo último valor líquido de aquisição do mesmo item com base na nota fiscal e, dessa forma, atribuído o valor à quantidade existente daquele item. O somatório dos valores dos itens existentes em estoques de mercadorias será considerado o valor dos estoques por meio de Inventários Periódicos para a data em que foi executado o levantamento.

Suponha que na Empresa Qualquer Ltda., em 31 de dezembro de 2016, existiam quantidades de mercadorias A, B e C cujos correspondentes últimos custos de aquisição fossem os expressos na Tabela 6.1.

Tabela 6.1 – Avaliação de estoques da Empresa Qualquer Ltda. em 31/12/2016 (R$)

MERCADORIA	QUANTIDADE (1)	ÚLTIMO CUSTO (2)	VALOR (1) × (2)
A	2.300	3,00	6.900,00
B	1.500	5,00	7.500,00
C	800	9,00	7.200,00
Totais			21.600,00

Nota: O valor (1) × (2) refere-se à multiplicação de (1) quantidade por (2) último custo.

Com a adoção de Inventários Periódicos, a avaliação dos estoques dessa empresa em 31 de dezembro foi de R$ 21.600,00, total válido exclusivamente para essa data, quando foram contadas as quantidades físicas de cada tipo de mercadoria e posteriormente avaliadas, cada qual com base nos últimos custos de aquisição. Note que essa avaliação foi realizada sem o concurso de qualquer lançamento na contabilidade.

Quando utilizamos Inventários Periódicos, as avaliações de estoques somente são possíveis do modo como descrevemos nesse exemplo, ou seja, com base em contagens físicas das mercadorias. Do contrário, não há como sabermos os valores existentes em estoques. Na situação mostrada no exemplo, só é possível obter novo valor para os estoques de mercadorias se feita nova contagem de todos os itens que estiverem na empresa nessa data.

Até que se faça nova contagem física dos estoques, não há como avaliá-los. Ressaltamos também que, se não houver acompanhamento das saídas de mercadorias, não é possível especificar para cada venda efetuada seu respectivo custo da mercadoria vendida. Quando se adotam Inventários Periódicos, não há acompanhamento de entradas e saídas de mercadorias e seus respectivos valores. Nessa situação, a contabilidade não atualiza os valores dos estoques a cada movimentação.

Suponhamos que na mesma empresa em que foram avaliados os estoques em 31 de dezembro de 2016, seja efetivada nova avaliação dos estoques em 31 de dezembro de 2017, conforme os dados apresentados na Tabela 6.2.

Tabela 6.2 – Avaliação de estoques da Empresa Qualquer Ltda. em 31/12/2017 (R$)

MERCADORIA	QUANTIDADE (1)	ÚLTIMO CUSTO (2)	VALOR (1) × (2)
A	2.000	3,20	6.400,00
B	1.100	5,00	5.500,00
C	300	10,00	3.000,00
Totais			14.900,00

Nota: O valor (1) × (2) refere-se à multiplicação de (1) quantidade por (2) último custo.

Observe que o valor total dos estoques da empresa Qualquer Ltda. ao final do ano é o resultado do somatório dos valores apurados para as mercadorias A, B e C, com base nas quantidades existentes de cada uma na data e avaliadas por seus respectivos últimos custos de aquisição.

6.4 Cálculo do custo das mercadorias vendidas (CMV) com uso de Inventário Periódico

Suponhamos que, na Empresa Qualquer Ltda., que tomamos como exemplo, fossem vendidas todas as unidades das mercadorias A, B e C, existentes em quantidades idênticas no estoque em 31 de dezembro de 2016 e que esse estoque não fosse mais reposto para futuras vendas. Nesse caso, o custo das mercadorias vendidas corresponderia exatamente ao valor dos estoques naquela data, ou seja, R$ 21.600,00.

A forma de a empresa obter mais mercadorias para vender é por meio de novas compras. Portanto, à medida que, ao longo de 2017, a empresa efetua compras das mercadorias A, B e C, ela renova suas condições de atender a novas vendas. Se durante esse ano a empresa adquire mercadorias no valor total de R$ 350.000,00 e no mesmo ano vende todas essas mercadorias compradas, além dos estoques iniciais, o CMV equivale à soma dos estoques iniciais (EI) mais as compras (C). Nessa situação, evidentemente não há estoques finais, e o CMV corresponde a EI + C = R$ 21.600 + R$ 350.000 = R$ 371.600.

É importante atentarmos para um detalhe que facilita muito o controle e a apuração do CMV com a utilização de Inventários Periódicos: não há necessidade de se especificar as compras de acordo com os tipos de mercadorias adquiridas (A, B ou C) e suas respectivas quantidades. Basta saber o valor financeiro das compras, obtido pela simples soma das que foram feitas durante 2017.

Todavia, se ao final do exercício, ficar constatado que nem todas as mercadorias foram vendidas, isso significa que restaram estoques. Recorrendo à mesma situação do exemplo anterior (conforme Tabela 6.2), em que o estoque final (EF) de mercadorias de 2017 foi avaliado em R$ 14.900,00, depreendemos que esse valor, que corresponde às mercadorias não vendidas, deve ser excluído, para efeito do cálculo do CMV.

O CMV é, então, calculado com base na seguinte fórmula:

$$CMV = EI + C - EF$$

Para nosso exemplo, o CMV é igual a R$ 21.600,00 + R$ 350.000,00 − R$ 14.900,00 = R$ 356.700,00.

Observe que também para efeito do cálculo do CMV não há necessidade de especificar o valor dos estoques de cada tipo de mercadoria. Contudo, isso tem a seguinte consequência: a obtenção do CMV por meio de Inventários Periódicos mostra apenas o valor do custo das mercadorias vendidas para todo o período, sem possibilidade de especificar o custo de cada uma das vendas efetuadas nesse ínterim.

Os Inventários Periódicos podem ser utilizados também para intervalos de tempo menores. Nesse caso, há necessidade de promover mais de uma avaliação extracontábil de estoques durante o ano, e tanto menor poderá ser o período quanto mais contagens físicas de mercadorias para efeito de avaliação de estoques forem executadas no decorrer do ano.

O raciocínio do CMV com Razonetes utiliza a conta Mercadorias – em que são apontados os valores dos estoques iniciais e dos estoques finais nas respectivas datas das avaliações extracontábeis – e a conta Compras – em que são acumuladas todas as compras que vão ocorrem ao longo do período para o qual se faz a apuração do CMV.

Os dados da conta Mercadorias (EI e EF) e o saldo da conta Compras são transferidos para a conta CMV. Recorrendo ao mesmo exemplo da Empresa Qualquer Ltda., teríamos uma situação conforme expresso na Figura 6.1.

Figura 6.1 – Exemplo de apuração do CMV utilizando Razonetes (R$)

Mercadorias			Compras			CMV			
EI 21.600,00	21.600,00	(1)	SF 350.000,00	350.000,00	(2)	(1) 21.600,00	14.900,00	EF	
EF 14.900,00						(2) 350.000,00			
						371.600,00	14.900,00		
						356.700,00			

Notas: EI – Estoques Iniciais em 31/12/2016;
SF – Saldo Final de Compras do ano de 2017;
(1) – Transferência dos estoques iniciais para CMV;
(2) – Transferência de compras para CMV;
EF – Estoques Finais lançados em 31/12/2017 a débito de mercadorias e crédito de CMV.

Observe que a conta Mercadorias tem seu saldo determinado unicamente por meio das contagens físicas dos estoques e posteriores avaliações, o que ocorre somente nessas ocasiões, sem que haja um acompanhamento dos estoques entre as datas de suas avaliações. As entradas de mercadorias são todas contabilizadas na conta Compras, que é encerrada na apuração do CMV.

6.5 Cálculo do resultado com mercadorias (RCM) com uso de Inventário Periódico

O Resultado com Mercadorias (RCM) consiste na diferença entre o valor das vendas e do CMV das mercadorias, ou seja, é o valor resultante da diferença entre as avaliações dessas mercadorias a preços de vendas e seus respectivos custos.

Voltemos ao exemplo da Empresa Qualquer Ltda. Suponhamos que o valor total das vendas no ano de 2017 tenha sido de R$ 633.200,00. Nesse caso, o RCM corresponderia à diferença entre vendas (V) e o CMV, ou seja, R$ 633.200,00 – R$ 356.700,00 = R$ 276.500,00.

O RCM é calculável de acordo com a seguinte fórmula:

$$RCM = V - CMV$$

Utilizemos Razonetes para mostrar a lógica contábil do RCM. Apresentamos na Figura 6.2 como isso se aplicaria à Empresa Qualquer Ltda.

Figura 6.2 – Apuração do RCM utilizando Razonetes (R$)

Vendas		CMV			RCM		
(A) 633.200,00	633.200,00	(EI) 21.600,00 350.000,00	14.600,00	(EF)	(B) 356.700,00	633.200,00	(A)
		371.600	14.900,00		356.700,00	633.200,00	
		356.700,00	356.700,00	(B)		276.500,00	

Observe que tanto a conta Vendas como a conta CMV foram encerradas e não serão mais utilizadas, uma vez que seus saldos foram transferidos para o RCM.

6.6 Fatos que alteram os valores de compras e de vendas

Quando são utilizados os valores de compras e de vendas nos cálculos de CMV e RCM, respectivamente, o pressuposto é que seus valores já sejam líquidos dos efeitos de alguns fatos que devem ser ajustados. O valor das vendas líquidas deve corresponder ao valor das vendas que de fato traga benefícios à empresa. Já as compras líquidas devem refletir o valor realmente empregado para adquirir as mercadorias.

Em virtude da natureza introdutória desta obra, os tributos incidentes sobre vendas e compras – os quais, na maioria das vezes, alteram o valor de vendas líquidas e de compras líquidas – não serão objeto deste capítulo. Portanto, admitamos sua não inclusão como ponto de partida.

Basicamente, há três fatos que podem alterar o valor das vendas brutas (valor inicial resultante da quantidade de mercadorias vendidas multiplicada pelos seus respectivos preços de venda) para vendas líquidas (valor após as deduções de vendas):

1. devolução de vendas;
2. abatimentos sobre vendas;
3. descontos comerciais concedidos.

Na contabilidade, há uma conta para representar cada um dos três fatos mencionados acima e acumular seus valores a cada período.

Esses mesmos três fatos podem ocorrer também de modo a alterar o valor de compras brutas (valor inicial resultante da quantidade de mercadorias compradas multiplicada pelos seus respectivos preços de aquisição) para compras líquidas.

Devolução de compras, abatimentos sobre compras e descontos comerciais obtidos são enquadradas em contas específicas e agrupadas na cateroria Deduções de Compras. No caso das compras, há também um fato que aumenta seu valor. São os Fretes sobre Compras, cujo valor acumulado na respectiva conta deve ser transferido para Compras Líquidas, elevando seu valor.

Cada um dos fatos modificadores dos valores de compras e vendas serão abordados em maior profundidade nas duas seções seguintes.

6.7 Deduções de Vendas e Vendas Líquidas

Os três fatos que podem alterar o valor das vendas brutas (resultado de preço unitário × quantidades vendidas) para vendas líquidas, conforme vimos na seção anterior, são devolução de vendas; abatimentos sobre vendas; descontos comerciais concedidos.

Cada um desses fatos tem sua explicação e deve ser acompanhado mediante uma conta específica, para não ser confundido com os outros, de modo que a contabilidade possa ser utilizada como importante fonte de acompanhamento e controle da *performance* das vendas.

O conjunto desses três eventos é entendido como Deduções de Vendas e não deve ser confundidos com Despesas. Apesar de as Deduções de Vendas serem lançadas a débito (o que pode motivar a aludida confusão com Despesas), elas têm natureza bastante distinta das outras, pois são apenas ajustes necessários para chegar ao valor das vendas que efetivamente vai contribuir para fazer frente a todas as despesas que existirem no mesmo período.

> As **vendas líquidas**, são obtidas ao deduzirem-se esses fatos das vendas brutas.

6.7.1 Devoluções de vendas

Quando uma empresa faz vendas a seus clientes e entrega as mercadorias, cabe aos clientes, após conferência, aceitar ou não esses produtos, parcial ou integralmente. Na hipótese de parte das vendas não estar de acordo com o que havia sido combinado, o cliente pode devolver à empresa essas mercadorias.

Uma vez ocorrida a devolução de vendas, ela deve ser registrada. Por isso, na contabilidade precisa existir uma conta específica com esse título, na qual o valor de cada venda devolvida é debitado. O crédito depende de a venda ter sido à vista (situação em que será executado na conta Caixa e Equivalentes) ou a prazo (quando seu registro se dá a crédito de Clientes).

Suponhamos que exista devolução de vendas no valor de R$ 300,00, sobre uma venda à vista no valor de R$ 5.200,00. A conta Devolução de Vendas deve ser debitada em R$ 300,00, com o crédito recaindo sobre a conta Caixa, pois a empresa já teria recebido o valor das vendas, portanto, o correto é devolver o dinheiro ao comprador.

A Figura 6.3 ilustra a situação ora descrita, por meio da partida de diário correspondente à transação e também de seu lançamento em Razonetes e suas consequências.

Figura 6.3 – Dedução de Vendas à vista (R$)

Devolução de Vendas	
a Caixa	300,00

	Vendas Brutas				Caixa				Devolução de Vendas		
(3)	5.200,00	5.200,00	(1)	(1)	5.200,00	300,00	(2)	(2)	300,00	300,00	(4)

	Vendas Líquidas		
(4)	300,00	5.200,00	(3)
		4.900,00	

Conforme verificamos na Figura 6.3, as vendas brutas de R$ 5.200,00 ficaram reduzidas para vendas líquidas de R$ 4.900,00, considerando que houve devolução de vendas de R$ 300,00.

Caso a Devolução de Vendas fosse no valor de R$ 200,00 e relativa a uma venda a prazo de R$ 3.600,00, a partida de diário e os lançamentos em Razonetes dessa operação seriam conforme mostrados na Figura 6.4.

Figura 6.4 – Dedução de vendas a prazo (R$)

Devolução de Vendas a Clientes											200,00

	Vendas Brutas				Caixa				Devolução de Vendas		
(3)	3.600,00	3.600,00	(1)	(1)	3.600,00	200,00	(2)	(2)	200,00	200,00	(4)

	Vendas Líquidas		
(4)	200,00	3.600,00	(3)
		3.400,00	

De acordo com a Figura 6.4, as vendas brutas de R$ 3.600,00 ficam reduzidas a vendas líquidas de R$ 3.400,00, considerando que houve devolução de vendas no valor de R$ 200,00.

6.7.2 Abatimentos sobre vendas

Abatimentos sobre vendas são valores que o vendedor deduz do total de suas vendas brutas como meio de negociação para evitar devolução de vendas. Quando o comprador manifesta insatisfação com relação às mercadorias que adquiriu, o vendedor pode oferecer abatimento como forma de fazer com que seu cliente as aceite.

Suponhamos, por exemplo, que um comprador pede 120 camisetas, sendo 20 de cada cor, entre 6 tonalidades especificadas. Ao receber as mercadorias e conferi-las, o comprador constata que, de fato, foram-lhe entregues 120 camisetas, mas 30 de cada cor, abrangendo apenas 4 das cores que haviam sido solicitadas. A primeira reação do comprador é devolver 40 camisetas, pois pedira apenas 20 de cada cor. Para compensar sua falha, o vendedor oferece um abatimento, de modo a tentar tornar conveniente ao comprador aceitar as mercadorias tal como foram enviadas. Situações que envolvem diferenças de tamanho, especificações incorretas e mesmo pequenos defeitos podem justificar a concessão de abatimentos pelo vendedor.

Analogamente às devoluções, também os abatimentos sobre o preço das vendas reduzem seu valor e, portanto, a conta que os representa deve ser debitada quando de sua ocorrência. O crédito de contrapartida é feito na conta Caixa, se a venda associada ao abatimento é à vista, ou na conta Clientes, na hipótese de a venda ser a prazo.

Se, por exemplo, numa venda à vista no valor de R$ 2.500,00 fosse concedido um abatimento de R$ 200,00, a partida de diário e os lançamentos em Razonetes da operação seriam realizados conforme a Figura 6.5.

Figura 6.5 – Abatimento sobre vendas à vista (R$)

Abatimento sobre Vendas a Caixa											200,00

	Vendas Brutas				Caixa				Abatimento sobre Vendas		
(3)	2.500,00	2.500,00	(1)	(1)	2.500,00	200,00	(2)	(2)	200,00	200,00	(4)

	Vendas Líquidas		
(4)	200,00	2.500,00	(3)
		2.300,00	

Como verificamos, as vendas brutas de R$ 2.500,00 ficam reduzidas a vendas líquidas de R$ 2.300,00, considerando que houve abatimento sobre vendas de R$ 200,00.

Caso a venda seja a prazo e no valor de R$ 2.000,00, com posterior abatimento de R$ 100,00, o crédito de contrapartida é feito na conta Clientes, de forma que a partida de diário e os lançamentos em Razonetes da operação são feitos conforme a Figura 6.6.

Figura 6.6 – Abatimento sobre vendas a prazo (R$)

Abatimento sobre Vendas a Clientes											100,00

	Vendas Brutas				Clientes				Abatimento sobre Vendas		
	2.000,00		(1)	(1)	2.000,00	100,00	(2)	(2)	100,00	100,00	(4)

	Vendas Líquidas		
(4	100,00	2.000,00	(3)
		1.900,00	

As vendas brutas de R$ 2.000,00, foram reduzidas a vendas líquidas de R$ 1.900,00, uma vez que houve abatimento sobre vendas de R$ 100,00.

6.7.3 Descontos comerciais concedidos

Os descontos comerciais são oferecidos pelo vendedor sem que o cliente necessite realizar qualquer procedimento ou cumprir alguma condição. Por isso, esse tipo de desconto é conhecido como incondicional.

Ao contrário dos abatimentos oferecidos com a finalidade de corrigir eventuais problemas e evitar devoluções de vendas, os descontos comerciais são concedidos de forma antecipada e voluntária pelo vendedor. Note, também, que o abatimento acontece sempre após a venda, enquanto o desconto é oferecido no ato da venda, de forma voluntária.

Os descontos comerciais podem ser oferecidos por diversos motivos. Por exemplo:

- o cliente é preferencial;
- o cliente está comprando um grande lote de mercadorias e/ou de alto valor;

- a venda envolve mercadorias mais difíceis de comercializar;
- a venda é realizada durante um evento promocional;
- o vendedor visa ampliar mercado ou vencer a concorrência.

Por terem eles características completamente distintas daquelas dos abatimentos, é necessário que exista uma conta específica para relacionar os descontos comerciais concedidos, ainda que os efeitos sentidos sobre as vendas e suas contrapartidas sejam os mesmos.

Assim como as devoluções e os abatimentos sobre vendas, também os descontos comerciais concedidos reduzem o valor total das vendas e por isso a conta que os representa deve ser debitada. O crédito de contrapartida é feito na conta Caixa, se a venda associada ao desconto é à vista, ou na conta Clientes, na hipótese de a venda ser realizada a prazo.

Por exemplo, numa venda à vista no valor de R$ 6.500,00 é concedido um abatimento de R$ 500,00, a partida de diário e os lançamentos em Razonetes correspondentes à operação devem ser realizados conforme a Figura 6.7.

Figura 6.7 – Desconto comercial concedido sobre vendas à vista (R$)

Desconto comercial concedido a Caixa											200,00

	Vendas Brutas				Caixa				Desconto Comercial Concedido		
(3)	6.500,00	6.500,00	(1)	(1)	6.500,00	500,00	(2)	(2)	500,00	500,00	(4)

	Vendas Líquidas		
(4)	500,00	6.500,00	(3)
		6.000,00	

As vendas brutas de R$ 6.500,00 transformam-se em vendas líquidas de R$ 6.000,00, uma vez que houve desconto comercial concedido de R$ 500,00.

Em uma venda a prazo no valor de R$ 8.000,00, com desconto comercial obtido de R$ 1.000,00, o crédito de contrapartida deve ser lançado na conta Clientes. A partida de diário e os lançamentos em Razonetes da operação podem ser explicados conforme a Figura 6.8.

Figura 6.8 – Desconto comercial concedido sobre vendas a prazo (R$)

Desconto comercial concedido a Clientes											1.000,00

	Vendas Brutas				Clientes				Desconto Comercial Concedido		
(3)	8.000,00	8.000,00	(1)	(1)	8.000,00	1.000,00	(2)	(2)	1.000,00	1.000,00	(4)

	Vendas Líquidas		
(4)	1.000,00	8.000,00	(3)
		7.000,00	

As vendas brutas de R$ 8.000,00 reduzem-se a vendas líquidas de R$ 7.000,00, porque houve desconto comercial concedido de R$ 1.000,00.

6.8 Deduções e acréscimos de compras e compras líquidas

De modo análogo ao que expusemos na Seção 6.7, também três fatos podem alterar o valor das compras brutas (resultado de preço unitário × quantidades compradas), quando calculamos o valor parcial de compras líquidas. São eles:

1. devolução de compras;
2. abatimentos sobre compras;
3. descontos comerciais obtidos.

Cada um desses fatos tem sua explicação e deve ser acompanhado mediante uma conta específica, para não ser confundido com os outros, de modo que a contabilidade possa ser utilizada como importante fonte de acompanhamento e controle da *performance* das compras.

O conjunto desses três eventos é entendido como Deduções de Compras, e seus valores devem ser deduzidos das compras brutas para se chegar ao valor efetivo das compras, ou seja, às compras líquidas.

Apesar de todas elas serem lançadas a crédito, as deduções de compras têm natureza bastante distinta umas das outras e por isso é preciso haver uma conta para, isoladamente, acompanhar cada uma delas.

No caso particular das compras, podem existir eventos que ocasionem acréscimos no valor de compras líquidas, pois eles se constituem como complementos necessários para que as mercadorias fiquem à disposição da empresa compradora. A situação mais habitual é a do frete sobre compras. Quando ele fica a cargo do comprador, é indispensável para as mercadorias chegarem até o seu destino. Por isso, seu valor deve ser adicionado ao das compras líquidas.

Embora, de acordo com Martins (2010), seguros sobre compras e impostos não recuperáveis sobre as compras também sejam eventos cujos valores devam ser acrescidos às compras líquidas, não trataremos deles neste livro, pois o tema ultrapassa o nível introdutório a que nos propomos.

> As compras líquidas resultam do valor de compras brutas menos as deduções sobre compras e adições ao valor de compras.

6.8.1 Devoluções de compras

Os eventos que ocorrem em relação a vendas produzem também efeitos para o comprador. Quando uma empresa faz compras e recebe as mercadorias, deve conferi-las. Nesse momento, ela pode recusar parcial ou integralmente os itens recebidos, caso não estejam de acordo como o que havia sido combinado com o fornecedor, e devolvê-los.

Ocorrendo a devolução de compras, o fato deve ser registrado. Por isso, na contabilidade precisa existir uma conta específica com esse título, na qual o valor de cada compra devolvida possa ser creditado. O débito, em contrapartida, depende de a compra ter sido à vista (situação em que é executado na conta Caixa e Equivalentes) ou a prazo (quando seu registro se dá a crédito de Fornecedores).

Suponhamos que exista devolução de compras no valor de R$ 400,00, sobre uma compra à vista no valor de R$ 3.200,00. A conta Devolução de Compras deve ser creditada em R$ 400,00, com o débito executado na conta Caixa, pois as compras já tinham sido pagas, portanto o correto é receber o estorno do valor.

A Figura 6.9 representa essa situação hipotética, com a partida de diário correspondente à transação e também seu lançamento em Razonetes.

Figura 6.9 – Devolução de compras à vista (R$)

Caixa
a Devolução de Compras   400,00

	Compras Brutas					Caixa					Devolução de Compras		
(1)	3.200,00	3.200,00	(3)		(2)	400,00	3.200,00	(1)		(4)	400,00	400,00	(2)

	Compras Líquidas		
(3)	3.200,00	400,00	(4)
	2.800,00		

A Figura 6.9 mostra que as compras brutas de R$ 3.200,00 se reduzem a compras líquidas de R$ 2.800,00, porque houve devolução de compras no valor de R$ 400,00. Dado que a compra fora feita à vista, a redução do valor efetivamente pago corresponde ao débito de R$ 400,00 na conta Caixa.

No caso de uma devolução de compras fosse no valor de R$ 300,00 e relativa a uma compra a prazo de R$ 3.800,00, a partida de diário e os lançamentos em Razonetes dessa operação corresponderiam ao que apresentamos na Figura 6.10.

Figura 6.10 – Exemplo de devolução de compras a prazo (R$)

Fornecedores
a Devolução de Compras   300,00

	Compras Brutas					Fornecedores					Devolução de Compras		
(1)	3.800,00	3.800,00	(3)		(2)	300,00	3.800,00	(1)		(4)	300,00	300,00	(2)

	Compras Líquidas		
(3)	3.800,00	300,00	(4)
	3.500,00		

A Figura 6.10 evidencia que as compras brutas de R$ 3.800,00 caem para compras líquidas de R$ 3.500,00, em razão da devolução de compras em R$ 300,00. Em virtude de a compra ter sido feita a prazo, a redução do valor efetivamente pago corresponde ao débito de R$ 300,00 na conta Fornecedores.

6.8.2 Abatimentos sobre compras

Abatimentos sobre compras ocorrem quando há insatisfação por parte do comprador com relação às mercadorias entregues pelo vendedor, por não estarem em conformidade com o pedido.

O abatimento surge como forma negociada, normalmente proposta pelo vendedor, para que seu cliente aceite as mercadorias como lhe foram transferidas. O comprador, nesse caso, tem reduzido o valor total de sua compra, seja à vista ou a prazo.

Por serem redutores dos valores de compras, os abatimentos geram contas de saldo credor, e o débito de contrapartida depende da condição em que foi realizada a compra para a qual foi obtido o abatimento, o qual deve ser registrado na conta Caixa, indicando diminuição do valor pago para compras à vista; e na conta Fornecedores, mostrando redução da dívida específica relacionada à compra para a qual se obteve o desconto.

Em uma compra à vista no valor de R$ 5.000,00, que, por posteriores discordâncias relativas às mercadorias recebidas, justifica o comprador obteve um abatimento de R$ 700,00, os lançamentos decorrentes da transação devem ser indicados como na Figura 6.11.

Figura 6.11 – Abatimento sobre compras à vista (R$)

Caixa a Abatimento sobre Compras										
										700,00

	Compras Brutas				Caixa				Abatimentos sobre Compras	
(1)	5.000,00	5.000,00	(3)	(2)	700,00	5.000,00	(1)	(4)	700,00	700,00	(2)

	Compras Líquidas		
(3)	5.000,00	700,00	(4)
	4.300,00		

Na Figura 6.11, verificamos que as compras brutas de R$ 5.000,00 caem para compras líquidas de R$ 4.300,00, em virtude do abatimento sobre compras de R$ 700,00. Em razão de a compra ter sido feita à vista, a redução do valor efetivamente pago corresponde ao débito de R$ 700,00 na conta Caixa.

Para simular a situação de um abatimento obtido sobre compras a prazo, imaginemos uma compra no valor de R$ 4.100,00, sobre o qual o comprador obtém um abatimento de R$ 600,00 em decorrência de as mercadorias recebidas estarem em desacordo com o que havia sido combinado entre as partes. A Figura 6.12 ilustra essa transação.

Figura 6.12 – Abatimento sobre compras a prazo (R$)

Fornecedores	
a Abatimento sobre Compras	700,00

Compras Brutas				Fornecedores				Abatimentos sobre Compras			
(1)	4.100,00	4.100,00	(3)	(2)	600,00	4.100,00	(1)	(4)	600,00	600,00	(2)

Compras Líquidas			
(3)	4.100,00	600,00	(4)
	3.500,00		

Fica evidenciado que o abatimento de R$ 600,00 obtido sobre as compras a prazo de R$ 4.100,00 provocou a redução do valor de compras líquidas para R$ 3.500,00, o mesmo efeito que existe na conta Fornecedores, indicando redução da dívida correspondente em R$ 600,00.

6.8.3 Descontos comerciais obtidos

Os descontos comerciais são oferecidos pelo vendedor sem que o comprador necessite realizar qualquer procedimento ou obedecer a alguma condição. Por isso esse tipo de desconto é conhecido como *incondicional*, pois é concedido de forma antecipada e voluntária pelo vendedor, por ocasião da venda.

Como explicado na Seção 6.7.3, existem diversas razões pelas quais um vendedor pode oferecer descontos comerciais. Por exemplo:

- o cliente é preferencial;
- o cliente está comprando um grande lote de mercadorias e/ou de alto valor;
- a venda envolve mercadorias mais difíceis de comercializar;
- a venda é realizada durante um evento promocional;
- o vendedor visa ampliar mercado ou vencer a concorrência.

Os descontos comerciais são concedidos pela parte vendedora, e o comprador é aquele que os obtêm. Por isso, são classificados como *descontos comerciais obtidos*. Por diferenciarem-se completamente dos abatimentos, é necessário gerar uma conta específica para registrá-los.

Assim como as devoluções de compras e os abatimentos sobre compras, os descontos comerciais obtidos reduzem o valor de compras, e a conta que os representa deve ser creditada. O débito de contrapartida deve ser feito na conta Caixa, se a venda associada ao desconto é efetuada à vista; ou na conta Fornecedores, se a compra é feita a prazo.

No caso de uma compra à vista no valor de R$ 6.000,00 e no ato em que o comprador obtém um desconto comercial de R$ 1.000,00, os lançamentos decorrentes da transação devem ser feitos conforme representados na Figura 6.13.

Figura 6.13 – Descontos comerciais obtidos sobre compra à vista (R$)

Fornecedores		
a Descontos Comerciais Obtidos		500,00

	Compras Brutas				Caixa				Desconto Comercial Obtido	
(1)	6.000,00	6.000,00	(3)	(2)	1.000,00	6.000,00	(1)	(4)	1.000,00	1.000,00	(2)

	Compras Líquidas		
(3)	6.000,00	1.000,00	(4)
	5.000,00		

O desconto comercial obtido no valor de R$ 1.000,00 sobre as compras à vista de R$ 6.000,00 reduz o valor das compras líquidas para R$ 5.000,00 – mesmo efeito existente na conta Caixa pela redução de R$ 1.000,00 do valor pago.

Quando um comprador obtém desconto comercial de R$ 500,00 sobre uma compra a prazo no valor de R$ 2.800,00, os registros contábeis devem ser registrados como apresentamos na Figura 6.14.

Figura 6.14 – Descontos comerciais obtidos sobre compras a prazo (R$)

Fretes sobre Compras		
a Caixa		200,00

	Compras Brutas				Fornecedores				Descontos Comerciais Obtidos	
(1)	2.800,00	2.800,00	(3)	(2)	500,00	2.800,00	(1)	(4)	500,00	500,00	(2)

	Compras Líquidas		
(3)	2.800,00	500,00	(4)
	2.300,00		

Podemos perceber que o efeito do desconto comercial obtido de R$ 500,00 sobre as compras a prazo de R$ 2.800,00 reduz o valor de compras líquidas para R$ 2.300,00. O mesmo efeito se dá na conta Fornecedores, representado pela redução de R$ 500,00 no valor da dívida para com fornecedores.

6.8.4 Fretes sobre compras

Os Fretes sobre compras são encargos adicionais necessários para que as mercadorias cheguem ao comprador, no local onde precisam estar para que possam ser posteriormente revendidas pelo comerciante. Os valores dos fretes devem ser acrescentados aos das compras líquidas, independentemente de estes já terem sido pagos.

Ao contrário de outros fatos que agem como redutores do valor de compras, o frete aumenta o custo das compras. À medida que o valor debitado na conta que o representa seja transferido para Compras Líquidas, mostra que há acréscimo nessa conta. A Figura 6.15 exemplifica um frete no valor de R$ 200,00 pago no ato sobre uma compra à vista no valor de R$ 4.800,00.

Figura 6.15 – Fretes pagos sobre compras à vista (R$)

Compras Brutas				Caixa			Fretes sobre compras			
(1)	4.800,00	4.800,00	(3)	4.800,00	(1)	(2)	200,00	200,00	(4)
				200,00	(2)				

Compras Líquidas		
(3)	4.800,00	
(4)	200,00	
	5.000,00	

A transferência do saldo de R$ 200,00, correspondente a Fretes sobre Compras, para Compras Líquidas modifica o valor desta para R$ 5.000,00. O mesmo efeito acontece sobre a conta Caixa, pelo pagamento adicional do frete.

Em caso de frete a pagar no valor de R$ 300,00, por exemplo, sobre compras a prazo de R$ 4.200,00, os registros deveriam ser como os apresentados na Figura 6.16.

Figura 6.16 – Fretes a pagar sobre compras a prazo (R$)

Compras Brutas				Fornecedores		Frete sobre Compras			
(1)	4.200,00	4.200,00	(3)	4.200,00	(1)	(2)	300,00	300,00	(4)

Compras Líquidas			Fretes sobre Compras a Pagar	
(1)	4.200,00		300,00	(2)
(4)	300,00			
	4.500,00			

Observe que tanto as compras quanto os fretes sobre elas são registrados com suas respectivas contrapartidas em separado, o que nos mostra que podem ser eventos independentes e complementares, gerando dívidas com diferentes agentes. Do mesmo modo, quando pago imediatamente, o valor de R$ 300,00, correspondente a Frete sobre Compras, é transferido para Compras Líquidas, modificando o valor desta conta para R$ 4.500,00.

Note que os lançamentos relativos aos ajustes necessários para alcançar os valores de compras líquidas poderiam ser feitos diretamente na conta Compras. Contudo, optamos por utilizar uma conta específica neste livro, a fim de compreendermos adequadamente o conceito de compras líquidas e pelo fato de o valor de compras brutas ser necessário para o cálculo de pagamento de fornecedores.

6.9 Cálculo completo do RCM

Na Seção 6.5, explicamos que o RCM consiste na diferença entre o valor das vendas e o do CMV das mesmas mercadorias, ou seja, é o valor resultante da diferença entre as avaliações das mercadorias a preços de vendas e seus respectivos custos.

O que não havíamos ainda ressaltado naquela seção é que o valor de vendas utilizado para o cálculo é o das vendas líquidas (assim como para efeito de apuração do CMV devem ser consideradas as compras líquidas).

Recorramos ao caso hipotético da Empresa Qualquer Ltda., cujas vendas no ano de 2017 são de R$ 633.200,00, com RCM calculado como diferença entre vendas (V) e CMV: R$ 633.200,00 – R$ 356.700,00 = R$ 276.500,00. Subtendemos que as vendas já são líquidas das deduções, assim como as compras utilizadas para cálculo do CMV são líquidas dos fatos que alteram seu valor para menos ou para mais.

O RCM, portanto, é calculável pela seguinte fórmula:

$$RCM = VL - CMV$$

Utilizando Razonetes para mostrar a lógica contábil do RCM, voltemos ao exemplo da Empresa Qualquer, agora adicionando as contas que deram origem ao valor das vendas líquidas e a abertura do CMV, com base nos valores dos estoques inicial e final, além das compras líquidas. Eis o respectivo registro contábil na Figura 6.17:

Figura 6.17 – Apuração mais completa do RCM com ujtilização Razonetes (R$)

Vendas brutas				Devolução de vendas				Descontos comerciais concedidos		
(1)	650.000,00	650.000,00			6.000,00	6.000,00	(2)		8.000,00	8.000,00	(4)

Abatimentos sobre vendas				Compras brutas				Devolução de compras		
	2.800,00	2.800,00	(3)		372.000,00	372.000,00	(5)	(6)	12.000,00	12.000,00	

Abatimentos sobre compras				Descontos comerciais obtidos				Frete sobre compras		
(7)	3.000,00	3.000,00		(8)	15.000,00	15.000,00			8.000,00	8.000,00	(9)

Compras líquidas
(5)	372.000,00	12.000,00	(6)
(9)	8.000,00	3.000,00	(7)
		15.000,00	(8)
	380.000,00	30.000,00	
(10)	350.000,00	350.000,00	(9)

Mercadorias
	21.600,00	21.600,00	(EI)
(EF)	14.900,00		

Vendas líquidas
(2)	6.000,00	650.000,00	(1)
(3)	2.800,00		
(4)	8.000,00		
	16.800,00	650.000,00	
(A)	633.200,00	633.200,00	

CMV
(EI)	21.600,00	14.900,00	(EF)
(10)	350.000,00		
	371.600,00	14.900,00	
	356.700,00	356.700,00	(B)

RCM
(B)	356.700,00	633.200,00	(A)
	356.700,00	633.200,00	
		276.500,00	

Notas: EI – Estoques Iniciais em 31/12/2016, transferidos para CMV ao final de 2017;
SF – Saldo Final de Compras de 2017;
(10)–Transferência de compras líquidas para CMV;
EF – Estoques Finais lançados em 31/12/2017 a débito de mercadorias e crédito de CMV.

As diversas contas relacionadas a fatos que alteram os valores de vendas e compras são encerradas para a obtenção dos valores de vendas líquidas e compras líquidas. Também são encerradas a conta Compras Líquidas, para encontrar-se o CMV; e a conta Vendas Líquidas, que, assim como a conta de CMV, tem seus saldos transferidos para o RCM, conforme demonstrado na Figura 6.17.

Após todo o processo, permanecem abertas apenas as contas de RCM, para a qual fluíram todas as contas encerradas, e a conta Mercadorias, que tem seu saldo ao final do exercício para o qual foi apurado o RCM.

6.10 Inventários Permanentes

Como informamos anteriormente, os Inventários Periódicos são meios para avaliarmos os estoques em momentos determinados. Tais avaliações devem ser executadas extracontabilmente, ou seja, sem acompanhamento contábil, e elas dependem de contagem física dos estoques, para posterior valoração com base nas últimas notas fiscais.

Com o uso de Inventários Periódicos, os valores dos estoques são conhecidos somente após feitas as contagens físicas. Da mesma forma, a apuração do CVM e do RCM é possível apenas para o período entre o qual existam duas contagens de estoques: a primeira serve para transferir o estoque inicial (EI) ao CMV; e a segunda, para deduzir o valor do EF em seu cálculo.

Tal tipo de nventário tem estes dois grandes inconvenientes:

- o valor dos estoques depende de contagem física;
- não conseguimos obter o CMV e o RCM de cada venda, mas apenas do período entre as duas datas em que são levantados os estoques.

Os Inventários Permanentes, por seu turno, visam ao controle dos estoques. Com sua utilização, sempre que exista entrada ou saída de mercadorias, a contabilidade procede a seu registro, atualizando seus valores. Com isso, é possível acompanhar diariamente a movimentação de cada uma das diversas mercadorias existentes numa empresa comercial, em termos físicos e financeiros.

Os registros são individualizados por tipo específico de mercadoria, conforme a necessidade do comerciante, que, por meio do sistema de Inventários Periódicos, pode não somente acompanhar o valor investido em cada uma de suas mercadorias, mas também saber as quantidades físicas disponíveis a cada dia. Isso facilita sobremaneira o controle sobre a necessidade de repor determinado item ou mesmo se há falta de algum tipo de mercadoria em seus estoques.

Na contabilidade de uma empresa comercial, existirão tantos controles individualizados de tipos específicos de mercadorias quantos forem necessários. O valor total dos estoques a cada dia é dado pelo valor acumulado dos saldos de todos os itens na mesma data, acompanhados por meio de Inventários Permanentes.

Cada item controlado por Inventários Permanentes tem os registros de entradas, saídas e saldos de mercadorias anotados cronologicamente e decompostos em quantidade, custo unitário e valor, conforme demonstramos no Quadro 6.1.

Quadro 6.1 – Modelo de Ficha para Controle de Estoques

Mercadoria									
Data	Entradas			Saídas			Saldo		
	Quantidade	Custo unitário	Valor total	Quantidade	Custo unitário	Valor total	Quantidade	Custo unitário	Valor total

Perguntas & respostas

1. E quando a empresa compra o mesmo tipo de produto por preços diferentes, a depender da negociação com o fornecedor, como o registro é feito nos Inventários Permanentes?

Quando o número de unidades do item comercializado é pequeno e seu valor individual é significativo, havendo como diferenciar uma unidade de outra, podemos individualizar o controle por unidade e utilizar o chamado *custo específico*. É o que ocorre no caso de comércio de veículos usados, por exemplo, em que cada veículo tem suas características e documentos particulares, que permitem a cada venda identificar exatamente o custo específico do veículo vendido.

Para a maior parte das situações, no entanto, isso não é possível. Quando se trabalha com itens estocados aos milhares, é impossível identificar o custo específico das unidades vendidas a cada oportunidade. Para efetuar essa mensuração, existem diferentes métodos, como especificaremos nas próximas seções.

6.11 Métodos de avaliação de estoques

Os métodos de avaliação de estoques sobre os quais versaremos na sequência tomam por base a organização dos dados relativos a entradas e saídas de cada mercadoria, controlada de forma cronológica na Ficha para Controle de Estoques (Quadro 6.1).

A diferença entre os métodos de avaliação de estoques está no apontamento de qual custo unitário deve ser considerado para efeito de saída das mercadorias. Conforme o custo unitário adotado, há consequências para efeito de determinação do CVM de cada venda e do valor do saldo remanescente em estoque.

Conforme Iudícibus et al. (2011), os métodos de avaliação de estoques são três:

1. First In First Out (Fifo), traduzida para o português como "primeiro que entra é o primeiro que sai" (Peps);
2. *Last In First Out* (Lifo), traduzida para o português como "último que entra é o primeiro que sai" (Ueps);
3. Média ponderada móvel (MPM), em que os custos unitários considerados correspondem à média ponderada dos custos das unidades existentes na data.

Apresentaremos pormenorizadamente cada um deles em seguida. Para efeito comparativo, utilizaremos para os três um mesmo exemplo, para ficarem claras as diferenças entre eles tanto no que diz respeito à avaliação dos estoques quanto no que tange ao CMV e ao RCM do período abrangido para o exemplo.

Note que os três métodos são considerados válidos para efeito de lógica contábil, ainda que o Ueps não seja aceito no Brasil para fins fiscais e societários. Isso evidencia que a contabilidade não é uma ciência exata, dado que admite mais de um resultado como válido para a mesma situação.

6.11.1 Método Peps

Quando adotamos o Peps para avaliar estoques, consideramos que a ordem dos custos de saídas das mercadorias dos estoques é a mesma que a de sua entrada, ou seja, os custos mais antigos são os primeiros a serem considerados.

Cabe destacarmos que a ordem a ser empregada é a dos custos associados às entradas de mercadorias, e não as mercadorias propriamente ditas. Quando usamos a coluna intitulada *Saídas* na Ficha para Controle de Estoques, o termo comumente utilizado é "dar baixa dos estoques". Entretanto, a baixa de determinada quantidade de unidades da mercadoria controlada na ficha não se refere às mesmas unidades que entraram na empresa anteriormente, mas sim a seus respectivos custos unitários.

> Conforme Marion (2009) e Iudícibus (2013), o custo unitário é o elemento-chave para executarmos qualquer um dos três métodos de avaliação de estoques. No caso do Peps, a baixa dos estoques deve ser executada sempre com base nos custos mais antigos, ou seja, naqueles referentes às primeiras unidades existentes.

Para verificarmos de modo prático o funcionamento da Ficha para Controle de Estoques e a aplicação do método Peps de avaliação de estoques, desenvolvemos o exemplo a seguir com dados hipotéticos da Cia. Fictícia, relativos à movimentação de seus estoques de meias masculinas de tamanho único durante o mês de maio de 2017. A solução encontra-se na Tabela 6.3.

Os dados em questão são os seguintes:

- estoques remanescentes do mês anterior num total de 300 pares de meia ao custo unitário de R$ 5,00;
- compra de 700 pares de meia ao custo unitário de R$ 6,00, no dia 4 de maio;
- venda de 500 pares de meia ao preço unitário de R$ 10,00, em 15 de maio;
- compra de 1.000 pares de meia ao custo unitário de R$ 5,50, em 23 de maio;
- venda de 1.000 pares de meia ao preço unitário de R$ 10,00, em 30 de maio;

Tabela 6.3 – Exemplo de aplicação do Peps: caso da Cia. Fictícia (R$)

Avaliação do estoque de meias masculinas pelo método Peps									
Data	Entradas			Saídas			Saldo		
	Quantidade	Custo unitário	Valor total	Quantidade	Custo unitário	Valor total	Quantidade	Custo unitário	Valor total
01/05							300	5,00	1.500,00
04/05	700	6,00	4.200,00				300	5,00	1.500,00
04/05							700	6,00	4.200,00
15/05				300	5,00	1.500,00	500	6,00	3.000,00
15/05				200	6,00	1.200,00			
23/05	1.000	5,50	5.500,00				500	6,00	3.000,00
23/05							1.000	5,50	5.500,00
30/05				500	6,00	3.000,00	500	5,50	2.750,00
30/05				500	5,50	2.750,00			

A Ficha para Controle de Estoques serve de base para a atualização dos respectivos valores, bem como para baixa dos estoques a cada venda para o CMV. Isto possibilita, ao contrário do que ocorre nos inventários periódicos, a condição de avaliação e atualização de estoques a cada compra e venda, bem como a apuração do RCM a cada venda realizada.

Os mesmos dados registrados na Ficha para Avaliação de Estoques da Cia Fictícia dão origem aos registros em Razonetes, conforme mostra a Figura 6.18 (a seguir).

Figura 6.18 – Transferência das informações da Ficha de Controle de Estoques para Razonetes com emprego do Peps: caso da Cia. Fictícia (R$)

	Mercadorias				CMV	
(EI)	1.500,00	2.700,00	(2)	(2)	2.700,00	
(1)	4.200,00	5.750,00	(4)	(4)	5.750,00	
(3)	5.500,00					
	11.200,00	8.450,00			8.450,00	
(EF)	2.750,00				8.450,00	

Notas: EI – Estoques Iniciais, remanescentes do mês anterior de 300 pares de meia ao custo unitário de R$ 5,00;
(1) – Compra de 700 pares de meia ao custo unitário de R$ 6,00, no dia 4 de maio;
(2) – Venda de 500 pares, em 15 de maio;
(3) – Compra de 1.000 pares ao custo unitário de R$ 5,50, em 23 de maio;
(4) – Venda de 1.000 pares, em 30 de maio;
EF – Estoques Finais em 31 de maio.

Observe também que, enquanto nos Razonetes constam apenas os valores monetários das transações, a Ficha para Controle de Estoques contém também os custos unitários e as quantidades a elas relacionadas, de modo a permitir que, a cada data, possam ser verificadas as quantidades existentes e os custos unitários de cada tipo de mercadoria acompanhada.

Ao somarmos os saldos das diversas Fichas de Controle de Estoques existentes, obtemos o saldo total das mercadorias.

6.11.2 Método Ueps

Quando utilizamos o Ueps para avaliar estoques, consideramos que a ordem dos custos de saída das mercadorias em estoque será adotada em função dos últimos custos registrados na coluna Entrada, ou seja os custos mais recentes são os primeiros a serem considerados (Iudícibus et al., 2011).

Perceba que, nesse método, também a ordem que se leva em consideração é a dos custos associados à entrada de mercadorias e não às mercadorias em si, formadas fisicamente. Quando se usa a coluna Saídas na Ficha para Controle de Estoques, utiliza-se a expressão "dar baixa dos estoques". Entretanto, a baixa de determinada quantidade de unidades da mercadoria controlada na ficha, à semelhança do que ocorreu na Peps, não se refere às mesmas unidades que entraram na empresa anteriormente, mas a seus respectivos custos unitários, sendo que, no Ueps consideram-se primeiro os últimos custos unitários registrados.

Caso a coluna Saldo contenha mais de um lote, cada um deles deve ser ordenado em função da data de entrada, de modo que o lote de custo mais recente seja o último. As baixas são efetuadas de baixo para cima na listagem de lotes existentes na data da venda.

Para ilustrar a utilização do Ueps e compreender sua diferença em relação ao Peps, recorremos aos mesmos dados da Cia. Fictícia, agora tratados de acordo com o que dispomos na Tabela 6.4.

Os dados de movimentação de meias masculinas da Cia. Fictícia em maio são os seguintes:
- estoques remanescentes do mês anterior, num total de 300 pares de meia, ao custo unitário de R$ 5,00;

- compra de 700 pares de meia ao custo unitário de R$ 6,00, no dia 4 de maio;
- venda de 500 pares ao preço unitário de R$ 10,00, em 15 de maio;
- compra de 1.000 pares ao custo unitário de R$ 5,50, em 23 de maio;
- venda de 1.000 pares ao preço unitário de R$ 10,00, em 30 de maio;

Tabela 6.4 – Aplicação do Ueps: caso da Cia. Fictícia (R$)

Avaliação do estoque de meias masculinas pelo método Ueps

Data	Entradas			Saídas			Saldo		
	Quantidade	Custo unitário	Valor total	Quantidade	Custo unitário	Valor total	Quantidade	Custo unitário	Valor total
01/05							300	5,00	1.500,00
04/05	700	6,00	4.200,00				300	5,00	1.500,00
							700	6,00	4.200,00
15/05				500	6,00	3.000,00	300	5,00	1.500,00
							200	6,00	1.200,00
23/05	1.000	5,50	5.500,00				300	5,00	1.500,00
							200	6,00	1.200,00
							1.000	5,50	5.500,00
30/05				1.000	5,50	5.500,00	300	5,00	1.500,00
							200	6,00	1.200,00

Tanto para o método Peps quanto para o Ueps, vale salientarmos alguns aspectos relevantes:
- quando novas compras são feitas a custos unitários diferentes dos anteriores, o novo lote deve ser destacado dos precedentes, figurando ao final dos lotes especificados em saldos para a data da compra;
- quando existem dois ou mais custos unitários diferentes, eles devem ser destacados na coluna Saldo, de modo que o valor total dos estoques seja discriminado em função de cada custo unitário praticado;
- se um lote – o mais antigo, no caso do Peps, e o mais recente, no caso da Ueps – não for suficiente para atender à quantidade vendida, ele deve ser complementado por outros lotes, seguindo a ordem cronológica, de modo a priorizar a baixa dos mais antigos (Peps) ou dos mais recentes (Ueps);
- os preços unitários de venda não são utilizados para efeito de controle de estoques, pois para isso apenas os custos são considerados;
- a coluna Saída indica o CMV de cada uma das vendas;
- na coluna Saldo, para cada data, devem ser discriminados os lotes existentes a cada diferente custo unitário, na ordem dos mais antigos para os mais recentes, no Peps, e do mais recente para o mais antigo, no Ueps;
- o valor total dos estoques e as quantidades existentes são os resultados das somas dos lotes existentes a cada data.

Os mesmos dados registrados na Ficha para Avaliação de Estoques da Cia Fictícia dão origem aos registros em Razonetes, conforme mostra a Figura 6.19.

Figura 6.19 – Transferência das informações da Ficha de Controle de Estoques para Razonetes com utilização do o Ueps: caso da Cia. Fictícia (R$)

Mercadorias					CMV		
(EI)	1.500,00	3.000,00	(2)		(2)	3.000,00	
(1)	4.200,00	5.500,00	(4)		(4)	5.500,00	
(3)	5.500,00						
	11.200,00	8.500,00				8.500,00	
	(EF) 2.700,00					8.500,00	

Notas: EI – Estoques Iniciais, remanescentes do mês anterior: 300 pares de meia ao custo unitário de R$ 5,00;
(1) – Compra de 700 pares de meia ao custo unitário de R$ 6,00, no dia 4 de maio;
(2) – Venda de 500 pares, em 15 de maio;
(3) – Compra de 1.000 pares ao custo unitário de R$ 5,50, em 23 de maio;
(4) – Venda de 1.000 pares, em 30 de maio;
(EF) Estoques finais em 31 de maio.

Observe que as características do Peps são preservadas, pelo fato de que em Razonetes são registrados apenas valores monetários das transações, enquanto a Ficha para Controle de Estoques contém também custos unitários e quantidades a eles relacionados.

Note, ainda, que os resultados, tanto da avaliação dos estoques quanto do CMV, apurados por meio do Ueps diferem em relação aos obtidos mediante Peps. Embora não possa ser utilizado para fins fiscais, o Ueps é válido como metodologia contábil e pode ser utilizado para fins gerenciais.

6.11.3 Método Média Ponderada Móvel (MPM)

A adoção do método da média ponderada móvel para avaliação de estoques implica utilizar o custo médio dos estoques existentes na data da saída das mercadorias como CMV correspondente à venda dessas mercadorias.

Nesse método, não são utilizados nem os primeiros, nem os últimos custos para avaliar as mercadorias vendidas, mas o custo médio do volume total dos estoques, obtido pelo valor total dos estoques adquiridos dividido pela quantidade existente na data para a qual se calcula o preço médio das mercadorias em estoque.

Para ilustrar a utilização da MPM para avaliação de estoques, recorremos ao mesmo exemplo referente aos dados de movimentação de meias masculinas da Cia. Fictícia no mês de maio, cujos dados, recuperamos as informações já apresentadas e expostas na Tabela 6.5.

- estoques remanescentes do mês anterior, num total de 300 pares de meia, ao custo unitário de R$ 5,00;
- compra de 700 pares de meia ao custo unitário de R$ 6,00, no dia 4 de maio;
- venda de 500 pares ao preço unitário de R$ 10,00, em 15 de maio;
- compra de 1.000 pares ao custo unitário de R$ 5,50, em 23 de maio;
- venda de 1.000 pares ao preço unitário de R$ 10,00, em 30 de maio;

Tabela 6.5 – Aplicação da MPM: caso da Cia. Fictícia (R$)

Avaliação do estoque de meias masculinas pelo método MPM									
Data	Entradas			Saídas			Saldo		
	Quantidade	Custo unitário	Valor total	Quantidade	Custo unitário	Valor total	Quantidade	Custo unitário	Valor total
01/05							300	5,00	1.500,00
04/05	700	6,00	4.200,00				1.000	5,70	5.700,00
15/05				500	5,70	2.850,00	500	5,70	2.850,00
23/05	1.000	5,50	5.500,00				1.500	5,56...	8.350,00
30/05				1.000	5,56...	5.566,67	500	5,56...	2.783,33

> Vale salientarmos alguns aspectos do método MPM:
> - o custo médio unitário ponderado é resultante da divisão do valor dos estoques pelas quantidades existentes;
> - quando novas compras são executadas, o custo médio ponderado deve ser recalculado com a adição do valor da compra ao valor total dos estoques e a inclusão da quantidade comprada no total existente na data considerada;
> - quando novas compras são feitas a custos unitários diferentes do custo médio anterior, o custo médio unitário é alterado;
> - nesse método há um custo unitário, que deve ser utilizado para efeito de baixas do estoque;
> - o custo médio unitário tende a ficar mais próximo do verificado para a maior quantidade de mercadorias constantes no estoque, ressaltando o efeito da ponderação dos custos das várias compras;
> - pode ocorrer de o custo médio ponderado não ter sido praticado e configurar, portanto, apenas um número teórico;
> - quando há baixa nos estoques, o custo unitário médio não é modificado;
> - os preços unitários de venda não são utilizados para efeito de controle de estoques;
> - a coluna Saídas indica o CMV de cada uma das vendas;
> - na coluna Saldo, para cada data, devem ser discriminados os lotes existentes ao custo médio unitário para a data específica;
> - o valor total dos estoques e as quantidades existentes são alterados quando existem novas compras ou vendas;

Os mesmos dados registrados na Ficha para Avaliação de Estoques da Cia Fictícia dão origem aos registros em Razonetes, conforme registrado na Figura 6.20.

Figura 6.20 – Transferência das informações da Ficha de Controle de Estoques para Razonetes utilizando a MPM: caso da Cia. Fictícia (R$)

	Mercadorias				CMV	
(EI)	1.500,00	2.850,00	(2)	(2)	2.850,00	
(1)	4.200,00	5.566,67	(4)	(4)	5.566,67	
(3)	5.500,00					
	11.200,00	8.416,67			8.416,67	
(EF) 2.783,33					8.416,67	

Notas: (EI) – Estoques Iniciais – remanescentes do mês anterior, num total de 300 pares de meia, ao custo unitário de R$ 5,00.
(1) – Compra de 700 pares de meia ao custo unitário de R$ 6,00, no dia 4 de maio.
(2) – Venda de 500 pares, em 15 de maio.
(3) – Compra de 1.000 pares ao custo unitário de R$ 5,50, em 23 de maio.
(4) – Venda de 1.000 pares, em 30 de maio.
(EF) Estoques Finais em 31 de maio.

6.12 Cálculo do custo das mercadorias vendidas (CMV) com uso de Inventários Permanentes

Conforme observamos nas seções anteriores, quando utilizamos Inventários Permanentes, o CMV é determinado para cada venda efetuada, e esta é uma ótima informação para fins gerenciais, pois permite avaliar o RCM para cada uma das vendas, ao contrário do que acontece com o uso de Inventários Periódicos.

Para obtermos o valor do CMV de um período, basta somarmos todos os valores das saídas desse período. Lembremos que o conceito de *período* é flexível, ou seja, podemos trabalhar com períodos mensais, trimestrais, anuais ou qualquer outra escala temporal que queiramos. Da mesma maneira, as informações podem ser obtidas para períodos maiores com base em períodos menores, ou seja, podemos obter o CMV do ano ao considerar o somatório dos 12 CMV mensais desse ano.

É fundamental destacarmos que, nos Inventários Permanentes, a apuração do CMV está atrelada ao método de avaliação de estoques utilizado. O mesmo ocorre com o valor dos Estoques Finais. A Tabela 6.6 nos mostra os diferentes valores obtidos para esses dois itens do mesmo exemplo do controle de estoques de pares de meias masculinas da Cia. Fictícia para o mês de maio.

Tabela 6.6 – Comparativo de apuração do CMV e EF, conforme o método de avaliação de estoques adotado: o caso da Cia. Fictícia (R$)

Método	CMV	EF
Peps	8.450,00	2.750,00
Ueps	8.500,00	2.700,00
Mpm	8.416,67	2.783,33

Considerando os dados da Tabela 6.6, ao somarmos CMV e EF dos três métodos, obtemos o mesmo valor, de R$ 11.200,00. Desse modo, é possível concluir que o método de avaliação de estoques serve para, em um período de tempo definido e com base nos mesmos valores totais das entradas, separá-las em CMV e EF, determinando seus respectivos valores sempre em relação aos custos de aquisição e com suas características peculiares.

Perguntas & respostas

1. A utilização dos métodos de avaliação de estoque torna os levantamentos físicos dispensáveis?

Mesmo com a utilização de Inventários Permanentes, periodicamente devem ser executados levantamentos físicos dos estoques. Todavia, a função desses levantamentos não é propriamente de avaliação dos estoques, com a consequente apuração do CMV e RCM. Suas finalidades, nesse caso, são constatar o funcionamento correto dos Inventários Permanentes e fazer auditorias (que podem comprovar fraudes por roubo, por exemplo).

6.13 Cálculo do resultado com mercadorias (RCM) com uso de Inventários Permanentes

Como os Inventários Permanentes permitem o cálculo do CMV para cada venda efetuada, a apuração do RCM também pode ser feita para cada uma das vendas, o que é uma informação bastante útil, pois podemos avaliar individualmente o resultado bruto que cada uma das vendas agrega.

No exemplo da Cia. Fictícia que utilizamos para explicar os métodos de avaliação de estoques, havia duas vendas de mercadorias:

- venda de 500 pares de meias ao preço unitário de R$ 10,00 em 15 de maio;
- venda de 1.000 pares de meias ao preço unitário de R$ 10,00 em 30 de maio.

Quanto ao valor das vendas, o cálculo é simples, pois basta multiplicarmos as quantidades vendidas pelos respectivos preços de vendas. Assim, no caso da Cia Fictícia, obteríamos os seguintes resultados:

- vendas de 15 de maio = 500 × R$ 10,00 = R$ 5.000,00;
- vendas de 30 de maio = 1.000 × R$ 10,00 = R$ 10.000,00.

Como só ocorreram essas duas vendas, podemos afirmar que o total das vendas de meias masculinas da Cia. Fictícia no mês de maio foi de R$ 15.000,00.

Já o valor do CMV dessas mesmas duas transações depende do método de avaliação de estoques utilizado. Na Tabela 6.7, podemos verificar o RCM e a diferença entre vendas e CMV para cada uma das vendas bem como para as vendas totais de maio.

Tabela 6.7 – Apuração do RCM por venda e para o mês de maio de 2017 (R$): caso da Cia. Fictícia

Valor total de vendas por período	Método		
Venda de 15/05			
5.000,00	Peps	2.700,00	2.300,00
5.000,00	Ueps	3.000,00	2.000,00
5.000,00	MPM	2.850,00	2.150,00
Venda de 30/05			
10.000,00	Peps	5.750,00	4.250,00
10.000,00	Ueps	5.500,00	4.500,00
10.000,00	MPM	5.566,67	4.433,33
Vendas de Maio			
15.000,00	Peps	8.450,00	6.550,00
15.000,00	Ueps	8.500,00	6.500,00
15.000,00	MPM	8.416,67	6.583,33

Como o valor das vendas é independente do método de avaliação de estoques – pois a avaliação das vendas leva em consideração o preço de venda, que é um valor de saída, e não de entrada, como no caso dos estoques –, o valor do RCM depende do método de avaliação de estoques utilizado. Podemos observar na Tabela 6.7 que existem três diferentes valores tanto para as vendas individuais como para as vendas do mês.

Para fazer a apuração do RCM com a utilização de Razonetes, deve-se abrir a conta RCM e o encerrar as contas Vendas e CMV, cujos saldos são transferidos para a nova conta.

Na Figura 6.21, podemos averiguar a apuração do RCM com o uso de Razonetes e dos três métodos de avaliação de estoques estudados.

Figura 6.21 – Apuração do RCM com Razonetes e os diferentes métodos de avaliação de estoques: caso da Cia. Fictícia

Utilizando o Peps

	Vendas			CMV			RCM	
(A) 15.000,00	15.000,00		8.450,00	8.450,00	(B)	(B) 8.450,00	15.000,00	(A)
							6.550,00	

Utilizando o Ueps

	Vendas			CMV			RCM	
(A) 15.000,00	15.000,00		8.500,00	8.500,00	(B)	(B) 8.500,00	15.000,00	(A)
							6.500,00	

Utilizando a MPM

	Vendas			CMV			RCM	
(A) 15.000,00	15.000,00		8.416,67	8.416,67	(B)	(B) 8.416,67	15.000,00	(A)
							6.583,33	

Estudo de caso

Vitor é proprietário de uma tradicional drogaria na Região Sul do país. Ele está satisfeito com os resultados apresentados por seu negócio nos últimos meses, e não está convencido de que adotar Inventários Permanentes possa trazer mais benefícios para a contabilidade e para a gestão da empresa.

Haroldo, contador da empresa, vem tentando convencer o Sr. Vitor de que o volume atual dos negócios da drogaria já não comporta a opção pelos Inventários Periódicos. Embora considere o Sr. Haroldo pessoa da sua mais estreita confiança, o empresário não acredita que Inventários Permanentes possam beneficiar a drogaria. Ele afirma que, desde a inauguração do estabelecimento, utiliza Inventários Periódicos e sente-se muito confortável com a decisão de não abrir mão dessa prática, uma vez que a cada final de mês confere suas gôndolas e verifica efetivamente quantas unidades de cada medicamento existem ali.

Quando soma o valor dos estoques no início do mês com o valor mensal das compras e deduz o valor dos estoques do final do mês, apura o CMV do período em foco. Ao deduzir o CMV do valor mensal das vendas, apura o RCM. Conhecendo as demais despesas e receitas, obtém facilmente o resultado mensal.

Além disso, o Sr. Vitor soube, por amigos, que comerciantes que utilizam Inventários Permanentes acabam fazendo também levantamentos físicos de seus estoques.

Por tudo isso, o dono da drogaria não consegue entender em que os tais Inventários Permanentes poderiam ajudá-lo. Cabe ao contador da empresa argumentar e esclarecer sobre as vantagens de fazer Inventários Permanentes.

Se você estivesse na posição do Sr. Haroldo, quais seriam os aspectos que você destacaria, com base na leitura deste capítulo, em favor dos Inventários Permanentes para convencer o Sr. Vitor a implantá-los na drogaria?

Síntese

Neste capítulo, esclarecemos que a atividade comercial consiste na contínua compra de mercadorias para posterior revenda, com objetivo de obter lucros. O comerciante, que a exerce, caracteriza-se por ter o comércio como sua atividade habitual, e não ocasional.

Afirmamos, também, que a essência dessa atividade é explicada pelo ciclo comercial, que consiste na continuada movimentação de mercadorias, as quais, num primeiro momento, são adquiridas para formar estoques. Estes são vendidos aos clientes, normalmente por preços superiores aos custos de aquisição.

Na atividade comercial, a receita de revenda surge pela venda, ou seja, pela cessão definitiva das mercadorias antes compradas. Tal receita de revenda (ou simplesmente *venda*) decorre do valor cobrado do cliente em razão do lote de mercadorias vendido e é calculável como o produto entre o preço unitário de cada mercadoria vendida e a respectiva quantidade vendida.

O comerciante registra a receita a crédito em sua demonstração de resultado, e a contrapartida é a conta Caixa ou a conta Clientes. O valor das mercadorias vendidas deve ser creditado por ele na conta Estoques e lançado como custo das mercadorias vendidas (CMV). Para proceder dessa forma, ele deve ter o controle de seus estoques.

O controle de estoques é possível pelo acompanhamento das entradas e saídas de todas as mercadorias, simultaneamente às suas efetivas ocorrências. Na contabilidade, esse controle dos estoques é denominado *Inventário Permanente*.

Inventários Permanentes demandam sistemas de informações que implicam custos nem sempre viáveis para empreendimentos de pequeno porte. Como alternativa, podemos recorrer aos Inventários Periódicos. Estes, por sua vez, são meios de levantar o valor de estoques de mercadorias de maneira mais simples e sem implicar o acompanhamento simultâneo às ocorrências de entradas e saídas de mercadorias pela contabilidade. Portanto, com Inventários Periódicos, os valores dos estoques são apurados extracontabilmente.

Quando adotamos Inventários Periódicos, os valores dos estoques são determinados com base na contagem física de cada tipo diferente de mercadoria que esteja em estoque na data desse levantamento.

Em termos de controle, para efeito de apuração do CMV com a utilização de Inventários Periódicos, explicamos que não há necessidade de especificarmos as compras por tipos de mercadorias e suas respectivas quantidades. Basta que tenhamos o valor financeiro das compras, que é obtido pela simples soma das diversas aquisições feitas durante o período de apuração.

Quando, ao final do exercício, constatamos que nem todas as mercadorias foram vendidas, há estoques. Se tais mercadorias continuam na empresa, não foram vendidas e por isso seu valor deve ser excluído do cálculo do CMV.

O CMV é, então, calculado com base na seguinte fórmula:

$$CMV = EI + C - EF$$

Contudo, a obtenção do CMV por meio de Inventários Periódicos mostra apenas o valor do custo das mercadorias vendidas durante todo o período, sem possibilidade de especificar o custo de cada uma das vendas efetuadas nesse ínterim.

A respeito da conta Mercadorias, demonstramos que seu saldo é determinado unicamente por intermédio das contagens físicas dos estoques e posteriores avaliações, o que ocorre somente nessas ocasiões, sem que haja um acompanhamento dos estoques entre as datas de suas avaliações. As entradas de mercadorias são todas contabilizadas na conta Compras, que é encerrada na apuração do CMV.

O RCM, por sua vez, consiste na diferença entre o valor das vendas e do CMV de determinadas mercadorias, ou seja, é o valor resultante da diferença entre as avaliações das mesmas mercadorias com base nos preços de vendas e nos seus respectivos custos. Ele é calculável pela seguinte fórmula:

$$RCM = V - CMV$$

No que se refere às vendas brutas, mencionamos os três fatos que podem alterar seu valor (valor inicial resultante da quantidade de mercadorias vendidas, multiplicada pelos seus respectivos preços de venda) para vendas líquidas (valor após as deduções de vendas): devolução de vendas, abatimentos sobre vendas e descontos comerciais concedidos. Esses três fatos podem ocorrer também de modo a alterar o valor de compras brutas para compras líquidas.

No caso das compras, há também um fator que aumenta seu valor. Trata-se dos fretes sobre compras, cujo valor acumulado deve ser transferido para a conta Compras Líquidas elevando seu valor.

O RCM, portanto, é calculável de acordo com a seguinte fórmula:

$$RCM = VL - CMV$$

Outro tema que abordamos neste capítulo foram os três métodos de avaliação de estoques: Peps; Ueps e MPM.

Outro assunto de que tratamos foi a Ficha para Controle de Estoques, que possibilita, ao contrário do que ocorre nos Inventários Periódicos, a avaliação e a atualização de estoques a cada compra e venda, bem como a apuração do RCM a cada venda realizada.

Sobre os Inventários Permanentes, aprendemos que eles visam ao controle dos estoques e permitem acompanhar diariamente a movimentação de cada uma das diversas mercadorias existentes numa empresa comercial, tanto em termos físicos quanto financeiros.

Os registros são individualizados por tipo específico de mercadoria, conforme a necessidade do comerciante, que, por meio do sistema de Inventários Permanentes, pode acompanhar o valor investido em cada uma de suas mercadorias, bem como saber quais são as respectivas quantidades físicas disponíveis.

O valor total dos estoques a cada dia é dado pelo valor acumulado dos saldos de todos os itens na mesma data, acompanhados por meio de Inventários Permanentes.

Exercícios resolvidos

1. A Comercial X Ltda. atua no setor de revenda de materiais de construção e controla seus estoques por meio do sistema de Inventários Permanentes, utilizando o método Peps para avaliar os estoques dos diversos itens por ela comercializados.

   Uma de suas mercadorias mais vendidas, que tem como principais compradores pequenas construtoras localizadas no mesmo bairro que a Comercial X, são sacos de cimento de 50 kg. Os dados de saldo inicial, entrada e saída desse produto para o mês de junho de 2017 são:

- No dia 1º, estoque de 180 sacos de cimento de 50 kg, ao custo unitário de R$ 15,00.
- No dia 4, compra de 500 sacos de cimento de 50 kg, ao custo unitário de R$ 15,20, acrescido de frete de R$ 400,00.
- No dia 10, venda de 400 sacos de cimento de 50 kg ao preço unitário de venda de R$ 25,00.
- No dia 14, compra de 500 sacos de cimento de 50 kg ao custo unitário de R$ 16,00.
- No dia 28, venda de 600 sacos de cimento de 50 kg ao preço unitário de R$ 27,00.
- No dia 30, compra de 500 sacos de cimento de 50 kg ao custo unitário de R$ 16,50.

Com base nesses dados:

a) apure os valores dos estoques a cada movimentação, bem como o CMV correspondente ao mês de junho de 2017, utilizando a Ficha para Controle de Estoques e Razonetes com o método adotado pela empresa.
b) apure o RCM com o método adotado pela empresa e uso de fórmulas e Razonetes.
c) faça os mesmos procedimentos de *a* e *b*, porém mediante a adotação da média ponderada móvel, conforme solicitação do gerente financeiro da empresa.
d) verifique os valores dos itens *a* e *b* por meio do Ueps, a pedido do gerente financeiro, que, para fins gerenciais, considera importante a aplicação desse método.

Resposta (valores em reais - R$):

Sacos de cimento

DATA	Entradas			Saídas			Saldo		
	Quantidade	Custo unitário	Valor total	Quantidade	Custo unitário	Valor total	Quantidade	Custo unitário	Valor total
01/06							180	15,00	2.700,00
04/06	500	16,00	8.000,00[1]				180	15,00	2.700,00
04/06							500	16,00	8.000,00
10/06				180	15,00	2.700,00	280	16,00	4.480,00
10/06				220	16,00	3.520,00			
14/06	500	16,00	8.000,00				780	16,00	12.480,00
28/06				600	16,00	9.600,00	180	16,00	2.880,00
30/06	500	16,50	8.250,00				180	16,00	2.880,00
30/06							500	16,50	8.250,00

(1) 500 × R$ 15,20 + 400.

Com base na Ficha para Controle de Estoques, verificamos que:

- o estoque incial de 180 sacos de cimento foi avaliado em R$ 2.700,00.
- as compras líquidas de junho foram de 1.500 sacos de cimento pelo valor de R$ 24.250,00, correspondentes à soma das compras dos dias 4, 14 e 30 de junho, registradas na coluna Entradas.

- foram vendidos 1.000 sacos de cimento, cujo CMV total foi de **R$ 15.820,00**, valor registrado na coluna Saídas, relativo ao somatório dos custos das unidades vendidas nos dias 10 e 28 de junho.
- o estoque final, de 680 sacos de cimento, está em parte (180 sacos) avaliado ao custo unitário de **R$ 16,00**, e em parte (o restante) a **R$ 16,50**, de modo que o valor total obtido por meio do Peps é de **R$ 11.130,00**.

O valor do CMV pode também ser obtido mediante a fórmula CMV = EI + CL − EF, ou seja, CMV = R$ 2.700,00 + R$ 24.250,00 − R$ 11.130,00 = **R$ 15.820,00**.

Com a utilização de Razonetes, temos:

	Cimento				CMV	
(EI)	2.700,00	6.250,00	(2)	(2)	6.250,00	
(1)	8.000,00	9.600,00	(4)	(4)	9.600,00	
(3)	8.000,00					
(5)	8.250,00					
	26.950,00	15.820,00			15.820,00	
(EF)	11.130,00					

Nos Razonetes, encontramos as mesmas informações, porém restritas aos valores monetários, uma vez que não há registro de quantidades físicas.

As contrapartidas de compras foram omitidas, por não serem relevantes para os propósitos do exercício. Elas seriam lançadas nas contas Caixa ou Fornecedores, dependendo de terem sido feitas, respectivamente, à vista ou a prazo.

Peps:

- Vendas = 400 × R$ 25,00 + 600 × R$ 27,00 = R$ 10.000,00 + R$ 16.200,00 = R$ 26.200,00.
- CMV = R$ 2.700,00 + R$ 24.250,00 − R$ 11.130,00 = R$ 15.820,00.
- RCM = R$ 26.200,00 − R$ 15.820,00 = R$ 10.380,00.

	Vendas			CMV			RCM	
(A)	26.200,00	26.200,00		15.820,00	15.820,00	(B)	(B) 15.820,00	26.200,00 (A)
								10.380,00

MPM

Sacos de cimento

Data	Entradas			Saídas			Saldo		
	Quantidade	Custo Unitário	Valor Total	Quantidade	Custo Unitário	Valor Total	Quantidade	Custo Unitário	Valor Total
01/06							180	15,00	2.700,00
04/06	500	16,00	8.000,00[1]				680	15,74	10.700,00
10/06				400	15,74	6.294,12	280	15,74	4.405,88
14/06	500	16,00	8.000,00				780	15,90	12.405,88
28/06				600	15,90	9.542,99	180	15,90	2.862,89
30/06	500	16,50	8.250,00				680	16,34	11.112,89

(1) 500 × R$ 15,20 + 400.

Com base na Ficha para Controle de Estoques, constatamos as seguintes diferenças em relação ao método anterior:

- foram vendidos 1.000 sacos de cimento, cujo CMV total foi de **R$ 15.837,11**, valor registrado na coluna Saídas, relativo ao somatório dos custos das unidades vendidas nos dias 10 e 28 de junho;
- o estoque final, de 680 sacos de cimento, está avaliado ao custo unitário médio de **R$ 16,34** de modo que o valor total obtido mediante MPM é de **R$ 11.112,89**.

O valor do CMV pode também ser obtido por meio da fórmula CMV = EI + CL – F, ou seja CMV = R$ 2.700,00 + R$ 24.250,00 – R$ 11.112,89 = **R$ 15.837,11**.

Com a utilização de Razonetes, temos:

Cimento					CMV		
(EI)	2.700,00	6.294,12	(2)	(2)	6.294,12		
(1)	8.000,00	9.542,99	(4)	(4)	9.542,99		
(3)	8.000,00						
(5)	8.250,00						
	26.950,00	15.837,11			15.837,11		
(EF)	11.112,89						

Observe que os valores são arredondados no caso dos cálculos dos valores de Saídas e Saldos de Estoque.

MPM:

Vendas = 400 × R$ 25,00 + 600 × R$ 27,00 = R$ 10.000,00 + R$ 16.200,00 = R$ 26.200,00.

CMV = R$ 2.700,00 + R$ 24.250,00 – R$ 11.112,89 = R$ 15. 837,11.

RCM = R$ 26.200,00 – R$ 15. 837,11 = R$ 10.362,89.

Vendas			CMV			RCM		
(A)	26.200,00	26.200,00		15.837,11	15.837,00	(B)	(B)	15.837,11	26.200,00	(A)
								10.362,89

e) Ueps

Sacos de cimento

Data	Entradas			Saídas			Saldo		
	Quantidade	Custo unitário	Valor total	Quantidade	Custo unitário	Valor total	Quantidade	Custo unitário	Valor total
01/06							180	15,00	2.700,00
04/06	500	16,00	8.000 (1)				180	15,00	2.700,00
04/06							500	16,00	8.000,00
10/06				400	16,00	6.400,00	180	15,00	2.700,00
10/06							100	16,00	1.600,00
14/06	500	16,00	8.000,00				180	15,00	2.700,00
14/06							600	16,00	9.600,00
28/06				600	16,00	9.600,00	180	15,00	2.700,00
30/06	500	16,50	8.250,00				180	15,00	2.700,00
30/06							500	16,50	8.250,00

(1) 500 × R$ 15,20 + 400.

Por meio da Ficha para Controle de Estoques, verificamos as diferenças que registramos a seguir:

- foram vendidos 1.000 sacos de cimento, cujo CMV total foi de **R$ 16.000,00**, valor registrado na coluna Saídas, relativo ao somatório dos custos das unidades vendidas nos dias 10 e 28 de junho.

- o estoque final, de 680 sacos de cimento, está em parte (180 sacos) avaliado ao custo unitário de **R$ 15,00**, e em parte (o restante) a **R$ 16,50**, de modo que o valor total obtido por meio do Peps é de **R$ 10.950,00**.

Observe, ainda, que o valor do CMV pode também ser obtido mediante a fórmula CMV = EI + CL − EF, ou seja, CMV = R$ 2.700,00 + R$ 24.250,00 − R$ 10.950,00 = **R$ 16.000,00**.

Com a utilização de Razonetes, temos:

	Cimento				CMV	
(EI)	2.700,00	6.400,00	(2)	(2)	6.400,00	
(1)	8.000,00	9.600,00	(4)	(4)	9.600,00	
(3)	8.000,00					
(5)	8.250,00					
	26.950,00	16.000,00			16.000,00	
(EF)	10.950,00					

Vendas = 400 × R$ 25,00 + 600 × R$ 27,00 = R$ 10.000,00 + R$ 16.200,00 = R$ 26.200,00.

CMV = R$ 2.700,00 + R$ 24.250,00 − R$ 10.950,00 = R$ 16.000,00.

RCM = R$ 26.200,00 − R$ 16.000,00 = R$ 10.200,00.

	Vendas			CMV				RCM		
(A)	26.200,00	26.200,00		16.000,00	16.000,00	(B)	(B)	16.000,00	26.200,00	(A)
									10.200,00	

Questões para revisão

1. Quais são as principais características da atividade comercial?

2. O que é o ciclo comercial e qual é a sua importância?

3. A atividade comercial pode ser exercida sobre os estoques avaliados por meio de:
   a) Inventários Periódicos, somente.
   b) Inventários Permanentes, somente.
   c) Inventários Flexíveis, somente.
   d) Inventários Flexíveis ou Inventários Permanentes.

4. Para adotar Inventários Periódicos, é necessário:
   a) separar as compras para cada item diferente.
   b) obter o valor diário das compras.
   c) controlar todas as entradas e saídas de mercadorias.
   d) realizar contagem física dos estoques ao final de cada período.

5. Quando são empregados Inventários Permanentes, as mercadorias são controladas em relação a:
   a) apenas quantidades e custos unitários de entradas e saídas.
   b) quantidades, custos unitários e valores de entradas, saídas e saldos.
   c) custos unitários e valores de entradas, saídas e saldos.
   d) quantidades e valores de entradas, saídas e saldos.

Questões para reflexão

1. Quais as principais diferenças entre os métodos de avaliação e controle de estoques?

2. Inventários Permanentes e Inventários Periódicos levam aos mesmos resultados de CMV e RCM?

Para saber mais

Recomendamos a seguinte leitura:

LAGIOIA, U. C. T. **Pronunciamentos contábeis na prática**. São Paulo: Atlas, 2012. v. 1.

Trata-se de uma obra importante para aprofundar conhecimentos sobre as mudanças nas práticas contábeis ocorridas no Brasil nos últimos anos. A autora para além da reprodução dos pronunciamentos contábeis, leva o leitor a entender por que são elaborados e como se aplicam.

7

Contas retificadoras do Ativo, despesas antecipadas e efeitos no resultado

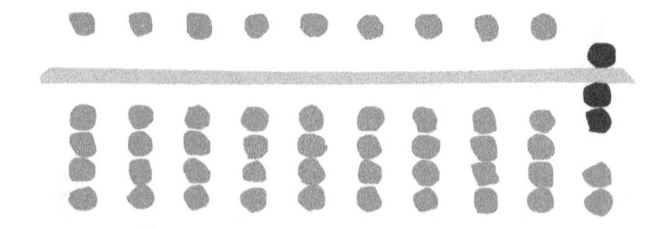

Conteúdos do capítulo:

- Necessidade de avaliação dos ativos a seus valores na data de Balanço.
- Caráter conservador da contabilidade.
- Criação de contas com o objetivo de retificar valores de contas de Ativo.
- Ajuste para perdas estimadas no recebimento de vendas.
- Ajuste para perdas nos valores dos estoques.
- Depreciação.
- Efeitos das retificações dos valores de contas de Ativo na demonstração do resultado.
- Despesas antecipadas e seu tratamento contábil.
- A transformação de despesas antecipadas em despesas do período.

Após o estudo deste capítulo, você será capaz de:

1. detectar as razões que levam a contabilidade a ajustar os valores de contas do Ativo de modo que reflitam melhor a avaliação para a data em que é realizada;
2. verificar o mecanismo contábil de ajuste de contas de Ativo e, concomitantemente, realizar o reconhecimento de despesas;
3. reconhecer a necessidade de ajustar a conta Valores a Receber de Clientes e Mercadorias e quais são os efeitos nos resultados;
4. distinguir despesa de depreciação e depreciação acumulada;
5. diferenciar despesas antecipadas de despesas do período;
6. compreender o processo de passagem das despesas antecipadas do balanço para a demonstração de resultado.

Conforme afirmamos em capítulos anteriores, os ativos são originados por:
- contribuições dos sócios de uma empresa em troca dos títulos de propriedade representativos do Capital Social;
- aquisições com pagamento imediato;
- aquisições financiadas com pagamento posterior;
- contrapartida de receitas, sejam elas de serviços, de revendas ou outras.

Evidenciamos ao longo deste livro que o registro desses ativos está associado ao efetivo valor da transação que gerou cada um deles. É o que na contabilidade conhecemos como princípio do custo histórico como base de valor, ou simplesmente *custo histórico*, também chamado *custo real*.

Hendriksen e Van Breda (2014) relatam que os ativos devem ser registrados a seus respectivos custos, pois os custos históricos presumivelmente representam medidas objetivas de preços em transações executadas entre partes independentes. Nessa linha de raciocínio, os tais custos podem ser considerados como o preço de mercado na data da transação.

O princípio do custo histórico é consagrado pela contabilidade, principalmente, pelas seguintes razões:

- se a transação é resultante da vontade de duas partes (uma, vendedora; e outra, compradora), o valor acordado entre elas é considerado justo, pois o vendedor não venderia por menos do que julga que vale o Ativo, nem o comprador adquiriria esse Ativo por valor que considerasse incompatível;
- o custo histórico é objetivo, ou seja, é facilmente comprovável, por ter documentação comprobatória;
- facilita auditorias;
- está diretamente associado ao processo de apuração de resultado – é reconhecido lucro quando um ativo for vendido por preço superior ao custo histórico, e prejuízo, em caso contrário.

Por esses motivos, o custo histórico tem preferência para efeito de registro do valor dos mais diversos ativos, conforme Iudícibus (2010). No entanto, com o passar do tempo, podem surgir situações que exijam providências para que o valor desses ativos não seja superestimado. Elas ocorrem principalmente nas contas Valores a Receber de Clientes e Mercadorias, bem como nos ativos destinados à manutenção da atividade operacional, tais como máquinas, equipamentos, veículos, móveis e imóveis.

Também merecem atenção especial as transações que, embora contenham em seus respectivos títulos o termo *despesa*, não devem ser classificadas de imediato como demonstração de resultados, mas como ativos. É o caso das despesas antecipadas.

As providências, os corretos registros e os efeitos no Ativo Total e na demonstração de resultado são objeto deste capítulo.

7.1 Razões que levam a ajustes nas contas de Ativo

A contabilidade prioriza o custo histórico como forma de avaliar ativos e considera que um valor superior ao histórico para o mesmo Ativo só pode ser reconhecido na hipótese da existência de uma transação que efetivamente comprove e documente que o valor praticado é, de fato, superior ao Custo Histórico.

Isso acontece, por exemplo, quando uma empresa vende por R$ 1.500,00 as mercadorias que estavam avaliadas em seu Balanço Patrimonial ao custo histórico de R$ 1.000,00. Nesse caso, há evidência de que tais mercadorias valiam mais que R$ 1.000,00, portanto se reconhece que houve lucro de R$ 500,00 na comercialização dessas mercadorias. Embora fosse possível pressupor que os produtos valessem R$ 1.500,00 mesmo antes de terem sido vendidos, eles estavam registrados por R$ 1.000,00, e esse valor ficou inalterado até ocorrer a venda.

Na contabilidade, o lucro somente é reconhecido quando realizado. Neste último exemplo, a realização do lucro acontece apenas por ocasião da venda das mercadorias, e não antes. A contabilidade não antecipa lucros: ela faz seu reconhecimento quando existe uma base sólida para tal.

Tenhamos também em vista que, no caso desse exemplo, ao se reconhecer o lucro de R$ 500,00, o Ativo que deu origem a esse lucro já não é o mesmo. Foi dada a baixa das mercadorias que valiam R$ 1.000,00 e que não são mais da empresa. Agora, esta tem como Ativo o dinheiro e/ou os Valores a Receber de Clientes no total de R$ 1.500,00, portanto ativos diferentes daqueles que deram origem ao lucro.

De tal modo, mesmo que haja evidências de que determinado Ativo vale mais que seu custo histórico, isso será reconhecido pela contabilidade somente se houver realização de lucro. Trata-se da aplicação de outra das mais importantes regras da contabilidade: o conservadorismo.

> O conservadorismo é a regra contábil segundo a qual não se deve, de forma nenhuma, superavaliar a situação patrimonial de uma entidade.

Quando o valor de um ativo é superior ao dos registros contábeis, devemos aguardar pela realização de lucro para atestar essa superioridade de valor. Todavia, o fato de um ativo valer menos do que está registrado no Balanço é entendido pelo conservadorismo como passível de correção, com base no fundamento de que não deve existir superavaliação de ativos na contabilidade. Nesse caso, é fácil entender que a contabilidade antecipe prejuízos, mas que não os vincule à sua efetiva realização.

É por isso que se faz necessário retificar valores de ativos, de modo a reduzi-los em diversos casos. A solução para tal é criar contas retificadoras, com saldo credor, à parte das contas que são objeto de correção dos valores. Deduzimos as contas retificadoras criadas dos valores originais das contas sujeitas a retificação de valores e os retificamos, a fim de obtermos os saldos líquidos dos ajustes.

Discutiremos as situações mais recorrentes a respeito dessas contas e seus efeitos no Ativo e na demonstração de resultado nas seções a seguir.

7.2 Ajustes por perdas estimadas nas contas a receber de clientes

Contas a receber de clientes são ativos registrados na contabilidade normalmente como Duplicatas a Receber ou simplesmente como Clientes, decorrentes de receitas de prestação de serviços, vendas de produtos fabricados ou revendas de mercadorias obtidas de clientes, mas ainda não recebidas em dinheiro.

Quando permite que seu cliente não pague imediatamente pelos serviços a ele prestados ou por mercadorias a ele vendidas, a empresa está financiando esse cliente, que deixa de fazer o desembolso no ato, postergando-o até uma data futura, combinada entre ambas as partes.

É um ato de confiança no cliente e que implica risco, pois alguns dos clientes financiados podem deixar de cumprir com suas obrigações, seja por má-fé, seja por incapacidade financeira. Mesmo empresas ou pessoas com bons antecedentes estão sujeitas a passar por dificuldades financeiras, que podem agravar-se e tornar-se permanentes, frustrando os pagamentos que deveriam ser realizados.

O problema é que não se consegue saber com antecedência quais serão os clientes que não honrarão suas obrigações, tampouco os valores que não serão recebidos. Ao contrário das outras situações que comentamos até este ponto do livro, nas quais os registros contábeis estavam condicionados a transações documentadas e com valores objetivos, determinados e definidos nos documentos que dão suporte em termos da veracidade dessas transações, as perdas com valores a receber de clientes ocorrem em um momento muito posterior ao das vendas financiadas, e o primeiro sinal de que acontecerá uma perda é perceptível apenas quando do vencimento do título sem o correspondente pagamento.

Contudo, o não pagamento na data de vencimento não é o suficiente para que se entenda que ocorreu a perda. Entre outros tantos motivos, o atraso pode ter ocorrido por um desencontro de informações ou por uma dificuldade passageira de caixa. Tanto é que normalmente já estão definidas cláusulas com juros de mora por dia de atraso. Quando o cliente paga com acréscimo de juros, registramos a débito de caixa o recebimento e a crédito a baixa do título a receber na conta Clientes, além das receitas financeiras geradas pelo atraso do título em conta de resultado específica para essa finalidade.

Existem outras situações em que a empresa não obtém êxito, mesmo que faça repetidos contatos com seu cliente para tentar receber. A entidade pode recorrer a meios jurídicos para solucionar o problema, o que funciona em algumas ocasiões, mas não em outras. Do ponto de vista legal, a perda só pode ser reconhecida após a empresa ter executado todas as tentativas legalmente previstas para receber, o que leva cerca de dois anos.

Perguntas & respostas

1. É viável para a contabilidade aguardar a resolução de um processo judicial que se estende por um ano, por exemplo, para registrar uma perda?

Do ponto de vista da contabilidade, não é aceitável aguardar todo esse tempo para identificar que houve uma perda ocasionada por um fato ocorrido com tamanho lapso temporal. **O reconhecimento do evento deve ser feito na mesma época do fato que lhe deu origem. Trata-se da prática da regra contábil conhecida como princípio da competência de exercícios.**

No caso das perdas com valores a receber de clientes, estas devem estar associadas com as receitas relativas ao período que causou essas perdas, ou seja, ambas (as receitas que causaram as perdas e as perdas) devem ser atribuídas ao mesmo intervalo de tempo e, portanto, pertencem à mesma demonstração de resultados.

A tarefa da contabilidade, por isso, é prever as perdas que ocorrerão sobre tais receitas, ou seja, ambas são contabilizadas no mesmo período, utilizando-se parâmetros estabelecidos com base na experiência histórica da empresa.

Ainda que seja impossível determinar a quantidade de títulos e correspondentes valores que ocasionarão perdas futuras, cabe estimar, com antecedência, esses valores, mesmo que exista o risco de errar tal estimativa. Esse confronto entre estimativas e perdas só é possível quando as perdas são sacramentadas. Por isso, o que vislumbramos é, a partir do conhecimento adquirido, fazer a melhor estimativa possível, cientes de que podem ocorrer desvios, isto é, diferenças entre valores reais e valores estimados.

Para tal, precisamos definir o volume de contas a receber de clientes sobre o qual há risco de não recebimento, bem como o parâmetro utilizado para fazer a estimativa. No que toca à demonstração de resultado anual, as receitas de vendas do período devem ser nela contabilizadas pelo seu valor total.

Como as receitas totais correspondem ao somatório das receitas de vendas à vista e das registradas a prazo, os valores a receber de clientes são justamente a contrapartida das receitas a prazo ainda não recebidas no período, ou seja, a parte sobre a qual há risco de não recebimento. E o valor a receber de clientes relativo às vendas realizadas (mas não recebidas) no ano é justamente aquele que consta da conta Clientes no Balanço Patrimonial do final do período.

De modo geral, o procedimento mais utilizado para estimar perdas sobre o valor a receber de clientes é a aplicação de um percentual sobre esse valor. Esse percentual é definido com base nas experiências anteriores da empresa e pode variar bastante, conforme a política de crédito adotada pela entidade e a qualidade de seus clientes. Há desde casos em que essa estimativa é desnecessária até aqueles em que o percentual é elevado.

Tenha sempre em mente que essa estimativa deve ser realista e que não deve haver preocupação com relação a eventuais limites aceitos pela legislação do Imposto de Renda (IR), uma vez que ela se baseia nas perdas comprovadas, e não nas estimativas, e que estas, portanto, não entram para efeito do cálculo tributário.

> Vale assinalarmos que essas estimativas eram conhecidas no passado como *provisão para devedores duvidosos*, terminologia não empregada há alguns anos, desde que o Comitê de Pronunciamentos Contábeis (CPC) limitou sua aplicação ao Passivo, o que foi acatado pelos legisladores da área contábil – dentre os quais o Conselho Federal de Contabilidade (CFC) é o principal.

O lançamento contábil tem a débito uma conta da demonstração de resultado com o título *Despesas Estimadas com Não Recebimento de Clientes*, que tem por finalidade reduzir do resultado do período as perdas com clientes, de modo a obter um resultado que reflita melhor a realidade da empresa. O crédito de contrapartida é a conta de Ativo denominada *Perdas Estimadas por Não Recebimento de Clientes*, que é retificadora e serve para reduzir o valor a receber de clientes para seu valor líquido e, portanto, mais próximo da realidade.

Para exlicarmos melhor como isso se aplica, suponhamos que uma empresa tenha obtido receitas de vendas anuais de R$ 3.000.000,00 e que, ao final do mesmo período, o valor de Clientes no Balanço Patrimonial corresponda a R$ 1.200.000,00. Esse é o saldo das vendas daquele ano pelas quais a empresa ainda não recebeu, portanto o valor sobre o qual há risco de não receber. Se a experiência mostra que em média 3% dos valores a receber ao final do ano deixam de ser recebidos, o valor estimado dessas perdas é de R$ 36.000,00 (3% × R$ 1.200.000,00).

O lançamento contábil correspondente é apresentado no Quadro 7.1.

Quadro 7.1 – Lançamento referente a Não Recebimento de Clientes

Despesas Estimadas com Não Recebimento de Clientes	
a Perdas Estimadas por Não Recebimento de Clientes	R$ 36.000,00

Como consequência, o resultado do período é menor em R$ 36.000,00, por admitir-se que parte das vendas de R$ 3.000.000,00 não gerou lucro. No Ativo, por sua vez, o valor líquido de clientes é de R$ 1.164.000,00 (R$ 1.200.000,00 – R$ 36.000,00).

Quando consideramos que um título é incobrável, damos sua baixa na conta Clientes, por meio de um crédito. A contrapartida é um débito na conta retificadora Perdas Estimadas por Não Recebimento de Clientes, uma vez que já reconhecemos anteriormente o efeito no resultado.

Tal processo é repetido no caso de novos títulos serem considerados incobráveis. Se no exemplo acima no ano seguinte à constituição da conta retificadora, existiram títulos incobráveis no valor de R$ 29.000,00, o acumulado dos vários lançamentos executados é representado da seguinte forma:

Quadro 7.2 – Lançamento de acumulado de Não Recebimento de Clientes

Perdas Estimadas por Não Recebimento de Clientes	
a Clientes	R$ 29.000,00

Desse modo, a estimativa das perdas superou em R$ 6.000,00 as efetivas ocorrências de títulos incobráveis no período. Há, então, duas soluções possíveis para adequar os valores à realidade:

1. Reverter o saldo da conta Perdas Estimadas por Não Recebimento de Clientes;
2. Complementar a próxima estimativa de Perdas Estimadas por Não Recebimento de Clientes aproveitando o saldo não utilizado da conta.

Suponhamos que essa nova estimativa fosse de R$ 50.000,00. Nesse caso, os lançamentos e seus efeitos seriam, respectivamente:

Quadro 7.3 – Lançamento de Reversão de Despesas com Não Recebimento de Clientes

Perdas Estimadas por Não Recebimento de Clientes	
a Reversão de Despesas Estimadas com Não Recebimento de Clientes	R$ 7.000,00

Nessa situação, a conta Perdas Estimadas por Não Recebimento de Clientes voltaria a ficar com saldo zero, e o efeito na demonstração de resultados seria uma redução efetiva de R$ 29.000,00 (R$ 36.000,00 – R$ 7.000,00), conforme o lançamento contábil do Quadro 7.4.

Quadro 7.4 – Lançamento de Perdas Estimadas por Não Recebimento de Clientes

Despesas Estimadas com Não Recebimento de Clientes	
a Perdas Estimadas por Não Recebimento de Clientes	R$ 43.000,00

Como houve uma sobra de R$ 7.000,00 da estimativa anterior, o lançamento completaria tanto o valor da conta de despesa quanto o da conta retificadora, de modo a atingir os R$ 50.000,00 estimados.

7.3 Ajustes por perdas estimadas nos valores de mercadorias

Assim como podem ocorrer perdas sobre valores a receber de clientes, também podem acontecer perdas ocasionadas por desvalorização de mercadorias que fazem parte do Ativo de uma empresa qualquer. Em razão do conservadorismo (ver Seção 7.1), também nessa situação devemos reconhecer que houve prejuízo e que tal fato independe da venda de mercadorias.

Sabemos que o comerciante deve formar estoques de mercadorias, com o intuito de vendê-los em futuro próximo a preços superiores aos de sua aquisição. Isso é da natureza do comércio, constituindo forma de gerar lucro com a atividade. Entretanto, quando há fortes evidências de que seria possível comprar por um preço bastante inferior novas mercadorias iguais às adquiridas anteriormente e que não há expectativa de que os preços voltem a subir rapidamente, é o caso de reconhecermos que a perda já se configurou, pois as mercadorias em estoque foram compradas por preço acima do que comprovadamente valem.

Evidentemente, tal situação carece de comprovação objetiva, a qual é facilmente obtida em caso de preços públicos definidos por meio de cotações diárias em bolsas especialmente criadas para tal finalidade. Produtos agrícolas como café, suco de laranja, frango, farelo de soja, milho ou boi gordo, além de metais como alumínio, ferro ou chumbo, entre outros exemplos, têm cotações fidedignas, públicas e diárias. Esses mercados também são acompanhados por analistas especializados, capazes de prever se haverá ou não reação de preços no curto prazo quando estes caem.

Suponhamos que uma revenda de produtos agrícolas tenha, entre seus estoques de mercadorias, 50 sacas de 60 kg de milho adquiridas ao custo unitário de R$ 40,00. Esse montante de milho está avaliado em R$ 2.000,00 (50 × R$ 40,00). Se posteriormente a essa compra o preço do grão caiu a R$ 30,00 e não há perspectiva de recuperação rápida, o procedimento contábil adequado é reconhecer a perda de R$ 10,00 (R$ 30,00 − R$ 40,00) por saca, desvinculando a perda da efetiva venda do cereal.

O ajuste possibilita-nos reconhecer tanto que o resultado do período ficou comprometido em R$ 500,00, em virtude da queda do preço de mercado do milho outrora adquirido, quanto que este, enquanto Ativo, não vale mais os R$ 2.000,00 pelos quais foi adquirido, mas R$ 1.500,00 (50 × R$ 30,00) – valor líquido do ajuste decorrente de sua desvalorização no mercado. Em conta de Ajuste para Perdas por Desvalorização de Mercadorias tem a função de retificar o valor do estoque do histórico para o líquido após o ajuste. O lançamento contábil correspondente é apresentado no Quadro 7.5.

Quadro 7.5 – Lançamento referente a Perdas por Desvalorização de Mercadoria

Despesa por Desvalorização de Mercadorias	
a Ajuste para Perdas por Desvalorização de Mercadorias	R$ 500,00

7.4 A depreciação e sua função de retificação de valor do imobilizado

Fazem parte do imobilizado de uma organização todos os bens físicos com duração mínima de um ano que estejam à sua disposição com a função de contribuir de alguma forma para a execução da atividade operacional e os quais a empresa não tenha intenção de vender. Veículos utilizados no transporte ou deslocamento de mercadorias e pessoas a serviço da organização são exemplos de imobilizados. Máquinas, móveis, equipamentos, edifícios, entre tantos outros bens físicos que possam ser utilizados para auxiliar na produção de bens, na execução de serviços, no desempenho de atividades comerciais, na manutenção, em funções administrativas ou financeiras em favor da empresa também são exemplos de itens que compõem o imobilizado.

O imobilizado corresponde ao conjunto dos bens físicos com as características ora descritas e cujo valor de registro na contabilidade, tal como os demais itens do Ativo, é determinado pelo custo de aquisição (considerando-se que, no momento da compra, é normal que esses bens sejam novos, sem qualquer uso).

Como, em geral, cada item do imobilizado permanece por muito tempo na empresa, o respectivo valor de registro, deixa de retratar a realidade à medida que os anos passam. É fácil compreendermos que bens usados devam valer menos que bens novos. Desse modo, os itens de imobilizado também perdem valor com o tempo em decorrência do uso, da deterioração e da obsolescência (que está relacionada a bens concorrentes que possam surgir e que tragam vantagens de eficiência e qualidade). Por isso, é preciso retificar periodicamente o valor de cada um desses bens.

De acordo com Iudícibus et al. (2011), a redução de valor dos itens de imobilizado é denominada *depreciação*. Ela é medida individualmente para cada item do imobilizado de uma entidade. Para fazer esse cálculo, é fundamental conhecermos a vida útil de cada item a ser depreciado.

Também é importante entendermos que a vida útil não corresponde ao tempo total que um bem pode durar, mas ao tempo previsto para aquele bem permanecer em condições de oferecer serviços em padrões aceitáveis de qualidade. É entendido, por exemplo, que um carro tenha uma vida útil de cinco anos. Isso não significa que após esse período, o veículo torne-se inservível, mas que ele já não atende seu usuário com a mesma eficiência e conforto e não garante a mesma confiabilidade que oferecia durante sua vida útil.

É claro que a vida útil não pode ser determinada com absoluta precisão, e tal tarefa não deixa de ser também uma estimativa sujeita a erros. Os métodos empregados para estabelecer a vida útil de cada bem físico componente do imobilizado vão desde seguir as previsões dos manuais dos respectivos fabricantes até recorrer à experiência anterior com itens similares.

A depreciação é calculada durante a vida útil do bem, o que possibilita identificar a cada intervalo de tempo qual foi a despesa ocasionada pelo desgaste do item depreciado como consequência de seu uso na atividade operacional da entidade. Desse modo, o valor líquido do bem vai diminuindo com o passar do tempo, pois a conta retificadora vai aumentando seu saldo a cada novo período: é o que chamamos de *depreciação acumulada*.

Uma vez definidos os vários termos empregados no tocante à depreciação, podemos agora exemplificar os respectivos cálculos e registros.

Se uma empresa adquire um veículo novo por R$ 50.000,00 e estabelece sua vida útil em cinco anos, durante os quais ele se depreciará integralmente e por igual, ela está utilizando o método da depreciação linear ou da linha reta sem valor residual. Isso equivale a depreciar o veículo em 1/5 ou 20% ao ano, ou seja, qualificar o valor de R$ 10.000,00 como despesa de depreciação do veículo ao ano. A cada ano da vida útil, é lançada a despesa de depreciação de R$ 10.000,00 a débito da demonstração de resultado, com a contrapartida na conta retificadora do veículo, intitulada Depreciação Acumulada do Veículo.

Para esse exemplo, o lançamento do primeiro ano é indicado no Quadro 7.6.

Quadro 7.6 – Lançamento referente a Depreciação de Veículo

Despesa de Depreciação	
a Depreciação Acumulada do Veículo	R$ 10.000,00

Observe que enquanto a conta Despesa de Depreciação é encerrada como qualquer outra conta da demonstração de resultado, a conta Depreciação Acumulada do Veículo, por ser conta periódica, tem caráter patrimonial cujo saldo continua no Balanço, mesmo após o encerramento do resultado. Ela tem a função de retificar o valor do veículo, que, após um ano de uso, não mais pode ser avaliado como se fosse novo. No Balanço Patrimonial, ela aparece no Ativo da seguinte maneira:

Quadro 7.7 – Demonstração de desvalorização de veículo no Balanço Patrimonial

Veículo	R$ 50.000,00
(–) Depreciação Acumulada do Veículo	(R$ 10.000,00)
(=) Valor Líquido do Veículo	R$ 40.000,00

Note que o valor histórico do veículo e a correspondente conta não sofrem qualquer alteração. Seu valor é preservado, até porque ele é a base para os futuros cálculos de depreciação. A conta Depreciação Acumulada do Veículo tem saldo credor e, por isso, aparece como dedutiva no Ativo. Ela serve para evidenciar que, até o momento da avaliação, a Depreciação Acumulada corresponde apenas ao primeiro ano de vida útil do veículo.

No segundo ano da vida útil do veículo, faz-se necessário um novo reconhecimento de despesa de depreciação, de forma equivalente ao lançamento do primeiro ano, conforme segue:

Quadro 7.8 – Reconhecimento de Despesa de Depreciação

Despesa de Depreciação	
a Depreciação Acumulada do Veículo	R$ 10.000,00

Da mesma forma que no ano anterior, a conta Despesa de Depreciação é encerrada, o que ocasiona um resultado final em R$ 10.000,00 menor do que seria caso não se admitisse a despesa com depreciação.

É importante atentarmos para o fato de que levar a despesa de depreciação para a demonstração de resultado significa também que os empresários precisam ter em mente que a atividade deve remunerá-los o suficiente para repor o bem depreciado ao final de sua vida útil, e isso não se confunde com lucro. Se não contabilizarmos a despesa de depreciação, haverá uma superavaliação do resultado da empresa, pois deixaremos de considerar que, para continuar funcionando, ela terá que, no futuro, repor o bem.

Já no Balanço Patrimonial, o valor líquido do veículo é retificado com a depreciação acumulada para dois anos de sua vida útil, conforme segue:

Quadro 7.9 – Registro de valor líquido de veículo no Balanço Patrimonial

Veículo	R$ 50.000,00
(–) Depreciação Acumulada do Veículo	R$ 20.000,00
(=) Valor Líquido do Veículo	R$ 30.000,00

O mesmo procedimento deve ser realizado nos anos subsequentes, até que o veículo seja totalmente depreciado ao final de sua vida útil, conforme segue:

Quadro 7.10 – Registro de valor líquido de veículo após depreciação acumulada

Veículo	R$ 50.000,00
(–) Depreciação Acumulada do Veículo	R$ 50.000,00
(=) Valor Líquido do Veículo	R$ 0,00

Note que, ao final de sua vida útil, o veículo não tem mais valor contábil. Contudo, conforme esclarecemos, o fim da vida útil não significa que o veículo passou a ser inservível e que não tenha mais valor. Por isso, não é razoável depreciar integralmente seu valor ou o de qualquer outro bem. O adequado é estimar um valor que o bem passe a ter após sua vida útil: é o que chamamos de *valor residual*.

O valor residual, de acordo com Marion (2009), corresponde ao valor que o bem continua a ter, mesmo depois de toda a depreciação acumulada ao longo de sua vida útil. O valor residual pode ser estabelecido, por exemplo, com base no percentual que o valor de mercado do mesmo tipo de bem representa após a vida útil, em relação a um novo.

Considerando o exemplo que temos utilizado (veículo), suponhamos que, no mercado, em média, veículos similares com cinco anos de uso custem 30% do valor de um novo. O valor residual será 30% × R$ 50.000,00 = R$ 15.000,00. O valor a depreciar será dado pela diferença do valor original do veículo (R$ 50.000,00) e seu valor residual (R$ 15.000,00), ou seja, R$ 35.000,00.

Utilizando o mesmo método de depreciação linear ou linha reta (que não é o único método, mas é o mais conhecido e utilizado), as despesas de depreciação anual são de R$ 7.000,00 (20% × R$ 35.000,00). Desse modo, temos a seguinte situação ao final do primeiro ano, dessa vez representada por Razonetes, conforme representado na Figura 7.1.

Figura 7.1 – Razonetes de Despesas de Depreciação anual

Veículo	Despesa de Depreciação	Depreciação Acumulada
50.000	(1) 7.000,00	7.000,00 (1)

No Balanço Patrimonial, a depreciação aparece no Ativo da seguinte maneira, como apresentado no Quadro 7.1.

Quadro 7.11 – Lançamento de depreciação acumulada no Balanço Patrimonial

Veículo	R$ 50.000,00
(–) Depreciação Acumulada do Veículo	(R$ 7.000,00)
(=) Valor Líquido do Veículo	R$ 43.000,00

A cada um dos demais anos de vida útil do item devemos realizar o mesmo lançamento, de modo que, ao final da vida útil, o veículo estará avaliado por seu valor residual, como expresso a seguir:

Figura 7.2 – Razonetes para registro de valor residual

Veículo	Despesa de Depreciação	Depreciação Acumulada
50.000,00	(5) 7.000,00	7.000,00 (1)
		7.000,00 (2)
		7.000,00 (3)
		7.000,00 (4)
		7.000,00 (5)

No Balanço Patrimonial, ela aparece no Ativo da seguinte maneira:

Quadro 7.12 – Demonstração detalhada do valor líquido do veículo

Veículo	R$ 50.000,00
(–) Depreciação Acumulada do Veículo	(R$ 35.000,00)
(=) Valor Líquido do Veículo	R$ 15.000,00

Observe que a despesa anual é menor que na hipótese de não haver valor residual, o que indica que o lucro anual é maior quando adotamos o valor residual. À contabilidade, cabe retratar da forma mais realista possível a situação patrimonial da entidade acompanhada – posição reforçada no Brasil com o trabalho do CPC, iniciado em 2005, para, nos anos seguintes, permitir a adoção de padrões internacionais.

Não se trata de uma questão fiscal em que, quanto maior é o lucro, maior também é o valor do Imposto de Renda, até porque há regras específicas da legislação fiscal que não precisam ser seguidas para fins societários, e existem ajustes que transformam o lucro divulgado para fins de acompanhamento patrimonial em lucro para fins tributários.

No passado, a legislação tributária brasileira influenciava decisivamente a contabilidade e muito particularmente o referente à depreciação. Tanto é que, costumeiramente, as empresas seguiam à risca a tabela de depreciação elaborada pela Secretaria da Receita Federal, que fixa a vida útil e a taxa de depreciação anual para as diversas categorias de bens. Entre os principais itens que ela contempla estão os especificados na Tabela 7.1.

Tabela 7.1 – Vida útil e taxa de depreciação dos principais itens de imobilizado segundo a legislação do Imposto de Renda

Item	Vida útil (em anos)	Depreciação ao ano (%)
Máquinas e equipamentos	10	10
Móveis e utensílios	10	10
Veículos	5	20
Imóveis e edificações	25	4

Fonte: Elaborado com base em Brasil (1999).

Percebamos que, quanto mais longa é a vida útil prevista para o bem, menor é o percentual a ser depreciado anualmente. Importante salientarmos também o caráter não obrigatório do uso da Tabela do Imposto de Renda (resumida na Tabela 7.1) pela contabilidade, cujo objetivo é avaliar cada item patrimonial da maneira mais próxima da realidade na própria data da avaliação (que em geral é a mesma que a do Balanço Patrimonial) pelo valor original de cada bem deduzido da depreciação acumulada até essa data.

A decisão sobre quanto depreciar ao ano e sobre estabelecer ou não valor residual para cada bem pertencente ao imobilizado deve levar em conta a expectativa que se tenha em relação a cada caso, sem que haja necessidade de prender-se à vida útil, nem a percentuais de depreciação ou mesmo a método de depreciação. O importante é que o plano estabelecido para depreciar um bem ao longo de sua vida útil seja o mais adequado, a fim de que cada avaliação por que ele passe seja bastante realista.

Tanto é verdade que a contabilidade brasileira atual assume a obrigatoriedade de proceder no mínimo uma vez por ano à revisão dos valores de todos os bens do imobilizado, e a possibilidade de reconhecer perdas e modificar vidas úteis remanescentes e planos de depreciações futuras a partir de cada revisão. Neste livro, dado seu caráter introdutório, não esmiuçaremos esse assunto, mais técnico e de maior profundidade.

Com relação a outros métodos de depreciação, há, por exemplo, o método da soma dos dígitos e o método da depreciação acelerada. O primeiro objetiva depreciar o bem mais intensamente no início de sua vida útil e menos no final; o segundo, por sua vez, estabelece cotas iguais de depreciação anual e visa reduzir a vida útil do bem por uso acima do normal, para, com isso, utilizar um percentual de depreciação ao ano superior ao que seria empregado se fosse adotado o método da depreciação linear. Não faz parte do escopo deste livro entrar em detalhes mais aprofundados acerca desses e de outros métodos alternativos.

Outro aspecto interessante no que se refere à depreciação é sua atribuição no tempo quando o bem não está no Ativo da empresa durante o ano todo. Um veículo depreciado em cinco anos, por exemplo, mas adquirido em 1º de abril de X1 deve ser depreciado por nove meses do ano X1, integralmente nos anos X2, X3 e X4, além de mais três meses em X5. Portanto, à depreciação se aplica o conceito *pro rata temporis*, ou seja, apropria-se a depreciação proporcionalmente ao tempo efetivamente decorrido dentro de cada demonstração de resultado.

Cabe também destacarmos que terrenos – que, por sua natureza, não são expostos a desgaste, uso ou obsolescência – não são depreciados. Tal como qualquer outro imobilizado, seus valores podem ser ajustados somente para baixo pela contabilidade. Reconhecimentos por valorização são possíveis apenas na hipótese de venda dos terrenos, quando novo valor objetivo e comprovável é atribuído a eles mediante nova transação.

7.5 Despesas antecipadas

Despesas representam os diversos esforços que uma entidade realiza para manter suas várias atividades, para manter-se funcionando e, consequentemente, para gerar receitas que permitam sua sobrevivência e evolução. Tais despesas podem ser pagas tanto no ato em que são executadas (situação em que o desembolso é imediato e a contrapartida é a conta Caixa) quanto no futuro (quando a contrapartida é uma conta de Passivo que defina o tipo de despesa a pagar).

Como definimos em outros pontos deste texto, o **princípio da competência de exercícios é a regra contábil que estabelece que as despesas devem ser levadas a débito da demonstração de resultado do período que realmente beneficiam.** Por isso, as despesas de salários de determinado mês são aquelas que existiram como remuneração dos trabalhadores naquele mês, mesmo que eles recebam seus salários somente no mês seguinte. Nesse caso, ocorre antes a despesa e depois o desembolso para pagar por ela. Portanto, despesa e desembolso são eventos distintos.

Há possibilidade de contratar despesas antes da época de sua efetiva utilização. Assim sendo, elas não devem ser levadas à demonstração de resultado no ato de sua contratação: trata-se das despesas antecipadas.

As despesas antecipadas devem ser lançadas no Ativo, pois são direitos de utilização futura dos benefícios anteriormente adquiridos. Por exemplo, quando se contrata uma apólice de seguros contra incêndio de um prédio, normalmente a vigência é de um ano. Portanto, durante um ano a partir da contratação, o contratante está protegido pela apólice de seguro e será indenizado em caso de ocorrência de incêndio no prédio segurado. Não é correto considerar seguros como despesas do mês da contratação, pois seu uso não ocorre somente nesse mês, mas também nos outros onze meses seguintes.

Para exemplificar essa situação, imaginemos uma apólice de seguro contratada pelo prazo de 12 meses, à vista, por R$ 36.000,00 em 1º de março de X1. O lançamento inicial é a débito da conta Seguros a Vencer e a crédito da conta Caixa. Observe como é feito esse lançamento na Figura 7.3.

Figura 7.3 – Razonetes referentes a Seguros

Seguros a Vencer		Caixa	
(1) 36.000,00		36.000,00 (1)	

A conta Seguros a Vencer faz parte do Ativo, pois representa o direito de usufruir da proteção contratada por 12 meses. À medida que o tempo transcorre, cada parcela mensal correspondente (R$ 3.000,00 = R$ 36.000,00/12) é reconhecida como despesa mensal do seguro, pois está ocorrendo a sua utilização: o direito de uso representado por um ativo vai gradativamente se transformando em despesa.

Assim, ao final de março de X1 é lançada a despesa correspondente à utilização do seguro, proporcionalmente ao tempo já utilizado. Na conta Seguros a Vencer, o saldo remanescente representa o direito de usar a proteção contratada por mais 11 meses, conforme segue:

Figura 7.4 – Razonetes referentes a Despesas de Seguros

Seguros a Vencer				Despesa de Seguros	
(1) 36.000,00	3.000,00	(2)		(2) 3.000,00	

Procede-se da mesma forma nos meses restantes, até o final da vigência da apólice, de modo que, ao término do ano X1 – época em que em geral são publicados os Balanços –, as despesas de seguros serão relativas às parcelas de março a dezembro. Essa parte do valor total do seguro será considerada como Despesas de Seguros de X1. Enquanto isso, os valores correspondentes à utilização do seguro no ano de X2 continuarão na conta Seguros a Vencer, no Balanço Patrimonial de 31 de dezembro de X1.

Desse modo, os direitos representados na conta de Ativo migram para a demonstração de resultado, conforme expresso na Figura 7.5.

Figura 7.5 – Demonstração de resultado

Seguros a Vencer				Despesas de Seguros de X1	
(1)	36.000,00	3.000,00	(2)	(2)	3.000,00
		3.000,00	(3)	(3)	3.000,00
		3.000,00	(4)	(4)	3.000,00
		3.000,00	(5)	(5)	3.000,00
		3.000,00	(6)	(6)	3.000,00
		3.000,00	(7)	(7)	3.000,00
		3.000,00	(8)	(8)	3.000,00
		3.000,00	(9)	(9)	3.000,00
		3.000,00	(10)	(10)	3.000,00
		3.000,00	(11)	(11)	3.000,00
	36.000,00	30.000,00			30.000,00
	6.000,00				

7.7 O caso da operação de desconto de títulos e os juros a vencer

Por vezes, empresas necessitam adiantar e levantar recursos financeiros para arcar com seus pagamentos. Quando há dificuldade para obter empréstimos ou urgência em levantar esses recursos, elas podem obtê-los por meio de descontos de títulos que tenham a receber de seus clientes.

Conhecida como *desconto de duplicatas*, essa operação permite que uma empresa possa negociar com uma instituição financeira o pagamento antecipado de títulos pelos quais receberia somente em datas futuras, previamente acertadas com seus clientes.

Tenha sempre em mente que não se trata de uma operação de venda dos títulos a receber de clientes, mas apenas de seu recebimento antecipado. A empresa continua dona de seus títulos e responsável por eles até o efetivo pagamento por parte dos clientes. Por isso, não há baixa imediata dos títulos por ocasião dessa operação. Eles continuam constando da carteira de títulos a receber até sua efetiva liquidação, o que faz surgir uma conta específica denominada Títulos Descontados, na qual são registrados todos os títulos negociados com bancos para recebimento antecipado.

> A conta Títulos Descontados é também retificadora da conta Clientes, que continua com o valor total dos títulos a vencer preservado. Assim como a conta de Perdas Estimadas por Não Recebimento de Clientes, também a conta Títulos Descontados é deduzida do valor da conta Clientes para obtermos seu valor líquido.

Na operação de desconto de títulos, o banco libera no ato a diferença em dinheiro entre o valor que a empresa receberia de seus clientes em data futura e os juros cobrados pela operação. Os juros são, portanto, antecipados, pois são cobrados imediatamente, ainda que se refiram ao intervalo de tempo entre a data da operação e a data de vencimento dos títulos.

Por exemplo, suponhamos que a empresa Deca & Dente resolva em 1º de dezembro de X1 descontar um título a vencer em 90 dias no valor de R$ 100.000,00. Na data de seu desconto no Banco Z, a instituição financeira cobra juros simples e antecipados de 3% ao mês.

Como os juros de R$ 9.000,00 (3 meses × 3% ao mês × R$ 100.00,00) são antecipados, não é correto que sejam debitados em conta de despesa da demonstração de resultado. Na verdade, tais juros representam o direito de utilizar o dinheiro liberado (R$ 100.000,00 – R$ 9.000,00 = R$ 91.000,00) pelo banco pelos 90 dias.

Com o passar do tempo, os juros transformam-se em despesas, deixando de ser antecipados, pois corresponderão à remuneração relativa ao custo do dinheiro adiantado para aquele período. Logo, a cada mês após a data do desconto do título, um terço dos juros antecipados transforma-se em despesa de juros, até que, ao vencimento do título, os juros deixam de ser considerados antecipados e são totalmente transferidos à demonstração de resultado.

O registro inicial da operação exemplificada em 1º de dezembro de X1 pode ser feito conforme indicado na Figura 7.6.

Figura 7.6 – Razonetes referentes a Juros

Títulos Descontados		Juros Passivos a Vencer		Caixa/Bancos	
	100.000,00 (1)	(1) 9.000,00		(1) 91.000,00	

Em 31 de dezembro do mesmo ano, passa a ser reconhecida a despesa de juros no valor de R$ 3.000,00 relativa àquele mês, como demonstramos a seguir:

Figura 7.7 – Razonetes referentes a Despesas de Juros

Títulos Descontados		Juros Passivos a Vencer		Despesa de Juros	
	100.000,00	9.000	3.000,00 (2)	(2) 3.000,00	
		6.000,00			

O Ativo do Balanço correspondente tem o efeito do saldo credor de R$ 100.000,00 da conta Títulos Descontados subtraído do valor líquido de clientes, e a conta de Juros Passivos a Vencer representando o direito aos 60 dias restantes da operação de desconto.

Dos juros totais da operação no valor de R$ 9.000,00, apenas R$ 3.000,00 são considerados como despesas de juros de X1. Os R$ 6.000,00 restantes são reconhecidos como tal somente no ano X2.

Estudo de caso

Na última reunião entre o Sr. Vitor (proprietário de tradicional drogaria no Sul do país) e o Sr. Haroldo (contador e responsável pelo escritório de contabilidade contratado), o empresário comentou que achava que seu negócio era mais lucrativo do que a contabilidade indicava.

Sem entender exatamente por que seu cliente tinha essa sensação, o contador disse que o escritório vinha aplicando as práticas contábeis atuais, conforme reconhecidas pela legislação brasileira e internacionalmente aceitas, e afirmou:

— As demonstrações contábeis da drogaria refletem a realidade da empresa à luz do que está prescrito pelas regras, e os serviços do escritório de contabilidade são executados de acordo com os mais elevados padrões de qualidade e confiabilidade.

O Sr. Vitor apressou-se em pedir desculpas e ressaltar que estava muito satisfeito com os serviços prestados pelo escritório de contabilidade, e que o fato de pensar que os lucros da drogaria fossem maiores do que os registros mostravam nada tinha a ver com os serviços executados pelo escritório, mas relacionados às regras contábeis.

Mais confuso ainda, o Sr. Haroldo pediu a seu cliente que desse exemplo de algum aspecto que pudesse indicar que a contabilidade tivesse contribuído para reduzir os lucros da drogaria, ao que o empresário prontamente respondeu:

— Meu caro Haroldo, a contabilidade permite que nós consideremos como despesa a depreciação sobre o imóvel, as gôndolas, prateleiras e até o carro que usamos para as entregas em domicílio. Entretanto, não ocorre pagamento pela depreciação, tampouco dívida relativa a ela para pagamento futuro. Então, como pode a depreciação ser deduzida do mesmo modo como as outras despesas sobre as quais há esses efeitos?

Se você estivesse na posição do contador Haroldo, que argumentos utilizaria, com base na leitura deste capítulo, para convencer o Sr. Vitor quanto à validade do lançamento das despesas de depreciação e de sua dedução para apuração do lucro?

Síntese

O custo histórico tem a preferência para efeito de registro do valor dos mais diversos ativos. No entanto, com o passar do tempo, podem surgir situações que exijam providências para que o valor desses ativos não seja superestimado. Elas ocorrem principalmente nas contas Valores a Receber de Clientes e Mercadorias, bem como nos ativos destinados à manutenção da atividade operacional, tais como máquinas, equipamentos, veículos, móveis e imóveis.

Ressaltamos neste capítulo que há transações que, embora contenham em seus respectivos títulos o termo *despesa*, não devem ser classificadas de imediato como demonstração de resultados, mas como ativos. É o caso das despesas antecipadas.

Outro aspecto que estudamos neste capítulo foi o conservadorismo – regra contábil segundo a qual não se deve, de forma nenhuma, superavaliar a situação patrimonial de uma entidade. Quando o valor de um Ativo for superior ao dos registros contábeis, devemos aguardar pela realização de lucro para atestar essa superioridade de valor.

Atrelada a esse princípio está a necessidade de retificar valores de ativos, de modo a reduzi-los em diversos casos. A solução para tal é criar contas retificadoras, com saldo credor, à parte das contas que são objeto de correção dos valores. Deduzimos essas contas dos seus valores originais e os retificamos, a fim de obtermos os saldos líquidos dos ajustes.

As situações mais evidentes em que se fazem necessárias essas contas são:

a) ajustes por perdas estimadas nas contas a receber de clientes;
b) ajustes por perdas estimadas nos valores de mercadorias;
c) depreciação e sua função de retificação de valor do imobilizado.

Há também outras situações que são relacionadas ao princípio contábil da competência e que exigem interpretação correta e lançamentos adequados por parte da contabilidade.

Sobre o princípio da competência de exercícios, aprendemos neste capítulo que ele consiste na regra contábil segundo a qual as despesas devem ser levadas a débito da demonstração de resultado do período que realmente beneficiam.

Entretanto, vimos que determinadas despesas podem ser contratadas antes da época de sua efetiva utilização. Nesse caso, não devem ser levadas à demonstração de resultado no ato de sua contratação: são as chamadas *despesas antecipadas*, que são lançadas no Ativo, pois são direitos de utilização futura dos benefícios anteriormente adquiridos.

Com a passagem do tempo, tais despesas se transformam em despesas do período e migram para a demonstração de resultado do intervalo de tempo a que efetivamente pertencem, até que o saldo da conta Despesas Antecipadas é zerado ao final do contrato que as originou.

Exercícios resolvidos

Em 31 de dezembro de 2017, ao final do primeiro ano de atividades da Cia. Avançada, o Balancete de Verificação era composto pelas seguintes contas:

- Caixa, R$ 40.000,00;
- Capital Social, R$ 220.000,00;
- Clientes, R$ 70.000,00;
- Fornecedores, R$ 50.000,00;
- Estoques, R$ 80.000,00;
- CMV, R$ 114.000,00;
- Máquinas, R$ 100.000,00;
- Veículos, R$ 60.000,00;
- Receitas de Vendas, R$ 212.000,00;
- Seguros a Vencer, R$ 12.000,00;
- Empréstimos Bancários, R$ 14.000,00;
- Despesas Administrativas, R$ 10.000,00;
- Despesas de Vendas, R$ 6.000,00;
- Despesas Gerais, R$ 4.000,00.

Para que se conheçam a real situação econômico-financeira e o resultado do ano de 2017, é necessário incluir os seguintes ajustes (que não envolvem a conta Caixa):

- Os seguros, pagos em 1º de abril de 2017, foram contratados por 12 meses.
- As perdas sobre recebimentos de clientes foram estimadas em 4% de Valores a Receber de Clientes ao final de 2017.
- As máquinas, adquiridas em 2 de janeiro de 2017, foram depreciadas à taxa de 10% ao ano, sem valor residual.
- Os veículos são depreciados em 20% ao ano, têm valor residual de R$ 10.000,00 e foram adquiridos em 1º de abril de 2017.

Considerando esses dados, apresente os seguintes cálculos:

a) Balancete de Verificação em 31 de dezembro de 2017 antes dos ajustes.

b) Lançamentos dos saldos do Balancete e ajustes em Razonetes.

c) Balancete de Verificação em 31 de dezembro de 2017 após os ajustes;

d) Apuração de Resultado de 2017 e demonstração do resultado do mesmo ano.

e) Balanço Patrimonial de 31 de dezembro de 2017.

Resposta (valores em reais - R$):

a)

CONTAS DEVEDORAS		CONTAS CREDORAS	
Caixa	40.000,00	Capital Social	220.000,00
Clientes	70.000,00	Fornecedores	50.000,00
Estoques	80.000,00	Receitas de Vendas	212.000,00
CMV	114.000,00	Empréstimos Bancários	14.000,00
Máquinas	100.000,00		
Veículos	60.000,00		
Seguros a vencer	12.000,00		
Despesas Administrativas	10.000,00		
Despesas de Vendas	6.000,00		
Despesas Gerais	4.000,00		
Total a Débito	**496.000,00**	**Total a Crédito**	**496.000,00**

b)

Caixa		Clientes		Capital social	
40.000,00		70.000,00			220.000,00

Fornecedores		Estoques		Receitas de Vendas	
	50.000,00	80.000,00			212.000,00

CMV		Máquinas		Veículos	
114.000,00		100.000,00		60.000,00	

Empréstimos Bancários		Seguros a Vencer		Despesas Administrativas	
	14.000,00	12.000,00	9.000,00 (A)	10.000,00	
		3.000,00			

Despesas de Vendas		Despesas Gerais		Despesas de Seguros	
6.000,00		4.000,00		(A) 9.000,00	

Desp. Est. Rec. Clientes		Perdas Est. Rec. Cientes		Desp. Deprec. Máquinas	
(B) 2.800,00			2.800,00 (B)	(C) 10.000,00	

Deprec. Ac. Máquinas		Desp. Deprec. Veículos		Deprec. Ac. Veículos	
	10.000,00 (C)	(D) 15.000,00			15.000,00 (D)

c)

CONTAS DEVEDORAS		CONTAS CREDORAS	
Caixa	40.000,00	Capital Social	220.000,00
Clientes	70.000,00	Fornecedores	50.000,00
Estoques	80.000,00	Receitas de Vendas	212.000,00
CMV	114.000,00	Empréstimos Bancários	14.000,00
Máquinas	100.000,00	Perd. Est. Rec. Cientes	2.800,00
Veículos	60.000,00	Deprec. Ac. Máquinas	10.000,00
Seguros a Vencer	3.000,00	Deprec. Ac. Veículos	15.000,00
Despesas Administrativas	10.000,00		
Despesas de Vendas	6.000,00		
Despesas Gerais	4.000,00		
Despesas de Seguros	9.000,00		
Desp. Est. Rec. Clientes	2.800,00		
Desp. Deprec. Máquinas	10.000,00		
Desp. Deprec. Veículos	15.000,00		
Total a Débito	**523.800,00**	**Total a Crédito**	**523.800,00**

d)

Caixa		Clientes		Capital Social	
40.000,00		70.000,00			220.000,00

Fornecedores		Estoques		Receitas de vendas	
	50.000,00	80.000,00		(1) 212.000,00	212.000,00

CMV		Máquinas		Veículos	
114.000,00	114.000,00 (2)	100.000,00		60.000,00	

Empréstimos Bancários		Seguros a Vencer		Despesas Administrativas	
	14.000,00	12.000,00	9.000,00 (A)	10.000,00	10.000,00 (3)
		3.000,00			

Despesas de Vendas		Despesas Gerais		Despesas de Seguros	
6.000,00	6.000,00 (4)	4.000,00	4.000,00 (5)	(A) 9.000,00	9.000,00 (6)

Desp. Est. Rec. Clientes		Perdas Est. Rec. Cientes		Desp. Deprec. Máquinas	
(B) 2.800,00	2.800,00 (7)		2.800,00 (B)	(C) 10.000,00	10.000,00 (8)

Deprec. Ac. Máquinas		Desp. Deprec. Veículos		Deprec. Ac. Veículos	
	10.000,00 (C)	(D) 15.000,00	15.000,00 (9)		15.000,00 (D)

(continua)

(conclusão)

Apuração Result. Exercício		
(2)	114.000,00	212.000,00 (1)
(3)	10.000,00	
(4)	6.000,00	
(5)	4.000,00	
(6)	9.000,00	
(7)	2.800,00	
(8)	10.000,00	
(9)	15.000,00	
	170.800,00	212.000,00
(10)	41.200,00	41.200,00

Desp. Deprec. Veículos	
41.200,00	(10)

Demonstração do Resultado de 2017

Receitas de Vendas	212.000,00
(–) CMV	(114.000,00)
(=) RCM	98.000,00
(–) Despesas Administrativas	(10.000,00)
(–) Despesas de Vendas	(6.000,00)
(–) Despesas Gerais	(4.000,00)
(–) Despesas de Seguros	(9.000,00)
(–) Despesas Est. Com. Rec. de Vendas	(2.800,00)
(–) Despesas de Depreciação de Máquinas	(10.000,00)
(–) Despesas de Depreciação de Veículos	(15.000,00)
(=) Lucro do Exercício de 2017	**41.200,00**

e)

ATIVO		PASSIVO	
Caixa	40.000,00	Fornecedores	50.000,00
Clientes	70.000,00	Empréstimos Bancários	14.000,00
Perdas estimadas por não recebimento de clientes	(2.800,00)	Total	64.000,00
Estoques	80.000,00		
Seguros a vencer	3.000,00		
Veículos	60.000,00	PATRIMÔNIO LÍQUIDO	
Depreciação Acumulada de Veículos	(15.000,00)	Capital Social	220.000,00
Máquinas	100.000,00	Lucros Acumulados	41.200,00
Depreciação Acumulada de Máquinas	(10.000,00)	Total	261.200,00
Ativo Total	**325.200,00**	**Passivo + Patrimônio Líquido**	**325.200,00**

Questões para revisão

1. Por que devem existir as contas retificadoras do Ativo?

2. Qual é a função da depreciação?

3. O lançamento contábil relativo à constituição da conta Perdas Estimadas por Não Recebimento de Clientes é:
   a) Perdas Estimadas por Não Recebimento de Clientes a Clientes.
   b) Despesas Estimadas com Não Recebimento de Clientes a Perdas Estimadas por Não Recebimento de Clientes.
   c) Perdas Estimadas por Não Recebimento de Clientes a Despesas Estimadas com Não Recebimento de Clientes.
   d) Clientes a Perdas Estimadas por Não Recebimento de Clientes.

4. Quando um título é considerado incobrável, o lançamento contábil correto é:
   a) Perdas Estimadas por Não Recebimento de Clientes a Clientes.
   b) Despesas Estimadas com Não Recebimento de Clientes a Perdas Estimadas por Não Recebimento de Clientes.
   c) Perdas Estimadas por Não Recebimento de Clientes a Despesas Estimadas com Não Recebimento de Clientes.
   d) Clientes a Perdas Estimadas por Não Recebimento de Clientes.

5. Não são itens sujeitos à depreciação:
   a) Imóveis.
   b) Máquinas.
   c) Veículos.
   d) Terrenos.

Questões para reflexão

1. O que é o princípio do conservadorismo e qual é a sua função?

2. O que é o princípio da competência de exercícios e para que serve?

Para saber mais

Recomendamos as seguintes leituras:

HENDRIKSEN, E. S.; VAN BREDA, M. F. **Teoria da contabilidade**. Tradução de Antônio Zoratto Sanvicente. São Paulo: Atlas, 2014.

Trata-se de obra de referência internacional da área e sua leitura é fortemente recomendada para aqueles que desejam um nível de compreensão da contabilidade muito acima do introdutório.

SAPORITO, A. **Análise e estrutura das demonstrações contábeis**. Curitiba: InterSaberes, 2015.

Esta obra é indicada para aqueles que desejam ter uma visão mais abrangente das demonstrações contábeis publicadas e entender como elas podem ser utilizadas por seus diversos usuários de análises para tomadas de decisão.

Consultando a legislação

BRASIL. Decreto n. 3.000, de 26 de março de 1999. **Diário Oficial da União**, Poder Executivo. Brasília, DF, 29 mar. 1999. Disponível em: <http:www.planalto.gov.br/ccivil_03/decreto/d3000.htm>. Acesso em: 16 nov. 2017.

Considerações especiais sobre o Passivo: provisões e adiantamentos de clientes

8

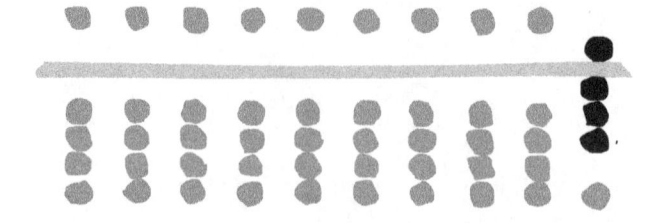

Conteúdos do capítulo:

- Conceito de *passivo*.
- Situações atípicas que geram passivos.
- Provisões.
- Adiantamento de clientes.

Após o estudo deste capítulo, você será capaz de:

1. compreender de que é formada a conta Passivo;
2. identificar possibilidades de geração de obrigações;
3. explicar o que é uma provisão, como é constituída e para que serve;
4. diferenciar adiantamentos de clientes de receitas;
5. transferir adiantamentos de clientes para receitas no momento correto.

Nos capítulos anteriores, explicamos que passivos são obrigações para com terceiros geradas por eventos passados, avaliadas no presente e que devem ser pagas no futuro. Neste capítulo, ampliaremos esse conceito, aplicando-o a situações bem distintas daquelas que comentamos até este ponto do texto.

Afirmamos que passivos são gerados por aquisições de ativos a prazo e por despesas não pagas no ato, bem como que as obrigações geradas devem ser avaliadas para a data do Balanço em que constem, respaldadas por documentos que comprovem os valores registrados e quitadas no futuro em dinheiro.

Neste capítulo, citamos outras possibilidades de geração e quitação de passivos, e explicamos que o conceito de *passivo* é amplo e que deve ser reconhecido até mesmo em ocasiões em que não se saiba com precisão seu vencimento nem seu valor.

8.1 Passivos originados em circunstâncias diferentes das tradicionais

Passivos são gerados não apenas quando seus valores e vencimentos podem ser facilmente comprováveis por documentos que asseguram a veracidade das transações que os originam em consequência de financiamentos de ativos ou de despesas.

Existem algumas situações em que surgem obrigações que devem ser cumpridas no futuro (apesar de não sabermos exatamente quando nem a que valores) pela entidade que é objeto da contabilidade. É o caso, por exemplo, da obrigação de honrar a garantia contratual com a qual uma empresa tenha se comprometido junto a seus clientes, na hipótese de produtos por ela vendidos apresentarem defeitos cobertos pela garantia.

Observe que, nessa situação, não há como precisarmos a quantidade de produtos defeituosos sobre os quais clientes pedirão reparos nem o tipo de problema apresentado, muito menos as datas em que ocorrerão. Logo, não há como registrarmos o valor exato da obrigação nem o momento em que ela deverá ser cumprida.

Também pode ocorrer de a obrigação não ser quitada em dinheiro, mas com reparo, substituição de peça ou componente ou até mesmo com a troca por outro produto.

Note que o exemplo é bastante diferente de casos em que o passivo refere-se a uma compra de bem ou financiamento de despesa com valor e data de vencimento especificados na documentação de suporte da transação.

De tal modo, o fato de não conhecermos valor e data de vencimento exatos não é um indicativo de que não existem obrigações e que estas não precisam, de alguma forma, ser reconhecidas e registradas pela contabilidade.

Há uma série de eventos com essas características que a contabilidade tem dificuldade de incluir em suas avaliações de Passivo, pela própria natureza desses fatos. É difícil, mas não impossível. Na seção seguinte, conheceremos a terminologia empregada nessas ocasiões, as razões de seu uso, os procedimentos realizados e a contabilização.

8.2 Provisões: significado, procedimentos e contabilização

Conforme afirmamos anteriormente, o termo *provisão* já foi utilizado na contabilidade brasileira de modo mais amplo. A partir de 2009, com base no Pronunciamento Técnico CPC 25 – parecer emitido pelo Comitê de Pronunciamentos Contábeis –, o significado e a utilização desse termo foram associados exclusivamente a Passivos.

> Comitê de Pronunciamentos Contábeis (CPC) é o órgão que emite pareceres técnicos posteriormente transformados em legislação contábil pelo Conselho Federal de Contabilidade (CFC).

Segundo o CPC (2009), "Provisão é um Passivo de prazo ou de valor incertos". Ora, mas se o valor é incerto, como reconhecer que há uma obrigação? O mesmo pode ser indagado quanto ao vencimento.

Observe que, ao contrário das situações antes descritas neste livro, nesta não há uma relação entre as partes definida por um contrato que estabeleça valor a pagar e data de vencimento. Nesse caso, resta-nos recorrer a estimativas para chegarmos aos valores e prazos dos eventos para os quais devemos fazer provisões.

O CPC 25 indica três condições necessárias para reconhecermos e lançarmos uma provisão no conjunto dos Passivos de uma entidade, quais sejam:

1. a entidade deve ter uma obrigação presente (legal ou não formalizada) como resultado de evento passado;
2. deve-se provar a necessidade de uma saída de recursos que incorporam benefícios econômicos para liquidar a obrigação;
3. deve haver possibilidade de fazer uma estimativa confiável do valor da obrigação.

Se essas condições não forem satisfeitas, nenhuma provisão deve ser reconhecida. Quando reconhecido, o valor deve corresponder à melhor estimativa do desembolso exigido para liquidar a obrigação presente na data do Balanço.

Voltemos ao exemplo das garantias que uma empresa oferece a seus clientes sobre produtos que fabrica ou revende. A empresa pode recorrer a experiências anteriores para estimar que, suponhamos, em 3% de suas unidades vendidas ocorrem reclamações dentro do prazo de garantia que resultam em substituição de peças e reparos ao custo médio de R$ 20,00. Se em determinado ano a entidade vendeu 10.000 unidades, cerca de 300 (3% × 10.000) provavelmente apresentem problemas que levem a pedidos de garantia pelos clientes.

A Provisão para Garantias será estimada em R$ 6.000,00 (300 unidades × R$ 20,00 por unidade) e lançada como apresentamos no Quadro 8.1.

Quadro 8.1 – Partida dobrada referente a Despesas com Garantias e Provisão para Garantia

Despesas Estimadas com Garantias a Provisão para Garantias	R$ 6.000,00

Note que também a esse caso se aplica o princípio da competência, pois a empresa, em vez de deixar o reconhecimento da despesa para o momento em que os clientes optarem por exercer seus direitos quanto à garantia, registra a despesa já no período das vendas a ela associadas. A provisão surge, então, como contrapartida da despesa, por não se saber seu valor exato nem as datas em que os clientes solicitarão a garantia. Como existe no presente uma obrigação da empresa a ser cumprida no futuro, sem que haja documentação formal que ateste prazo de vencimento e valor, tal obrigação é registrada com o título de *Provisão* – e nesse caso específico, *Provisão para Garantia*.

Perguntas & respostas

1. As provisões podem ser agrupadas em um único registro?

Podem existir diversas classes de provisão, e é importante individualizarmos seus registros. Também sua utilização deve decorrer exclusivamente do evento para o qual a formalizamos. Do contrário, podemos perder totalmente o controle com relação à qualidade da estimativa e da ocorrência de outros eventos que mereçam igual tratamento.

Cada provisão deve, portanto, ser utilizada conforme ocorram de fato os eventos que lhe deram origem. Retomemos nosso exemplo de Provisão para Garantias de R$ 6.000,00. Suponhamos que, alguns dias depois desse lançamento, um primeiro cliente tivesse seu pedido de cobertura de garantia atendido e que tal pedido acarretasse substituição de peça, com custo de R$ 35,00 para a empresa. O lançamento deve ser feito como no Quadro 8.2.

Quadro 8.2 – Partida dobrada referente a Provisão para Garantia e Estoques

Provisão para Garantia a Estoques	R$ 35,00

Atentemos para o fato de que o lançamento não envolve contas de resultado nem a conta Caixa. O débito não é lançado como despesa, uma vez que o volume total de despesas previstas para esse tipo de evento já deve ter sido lançado. O atual lançamento diz respeito apenas ao uso real de parte das despesas estimadas e provisionadas no Passivo.

O crédito, por sua vez, não constitui um desembolso, ou seja, há quitação de um passivo sem que ocorra pagamento em dinheiro ou equivalente. A obrigação é resgatada mediante a simples troca da peça, com a consequente baixa de estoques por seu respectivo custo. Se a garantia estivesse relacionada a um reparo, por exemplo, o custo desse reparo ou da assistência técnica utilizada seria a conta utilizada para registrar o crédito.

Por fim, pelo fato de as provisões estarem relacionadas a estimativas, devemos revê-las a cada ano. Elas podem ser revertidas quando seus valores superarem o uso efetivo, e o resíduo não utilizado pode ser complementado quando da estimativa para a mesma provisão no período seguinte.

Suponhamos que o acumulado dos diversos clientes que tiveram atendidas suas solicitações de garantias em nosso exemplo tivesse atingido o valor de R$ 5.200,00. Uma vez que o valor da provisão fora de R$ 6.000,00, haveria duas soluções, quais sejam:

Reverter o saldo não utilizado de R$ 800,00 com o lançamento que apresentamos na Quadro 8.3.

Quadro 8.3 – Partida dobrada para Reversão de Provisão de Garantias

Provisão para Garantias a Reversão de Provisão para Garantias	R$ 800,00

Ao efetuar uma nova provisão cuja estimativa fosse de R$ 8.000,00, por exemplo, fazer o seguinte lançamento:

Quadro 8.4 – Partida dobrada com nova provisão de garantias

Despesas Estimadas com Garantias a Provisão para Garantias	R$ 7.200,00

No caso da Reversão, haveria o crédito de R$ 800,00 beneficiando o resultado. E com a nova Provisão de R$ 8.000,00, o efeito líquido seria de R$ 7.200,00, do mesmo modo como ocorre no caso de complementarmos a nova provisão.

8.3 Adiantamentos de clientes

Em determinadas circunstâncias, é possível que clientes paguem a seus fornecedores mesmo antes de receberem os produtos adquiridos. É o que costuma ocorrer quando se trabalha com encomendas ou quando o bem adquirido é muito caro ou feito especificamente para determinado cliente, envolvendo alto investimento para o fabricante ou risco de o cliente desistir do negócio e o fabricante ficar com um bem cuja venda no mercado seja improvável.

Considerando essas possibilidades, podemos entender que é normal que, em tais ocasiões, as empresas recebam antecipadamente de seus clientes por vendas que serão entregues no futuro, com os prazos combinados entre as partes, e que os valores dessas vendas cubram a construção ou a confecção dos bens a serem entregues.

Uma importadora pode, por exemplo, receber antecipadamente um valor de um cliente para adquirir um produto (mercadoria) encomendado no exterior. Uma fabricante de máquinas, por seu turno, pode receber com antecedência de seu cliente para obter recursos suficientes para construir uma máquina especialmente desenvolvida para esse comprador, de modo a não precisar aplicar seus próprios recursos para atender a essa finalidade. Um ateliê pode receber antecipadamente por um vestido de noiva que entregará somente alguns dias antes do casamento.

Em todas as situações mencionadas, as empresas recebem dinheiro antes de entregar a seus clientes os produtos objetos da venda. Elas têm a obrigação de entregar no futuro, no prazo acordado e conforme as condições combinadas, os bens pelos quais foram pagas antecipadamente.

Não se pode confundir adiantamento de clientes com receitas de vendas, pois, segundo o **princípio da realização da receita**, outra importante regra contábil, **a receita somente pode ser reconhecida se forem cumpridas as obrigações para com o comprador.** Ou seja, a Receita de Vendas somente poderá ser lançada para efeito de apuração de resultado se a empresa entregar a seu cliente o produto a ele vendido.

Desse modo, adiantamentos de clientes são passivos, pois a entidade tem uma obrigação para com os clientes que pagam antecipadamente por mercadorias que receberão no futuro. O passivo, nesse caso, é uma obrigação cujo cumprimento não se dará por meio de pagamento em dinheiro, mas pela baixa e entrega do bem pelo qual a empresa recebeu valores antecipados.

A seguir mostramos como registrar a partida dobrada correspondente ao lançamento de Adiantamento de Clientes:

Quadro 8.5 – Lançamento de Adiantamento de Clientes

Caixa
a Adiantamentos de Clientes

Desse modo, apontamos a débito da conta Caixa a entrada de dinheiro; e a crédito, o registro da obrigação relativa ao dinheiro recebido, a qual consiste na entrega futura dos bens, conforme combinada com o cliente que fez o adiantamento.

Quando a entrega acontece é que será reconhecida a receita, ou seja, a empresa deixará de ter a obrigação com o cliente e, por isso, deve reconhecer a receita correspondente e as despesas associadas a essa receita. Numa empresa comercial, os respectivos lançamentos são feitos da seguinte maneira:

Quadro 8.6 – Lançamento de despesas e receitas após entrega ao cliente

Adiantamentos de Clientes
a Receitas de Vendas
Custo das Mercadorias Vendidas
a Mercadorias

Suponhamos que uma empresa tenha recebido adiantamento de clientes no valor de R$ 50.000,00, para entrega futura de mercadorias. Nesse momento, o registro da transação, visto por meio de Razonetes, é exposta na Figura 8.1.

Figura 8.1 – Razonete com registro de adiantamento de cliente para entrega futura

Caixa			Adiantamento de Clientes		
(1)	50.000,00			50.000,00	(1)

Somente por ocasião da efetiva entrega das mercadorias é que fazemos o registro da Receita de Vendas, uma vez que cessa a obrigação com o cliente. O lançamento deve ser executado conforme o que consta na Figura 8.2.

Figura 8.2 – Registro de receita após a entrega ao cliente

Adiantamento de clientes				Receitas de vendas		
(1)	50.000,00	50.000,00	(2)		50.000,00	(2)

O passo seguinte é o registro do CMV relativo às vendas de mercadorias por R$ 50.000,00. Se o CMV dessas mercadorias foi de R$ 27.000,00, temos, simultaneamente ao reconhecimento da Receita de Vendas, o lançamento da despesa diretamente a ela vinculada, conforme a Figura 8.3.

Figura 8.3 – CMV referente às vendas realizadas

Mercadorias			CMV		
	27.000,00	(2a)	(2a)	27.000,00	

Note que, após o registro da receita e da despesa, procedemos à apuração de resultado, mas não existirão mais efeitos financeiros posteriores decorrentes dessa transação, pois a entrada de caixa ocorreu na ocasião do adiantamento de clientes.

8.4 Expansão do conceito de *passivo*

Mencionamos neste capítulo algumas situações diferentes daquelas que tradicionalmente geram passivos. Trata-se dos casos em que se requer uma provisão para estimar o valor da obrigação e os adiantamentos de clientes.

A provisão evidencia que não existe um valor objetivo para a despesa que gera obrigação e que, por isso, deve ter seu valor estimado da melhor maneira possível. A obrigação gerada, por sua vez, além de apresentar valor indefinido, pode implicar incertezas no tocante à data de seu vencimento. Desse modo, nem sempre um passivo tem valor e prazo determinados.

A contrapartida da provisão sempre será uma despesa, mas de características diferentes das usuais, por não haver clareza quanto a seu valor e vencimento. Além disso, nem sempre as obrigações geradas precisam ser cumpridas mediante desembolsos: outra possibilidade é a prestação de serviços ou a entrega de outro ativo que não seja dinheiro.

No caso dos adiantamentos de clientes, a obrigação registrada no Passivo é originada pelo cumprimento do acordo entre a empresa e os clientes que levaram ao adiantamento, ou seja, a efetiva entrega das mercadorias vendidas. A grande diferença entre as situações habituais e esse caso é que não há pagamento para quitar a obrigação, mas a entrega das mercadorias.

Em uma visão mais ampliada, alguns passivos podem ser:

- Aquisições de Ativos a Prazo;
- Despesas Não Pagas no Ato;
- Despesas com Valores Estimados;
- Adiantamentos de Clientes.

Além disso, as obrigações geradas devem ser:

- avaliadas para a data do Balanço do qual constem;
- respaldadas por documentos que comprovem os valores registrados ou, na impossibilidade, estimadas da melhor maneira possível;
- quitadas no futuro em dinheiro ou por meio de entrega de outros tipos de ativos ou mesmo de serviços.

Outra definição mais abrangente de passivos é a de que representam obrigações geradas por eventos passados, avaliadas no presente e que devem ser quitadas no futuro, com pagamento em dinheiro, prestação de serviços ou entrega de Ativos, com os valores e vencimentos definidos ou estimados quando não for possível conhecê-los.

Estudo de caso

Preocupado com uma situação atípica em sua atividade comercial, o Sr. Vitor (proprietário de tradicional drogaria do Sul do país), pede uma reunião com o Sr. Haroldo (contador e responsável pelo escritório de contabilidade, contratado já há alguns anos pela drogaria), a fim de contar-lhe algo que havia acontecido e para obter dele uma opinião sobre a ocorrência do ponto de vista contábil.

Sempre solícito e interessado em atender bem seu cliente, o contador conseguiu um horário em sua agenda e foi até a drogaria ao final da tarde daquele mesmo dia frio de maio. Chegando lá, foi muito bem recebido pelo empresário, que propôs que tomassem um café num belo estabelecimento nas imediações.

Depois das costumeiras amenidades e do primeiro café, o Sr. Vitor sentiu-se mais à vontade para expor o problema:

— Haroldo, quando atendo um cliente, pergunto a ele ou leio na sua receita médica quais são os medicamentos de que necessita. Caso eu não disponha dos medicamentos, simplesmente lamento e digo-lhe que naquele momento não os tenho e que, se ele puder aguardar, eu até posso enviar para seu domicílio. Se eu os tiver, entrego-os ao cliente, que paga imediatamente com dinheiro, cartão de débito ou de crédito. É assim que funciona o meu negócio.

— Entendo, Vitor. Essa é a situação que você comumente vivencia, e poderiam existir ainda outras variações quanto ao recebimento, caso você aceitasse outras alternativas, como cheques pré-datados ou até mesmo ter um crediário próprio em que o cliente pagasse depois – o que, conforme já conversamos, eu não aconselho.

— Pois é, Haroldo. Na verdade, o que eu consegui foi receber sem entregar o medicamento. Veio à drogaria um cliente muito antigo que precisou de um remédio caro com o qual não trabalho e sobre o qual ele já havia sido informado pelo médico da dificuldade de encontrar em nossa região. Foi aí que, até para poder atendê-lo bem, consultei diretamente o fabricante, que aceitou vender para mim diretamente, mas com a condição de que, para a quantidade pedida, a entrega fosse feita somente após uma semana. Expliquei ao cliente que eu precisaria pagar o fabricante à vista. Ele ficou muito agradecido e disse que não se importaria de já deixar o medicamento pago, pois estava aflito com a possibilidade de não o encontrar. Acabei recebendo dinheiro sem vender nada e me senti mal com isso. Ao mesmo tempo me questionei: Como ficaria o registro contábil de uma operação desse tipo, em que entra dinheiro sem ter saído mercadoria?

Como você ajudaria o Sr. Haroldo a explicar ao cliente, com base no desenvolvimento deste capítulo, de que modo seria registrada dessa operação e quais seriam o seu significado e o seu desfecho quando os remédios chegassem e fossem entregues ao comprador final?

Síntese

Neste capítulo, tratamos de outras possibilidades de geração e quitação de passivos além daquelas usuais. Pudemos verificar que o conceito de *passivo* é mais amplo e que deve ser reconhecido até mesmo em situações nas quais não se saiba com precisão seu vencimento e seu valor.

Existem algumas situações em que uma empresa tem obrigações a cumprir no futuro, apesar de não saber exatamente quando nem a que valores deverá fazê-lo.

Há uma série de eventos com essas características que a contabilidade tem dificuldade de incluir em suas avaliações de passivo, tais como provisões e os adiantamentos de clientes.

Quanto ao primeiro grupo, afirmamos, com base no CPC 25, que há três condições necessárias para reconhecermos e lançarmos uma provisão no conjunto dos Passivos de uma entidade:

1. a entidade deve ter uma obrigação presente (legal ou não formalizada) como resultado de evento passado;
2. deve-se provar que será necessária uma saída de recursos que incorporam benefícios econômicos para liquidar a obrigação;
3. deve haver possibilidade de fazer uma estimativa confiável do valor da obrigação.

Se essas condições não forem satisfeitas, nenhuma provisão deve ser reconhecida. O valor reconhecido como provisão deve corresponder à melhor estimativa do desembolso exigido para liquidar a obrigação presente na data do Balanço.

Os adiantamentos de clientes, por sua vez, são passivos, pois existe uma obrigação para com os clientes que pagam antecipadamente por mercadorias que receberão no futuro. O passivo, nesse caso, é uma obrigação que não deverá ser cumprida por meio de pagamento em dinheiro, mas simplesmente pela baixa e pela entrega do bem pelo qual a entidade recebeu anteriormente.

Quando a entrega acontece, é reconhecida a receita, ou seja, a empresa deixa de ter a obrigação com o cliente e, por isso, reconhece a receita correspondente e as despesas associadas a essa receita.

Neste capítulo, também apresentamos uma definição mais ampla de *passivo*, segundo a qual este representa obrigações geradas por eventos passados, avaliadas no presente e que devem ser quitadas no futuro, com pagamento em dinheiro, prestação de serviços ou entrega de ativos, com os valores e vencimentos definidos ou estimados quando não for possível conhecê-los.

Exercícios resolvidos

1. O Balancete de Verificação da Cia. Adiantaqui Ltda. (expresso em reais – R$) em 30 de novembro de 2017 foi o seguinte::

CONTAS DEVEDORAS		CONTAS CREDORAS	
Caixa	7.000,00	Capital Social	70.000,00
Clientes	39.000,00	Fornecedores	23.000,00
Mercadorias	65.000,00	Receitas de Vendas	210.000,00
Móveis	13.000,00	Lucros Acumulados	35.000,00
Despesas de Salários	13.500,00		
Despesas de Vendas	21.500,00		
Despesas Gerais	3.700,00		
CMV	175.300,00		
Total dos Débitos	**338.000,00**	**Total dos Créditos**	**338.000,00**

As operações de dezembro e os respectivos ajustes foram estes:

- Operações:
    1. Vendeu mercadorias a prazo no valor de R$ 30.000,00, cujo CMV foi de R$ 22.000,00.
    2. Recebeu R$ 9.000,00 de clientes.
    3. Recebeu R$ 50.000,00 de adiantamento de clientes para futuras entregas de mercadorias.
    4. As despesas de salários (R$ 3.000,00), vendas (R$ 3.500,00) e gerais (R$ 300,00) foram pagas no mesmo mês.

- Ajustes:
    a. A empresa estima Perdas sobre Valores a Receber de Clientes em 5% do saldo de Clientes ao final do ano.
    b. Os móveis e utensílios foram adquiridos em 2 de janeiro de 2017 e são depreciados em 10% ao ano.
    c. Em razão de garantias oferecidas por contrato a clientes, estima-se a necessidade de provisionar R$ 1.000,00 para cumprir as responsabilidades assumidas no futuro.

Sabendo desses fatos, realize:

a) lançamento dos saldos do Balancete de 30/11/2015, das operações de dezembro e dos ajustes em Razonetes.
b) Balancete de Verificação de 31 de dezembro de 2017.
c) apuração de resultado do exercício e demonstração do resultado de 2017.
d) Balanço Patrimonial de 31 de dezembro de 2017.
e) comparação do resultado do período com o saldo final de Caixa e apontamento do motivo da diferença entre eles.
f) descrição do que ocorreu com o Passivo e com o Patrimônio Líquido após os lançamentos de dezembro.

Resposta (valores em reais - R$):

a)

Caixa			
	7.000,00	6.800,00	(4)
(2)	9.000,00		
(3)	50.000,00		
	66.000,00	6.800,00	
	59.200,00		

Clientes			
	39.000,00	9.000,00	(2)
(1)	30.000,00		
	69.000,00	9.000,00	
	60.000,00		

Mercadorias		
65.000,00	22.000,00	(1a)
43.000,00		

Móveis	
13.000,00	

Capital Social	
	70.000,00

Fornecedores	
	23.000,00

Receitas de Vendas		
	210.000,00	
	30.000,00	(1)
	240.000,00	

Lucros Acumulados	
	35.000,00

Despesas de Salários		
	13.500,00	
(4)	3.000,00	
	16.500,00	

Despesas de Vendas		
	21.500,00	
(4)	3.500,00	
	25.000,00	

Despesas Gerais		
	3.700,00	
(4)	300,00	
	4.000,00	

CMV		
	175.300,00	
(1a)	22.000,00	
	197.300,00	

Adiantamento de Clientes		
		50.000,00	(3)

Desp. Est. Receb. de Clientes		
(a)	3.000,00	

Perdas Estimadas sobre Clientes		
		3.000,00	(a)

Desp. Deprec. Móveis		
(b)	1.300,00	

Deprec. Ac. Móveis		
	1.300,00	(b)

Desp. Est. c/ Garantia		
(c)	1.000,00	

Provisão para Garantia		
	1.000,00	(c)

b)

CONTAS DEVEDORAS		CONTAS CREDORAS	
Caixa	59.200,00	Capital	70.000,00
Clientes	60.000,00	Fornecedores	23.000,00
Mercadorias	43.000,00	Receitas de Vendas	240.000,00
Móveis	13.000,00	Lucros Acumulados	35.000,00
Despesas de Salários	16.500,00	Adiantamentos de Clientes	50.000,00
Despesas de Vendas	25.000,00	Perdas Est. Rec. Clientes	3.000,00
Despesas Gerais	4.000,00	Deprec. Ac. Móveis	1.300,00
CMV	197.300,00	Provisão para garantia	1.000,00
Desp. Est. c/ Recebimento de Vendas	3.000,00		
Desp. Deprec. Móveis	1.300,00		
Desp. Est. c/ Garantia	1.000,00		
Total dos Débitos	**423.300,00**	**Total dos Créditos**	**423.300,00**

c)

Receitas de Vendas			
	210.000,00		
	30.000,00	(1)	
(A) 240.000,00	240.000,00		

Despesas de Salários			
	13.500,00		
(4)	3.000,00		
16.500,00	16.500,00	(D)	

Despesas de Vendas			
	21.500,00		
(4)	3.500,00		
25.000,00	25.000,00	(E)	

Despesas Gerais			
	3.700,00		
(4)	300,00		
4.000,00	4.000,00	(F)	

CMV			
	175.300,00		
(1a)	22.000,00		
197.300,00	197.300,00	(B)	

Desp. Deprec. Móveis			
(b)	1.300,00	1.300,00	(G)

Desp. Est. Rec. Clientes		
3.000,00	3.000,00	(H)

Desp. Est. com Garantia			
(C)	1.000,00	1.000,00	(I)

RCM			
(B)	197.300,00	240.000	(A)
(C)	42.700,00	42.700,00	

Apuração de Resultado 2015			
(D)	16.500,00	42.700,00	(C)
(E)	25.000,00		
(F)	4.000,00		
(G)	1.300,00		
(H)	3.000,00		
(I)	1.000,00		
	50.800,00	42.700,00	
	8.100,00	8.100,00	(J)

Lucros acumulados	
(J) 8.100,00	35.000,00
	26.900,00

Demonstração do Resultado de 2017

Receitas de Vendas	**240.000,00**
(−) CMV	(197.300,00)
(=) RCM	42.700,00
(−) Despesas de Salários	(16.500,00)
(−) Despesas de Vendas	(25.000,00)
(−) Despesas Gerais	(4.000,00)
(−) Despesas de Depreciação de Móveis	(1.300,00)
(−) Despesas Est. com Rec. de Vendas	(3.000,00)
(−) Despesas Est. de Garantias	(1.000,00)
(=) Prejuízo do Exercício de 2017	(8.100,00)

d) Com base nos saldos das Contas Patrimoniais do item 1 (exceto a conta de Lucros Acumulados, para a qual é considerado o saldo do item 3), após encerradas todas as Contas de Resultados e depois de apurado o Prejuízo do Exercício, tranferido para o Balanço na conta Lucros Acumulados, temos:

ATIVO		PASSIVO	
Caixa	59.200,00	Fornecedores	23.000,00
Clientes	60.000,00	Adiantamentos de Clientes	50.000,00
Perd. Est. Rec. Cientes	(3.000,00)	Provisões para Garantias	1.000,00
Mercadorias	43.000,00	Total	74.000,00
Móveis	13.000,00		
Deprec. Ac. Móveis	(1.300,00)	PATRIMÔNIO LÍQUIDO	
		Capital Social	70.000,00
		Lucros Acumulados	26.900,00
		Total	96.900,00
Ativo Total	**170.900,00**	**Passivo + Patrimônio Líquido**	**170.900,00**

e) Existiu prejuízo em 2017, mas o saldo de Caixa cresceu consideravelmente. A principal razão para tanta diferença foi o recebimento de adiantamento de clientes, o que aumenta o saldo de caixa, mas não entra na apuração do resultado.

f) Enquanto o Passivo aumentou, o Patrimônio Líquido diminuiu.

Questões para revisão

1. O que são provisões?

2. Como devem ser classificados os adiantamentos de clientes?

3. Assinale a alternativa que apresente o lançamento contábil relativo ao reconhecimento de uma Provisão para Garantia:
   a) Provisão para Garantia a Receitas com Garantia.
   b) Despesas Estimadas com Garantia a Provisão para Garantia.
   c) Provisão para Garantia a Despesas Estimadas com Garantia.
   d) Provisão para Garantia a Reversão de Provisão para Garantia.

4. O motivo para classificar adiantamentos de clientes como passivo é a:
   a) obrigação da entrega futura das mercadorias pelas quais foi recebido.
   b) obrigação de devolver o dinheiro.
   c) necessidade de reconhecer a Receita de Vendas.
   d) falta de previsão de quando chegarão as mercadorias vendidas.

5. Quando se entrega um pedido relativo a um adiantamento recebido, qual é a forma correta de lançá-lo?
   a) Caixa a Adiantamento de Clientes.
   b) Adiantamento de Clientes a Caixa.
   c) Receita de Vendas a Adiantamento de Clientes.
   d) Adiantamento de Clientes a Receitas de Vendas.

Questões para reflexão

1. Por que a contabilidade deve esforçar-se para reconhecer passivos, mesmo sem saber exatamente quais são seus valores e seus vencimentos?

2. Por que razões uma empresa recorre a Adiantamentos de Clientes?

Para saber mais

Recomendamos a seguinte leitura:

IUDÍCIBUS, S. de. **Teoria da contabilidade**. 10. ed. São Paulo: Atlas, 2010.

Trata-se de obra de grande relevância para quem se dedica à contabilidade. Seu estudo possibilita ao leitor uma compreensão mais aprofundada dos temas discutidos neste capítulo.

Consultando a legislação

CPC – Comitê de Pronunciamentos Contábeis. **Pronunciamento técnico CPC 25**: provisões, passivos contingentes e ativos contingentes. Brasília, 26 jun. 2009. Disponível em: <http://static.cpc.mediagroup.com.br/Documentos/304_CPC_25_rev%2006.pdf>. Acesso em: 17 nov. 2017.

A destinação do resultado e seus efeitos no Patrimônio Líquido e no Balanço Patrimonial

9

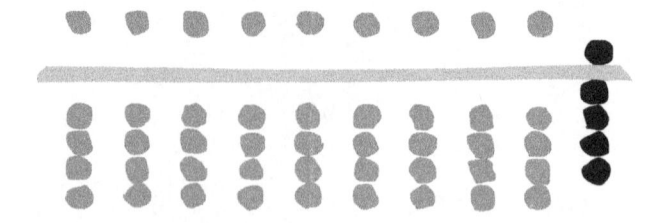

Conteúdos do capítulo:

- Conceito de *resultado líquido do período*.
- Lucros/prejuízos acumulados.
- Destinação do resultado.
- Dividendos.
- Constituição de reservas de lucros.
- Efeitos da destinação do resultado do período.

Após o estudo deste capítulo, você será capaz de:

1. explicar no que consiste a conta Resultado Líquido do Exercício;
2. reconhecer a função da conta Lucros/Prejuízos Acumulados;
3. descrever o processo de destinação do resultado;
4. diferenciar *dividendos* de *despesas*;
5. identificar as diversas possibilidades de constituição de reservas de lucros;
6. perceber os efeitos da destinação do resultado no Balanço Patrimonial;
7. determinar as relações entre a demonstração do resultado e o Balanço Patrimonial.

Ao longo dos capítulos anteriores, comentamos como ocorre a apuração do resultado de determinado exercício com o cotejo organizado entre receitas e despesas de competência desse exercício, de modo a apurarmos diversos resultados parciais e, por fim, o resultado final, com seu saldo totalmente transferido para o Patrimônio Líquido numa única conta, intitulada Lucros/Prejuízos Acumulados.

Neste capítulo, refinamos o conceito de *lucro líquido* ou *prejuízo líquido*; também explicamos como é sua composição e quais são seus beneficiários; e veremos que, a rigor, a destinação final do resultado não é a conta Lucros/Prejuízos Acumulados, mas uma conta intermediária, mediante a qual se faz efetivamente a destinação do resultado.

9.1 A apuração de resultado do exercício

O resultado final do exercício, corresponda ele a lucro ou a prejuízo, é apurado de forma organizada, podendo ser segmentado nas suas diversas componentes. Neste livro, por seu caráter introdutório, não trataremos de todos os resultados parciais exigidos para fins de publicação ou gerenciais. Mostramos apenas que há resultados parciais obtidos por meio da comparação de receitas e despesas que se relacionam. Já explicitamos que o RCM é obtido a partir da diferença entre receitas líquidas e CMV, e ele é um primeiro resultado parcial. Lembremos que, para obtê-lo, as contas que o formam são encerradas.

Obtido o RCM, são deduzidas as despesas e somadas as demais Receitas associadas ao funcionamento normal da empresa e à captação e à aplicação de recursos. De forma simplificada, o processo consiste em deduzir as despesas comerciais, administrativas e financeiras do RCM e a ele adicionar as outras Receitas operacionais e financeiras. Esse é o cálculo do resultado antes do Imposto de Renda (IR). O RCM e todas as contas entre os dois resultados são encerradas.

O IR é a parcela que a empresa, por imposição legal, precisa transferir ao governo, ou seja, o governo fica com parte do resultado da atividade empresarial, por conta de tributos que cobra das empresas. O resultado líquido corresponde ao resultado antes do IR menos o IR. Essas últimas duas contas são encerradas, e o saldo de toda a demonstração de resultado fica condensado numa só conta: o Resultado do Exercício.

Suponhamos que, em uma empresa, durante certo período, as Receitas líquidas de vendas totalizaram R$ 670.000,00, e o CMV, R$ 320.000,00. Ambas as contas são encerradas com seus valores transferidos para RCM. Observe que, para alcançarmos o valor das Vendas Líquidas e o de CMV, procedemos anteriormente ao encerramento das diversas contas de deduções de vendas e de compras, respectivamente.

O RCM do período é apurado conforme a Figura 9.1.

Figura 9.1 – Razonetes para RCM

Vendas Líquidas		CMV		RCM	
(A) 670.000,00	670.000,00	320.000,00	320.000,00 (B)	(B) 320.000,00	670.000,00 (A)
					350.000,00

Se na mesma empresa e em igual período as Despesas Administrativas foram de R$ 60.000,00; as despesas comerciais, de R$ 100.000,00; e as Despesas Financeiras, de R$ 40.000,00, todas essas contas devem ser encerradas, assim como o RCM, de modo a serem transferidos os saldos de todas elas para o Lucro Antes do Imposto de Renda (Lair), de acordo com o que mostramos na Figura 9.2.

Figura 9.2 – Razonetes para Lair

RCM		Despesas Administrativas		Despesas Comerciais	
(C) 350.000,00	350.000,00	60.000,00	60.000,00 (D)	100.000,00	100.000,00 (E)

Despesas Financeiras		Lair	
40.000,00	40.000,00 (F)	(D) 60.000,00	350.000,00 (C)
		(E) 100.000,00	
		(F) 40.000,00	
		200.000,00	350.000,00
			150.000,00

Observe que a conta Lair condensa o resultado apurado até esse ponto considerando-se os saldos das diversas contas utilizadas. Por isso, as contas anteriores são encerradas, uma vez que o saldo entre créditos e débitos no cotejo de todas elas apresentou como resultado um saldo credor de R$ 150.000,00 – portanto, lucro.

Esse ainda não é o resultado final, uma vez que há também que se considerar como despesa o Imposto de Renda.

A tributação brasileira é complexa quanto a esse tributo, que, conforme o caso, pode ou não ser cobrado sobre o lucro real. Não entraremos em tal mérito neste livro; o importante aqui é destacarmos que uma parte do resultado é destinada ao governo, por isso o Lair ainda não é o resultado final.

O Lucro Líquido, por sua vez, é a diferença entre o Lair e a despesas de IR. Se, em nosso exemplo, esta fosse de R$ 45.000,00, teríamos Lucro Líquido de R$ 105.000,00, resultante da diferença entre o Lair (de R$ 150.000,00) e o IR (de R$ 45.000,00), como podemos verificar na Figura 9.3.

Figura 9.3 – Razonetes para Lucro Líquido

Lair		Despesa de IR			Lucro Líquido		
(G) 150.000,00	150.000,00	45.000,00	45.000,00	(H)	(G) 150.000,00	45.000,00	(H)
					105.000,00		

O saldo da conta Lucro Líquido representa a síntese dos saldos de todas as contas utilizadas no processo de apuração. Eis aí a razão para todas serem encerradas e para os Resultados do Exercício, transferidos para o Balanço Patrimonial, ficarem concentrados numa só conta.

9.2 Os beneficiários do resultado do exercício

É importante termos clareza quanto a quem cabe o resultado do exercício. Ora, se o resultado consiste na comparação entre as receitas obtidas e as despesas incorridas num mesmo intervalo de tempo por uma entidade, em tal aferição avalia-se o desempenho econômico dessa entidade naquele período. Portanto, o resultado, a princípio, é da própria entidade.

Todavia, não podemos esquecer que uma empresa é uma pessoa jurídica, estabelecida por um contrato entre pessoas físicas. Conforme esclarecemos logo no início deste livro, em uma pessoa jurídica são reunidos os objetivos comuns de pessoas físicas para a realização de uma atividade econômica.

Para que isso seja possível, pessoas físicas tornam-se sócias em uma sociedade limitada detendo suas cotas ou acionistas de uma sociedade por ações – situação em que são detentoras de ações representativas do Capital Social da empresa. Em outras palavras, os sócios financiam a empresa, que lhes pertence. Se os sócios investem seus recursos na empresa, é natural que tenham remuneração por isso. O resultado do exercício serve para remunerar os sócios e, ainda, gerar reinvestimento na própria empresa – o que é conhecido como **autofinanciamento**.

9.3 A função da conta Lucros/Prejuízos Acumulados

A conta Lucros/Prejuízos Acumulados é uma conta patrimonial pertencente ao Patrimônio Líquido e cuja função é acumular o saldo à disposição da empresa no caso de lucro, para que se possa dar a esse lucro sua destinação final.

Quando o saldo da conta é devedor, endemos que há prejuízos acumulados, e essa conta reduz o valor do Patrimônio Líquido. Em casos extremos, se uma empresa sofre fortes prejuízos, o saldo devedor dessa conta pode superar o total das demais contas do Patrimônio Líquido, de modo que este se torna negativo. Nesse caso, o Passivo Total supera o Ativo Total, situação conhecida como **passivo a descoberto.**

A conta Lucros/Prejuízos Acumulados é o primeiro destino do Resultado do Exercício, seja ele lucro ou prejuízo. Pelas mudanças introduzidas na contabilidade brasileira pela Lei n. 11.638, de 2007 (Brasil, 2007), o Balanço de Encerramento do Exercício não pode ter saldo na conta Lucros Acumulados, mas não há essa recomendação legal para a hipótese de Prejuízos Acumulados – conta que pode figurar normalmente entre as contas componentes do Patrimônio Líquido na data do Balanço de Encerramento.

Portanto, quando há prejuízo do exercício, a conta correspondente é encerrada, por ser conta periódica, e seu saldo é transferido para o Balanço Patrimonial, para a conta de Prejuízos Acumulados, que representa, com saldo devedor, o resumo do desempenho econômico da empresa naquele período.

Suponhamos que, ao encerramento de um exercício, uma empresa tenha apurado prejuízo de R$ 220.000,00. A conta Prejuízo do Exercício tem saldo devedor (uma vez que as despesas superaram as receitas) e é encerrada por um crédito de mesmo valor. O saldo é transferido a Débito de Prejuízos Acumulados, conta do Patrimônio Líquido no Balanço Patrimonial, conforme verificamos na Figura 9.4.

Figura 9.4 – Razonetes para registro de Prejuízo do Exercício

Prejuízo do Exercício				Prejuízos Acumulados	
220.000,00	220.000,00	(A)	(A)	220.000,00	

A conta Prejuízos Acumulados figura no Balanço de Encerramento do Período da empresa, reduzindo o grupo em R$ 220.000,00.

Quando há lucro no exercício, sua transferência para o Balanço é mais complexa, servindo a conta Lucros Acumulados como uma ponte: o saldo é inicialmente transferido para essa conta, mas ela é apenas uma conta intermediária, pois não representa a destinação final do resultado, nem pode figurar no Balanço de Encerramento.

A conta Lucros Acumulados representa o saldo dos lucros para os quais ainda não existe uma destinação final. É por isso que o legislador houve por bem eliminá-la do Balanço de Encerramento, para que neste não exista qualquer indefinição quanto à destinação do resultado.

Ao contrário de quando há prejuízo no exercício, se há lucro, a conta é encerrada por um débito, cuja contrapartida é a conta Lucros Acumulados. Porém, em tal caso, a conta não pode fazer parte do Patrimônio Líquido, o que força a transferência de seu saldo de Lucros Acumulados, conforme detalharemos na próxima seção.

Voltemos ao exemplo da Seção 9.1, no qual o Lucro Líquido era de R$ 55.000,00. Temos agora a transferência desse saldo para Lucros Acumulados, como segue:

Figura 9.5 – Razonetes para Lucros Acumulados

	Lucro Líquido			Lucros Acumulados	
(I)	55.000,00	55.000,00		55.000,00	(I)

O saldo credor de Lucros Acumulados é totalmente transferido para outras contas, no processo de destinação dos lucros do período, que será demonstrado na próxima seção. Desse modo, a conta Lucros Acumulados não é encerrada, por ser conta de Balanço, mas seu saldo é nulo, de acordo com o que exige a atual legislação societária, quando se trata de Balanço de Encerramento do Exercício Social.

A conta Lucros/Prejuízos Acumulados é tão valorizada tradicionalmente pela contabilidade brasileira que sua demonstração à parte é exigida pela Lei n. 6.404, que regulamenta as sociedades por ações. Contudo, boa parte das empresas tem divulgado uma demonstração mais ampla, chamada *demonstração de mutações do patrimônio líquido* (DMPL), que inclui a conta Lucros/Prejuízos Acumulados.

Essa tendência de substituição da demonstração de Lucros/Prejuízos Acumulados pela DMPL faz ainda mais sentido se observarmos que, atualmente, quando o saldo é de Lucros Acumulados, não pode mais constar do Patrimônio Líquido. Nesse caso, temos a demonstração de uma conta que tem saldo inicial (posição do Balanço de Encerramento anterior) e saldo final nulos, o que, em princípio, é estranho.

9.4 A destinação dos lucros do período

A conta de Lucros Acumulados representa um saldo de lucros do exercício que foi a ela transferido e sobre os quais ainda não se tomou qualquer decisão com relação a seu destino final. Em outras palavras, a existência de Lucros Acumulados indica que há indefinição quanto ao que será feito com tais lucros no futuro.

Conforme explicitamos na Seção 9.2, os Lucros Líquidos pertencem à empresa, pois representam o resultado final de suas atividades e de seu esforço durante o período em que foram obtidos. Entretanto, a empresa pertence aos sócios que nela investiram, e da parte deles há expectativas quanto ao retorno e à remuneração de seus recursos, tal como teriam se, em vez de colocarem seus recursos na empresa em troca dos títulos patrimoniais, tivessem feito aplicações no mercado financeiro ou adquirido um imóvel, por exemplo.

Quando aplica seus recursos no mercado financeiro, a pessoa recebe juros; quando é proprietária de um imóvel e o aluga, recebe aluguel. Se alguém aplica seus recursos em participações societárias, é natural que também tenha uma remuneração por isso.

No caso de participações societárias, a remuneração de seus detentores normalmente está condicionada ao sucesso da empresa, ou seja, os sócios somente recebem remuneração quando há lucros. Cabe à administração da empresa decidir, com base na legislação vigente e em seus princípios e políticas, quanto do lucro líquido do exercício deve ser pago aos sócios como remuneração por seu investimento naquele período. Tal valor corresponde aos dividendos, sobre os quais discorremos na Seção 9.5.

Se uma parte dos lucros do exercício é destinada à distribuição de dividendos aos sócios e sai da empresa, o restante deve ser destinado ao Patrimônio Líquido, mediante a *constituição de reservas* – assunto que exploraremos na Seção 9.6.

No que se refere à **destinação do resultado**, podemos defini-la como o **conjunto das decisões relacionadas às diversas finalidades às quais se pretende destinar cada parcela de lucro.**

Retomemos o exemplo da Seção 9.1. A empresa hipotética apresentava Lucro Líquido do Exercício de R$ 105.000,00, posteriormente totalmente transferido para a conta Lucros Acumulados, que, conforme informamos, não era a destinação final do resultado. É por meio de débitos na conta Lucros Acumulados e correspondentes créditos em contas específicas que se obtém a destinação final do resultado.

Suponhamos que a administração da empresa tenha decidido dar aos lucros de R$ 105.000,00 a seguinte destinação: a Dividendos, R$ 35.000,00; a Reserva Legal, R$ 5.000; a Reserva Estatutária, R$ 30.000,00; a Reserva para Expansão, R$ 15.000,00; e a Reserva para Aumento de Capital, R$ 20.000,00.

A partida dobrada referente à transferência do saldo da conta Lucros Acumulados para as várias contas às quais foi efetivamente destinado o resultado do período expresso na Quadro 9.1.

Quadro 9.1 – Registro do resultado do período

Lucros acumulados	
a Diversos	R$ 105.000,00
a Dividendos a Pagar	R$ 35.000,00
a Reserva Legal	R$ 5.000,00
a Reserva Estatutária	R$ 30.000,00
a Reserva para Expansão	R$ 15.000,00
a Reserva para Aumento de Capital	R$ 20.000,00

Observe que, simultaneamente ao ato de zerar a conta Lucros Acumulados com esse lançamento, cinco outras contas são movimentadas em contrapartida, sendo uma delas de Passivo e as demais de Patrimônio Líquido.

Outro ponto a considerarmos é que a destinação do lucro do exercício passa pela conta de Lucros Acumulados, porque, assim, em princípio, o saldo fica à disposição da administração, para que ela tome depois a decisão acerca de como serão destinados esses recursos.

No entanto, considerando-se que não pode mais existir saldo com o título de Lucros Acumulados no Balanço de final do exercício, do ponto de vista da lógica contábil, essa passagem dos lucros pela conta de Lucros Acumulados, como conta intermediária, poderia ser evitada.

9.5 Os dividendos, seu significado e seu registro

Dividendos, conforme Lopes e Martins (2005), designam a parte dos lucros que é distribuída em dinheiro aos sócios ou acionistas (conforme a espécie da sociedade) como forma de remunerar o capital que estes aplicaram na empresa. Por isso, jamais podem ser confundidos com despesas. Ainda que também sejam lançados a débito, os Dividendos, ao contrário das despesas, estão incluídos nos lucros.

Para decidir sobre o volume de dividendos a distribuir, a alta administração da empresa segue critérios determinados pela legislação vigente e pelas políticas internas da organização. Neste livro, não nos dedicaremos a essas considerações. A menção feita aqui é para que você saiba que há regras legais e filosofias administrativas que são seguidas quando se estabelece o valor dos dividendos e que a distribuição de dividendos é **obrigatória** pela Lei n. 6.404, de 15 de dezembro de 1976, a das sociedades por ações.

Conforme já vimos em capítulos anteriores, o Capital Social Integralizado de uma empresa é composto por determinado número de títulos patrimoniais (cotas ou ações), de modo que, quanto mais ações determinado acionista tenha, maiores também serão o valor por ele investido e, consequentemente, sua participação na empresa.

Retomemos a situação da empresa hipotética que utilizamos como exemplo neste capítulo. Seu Capital Social Integralizado é de R$ 1.200.000,00, formado por 100.000 ações, cada qual no valor de R$ 12,00. Se determinado acionista tem 20.000 ações, sua participação no Capital Social é de R$ 240.000,00 (200.000 × R$ 12,00).

Na Seção 9.4, expusemos que o valor total dos dividendos dessa empresa foi de R$ 35.000,00. Esse montante deve ser distribuído de maneira igual para as 100.000 ações existentes, o que resulta em R$ 0,35 por ação (R$ 35.000,00/100.000). O acionista que tem 20.000 ações da empresa recebe R$ 7.000,00 de dividendos (20.000 × R$ 0,35).

Note que, do mesmo modo como esse acionista detém 20% da empresa (20.000 ações/100.000 ações), ele recebe 20% dos dividendos distribuídos (20% × R$ 35.000,00 = R$ 7.000,00).

Logo, podemos perceber que os acionistas recebem cada qual R$ 0,35 por ação como remuneração do investimento de R$ 12,00 na mesma ação e que, se isso vale para cada ação integralizada, cada acionista recebe dividendos proporcionais à sua participação na empresa.

Com o passar dos anos, à medida que os acionistas vão recebendo dividendos, estes lhes possibilitam recuperar o valor do investimento que fizeram na empresa.

Perguntas & respostas

1. Qual é o momento propício para aferir o total de dividendos e quando é possível distribuí-lo?

Observe que, para averiguar o volume total dos dividendos, é preciso saber qual foi o Lucro Líquido do Exercício. Portanto, é necessário aguardar até o final do exercício, para, então, apurar o resultado. Desse modo, é impraticável que os dividendos sejam distribuídos em dinheiro aos acionistas na data do Balanço de Encerramento.

Entre a data da efetiva distribuição dos dividendos e a data do Balanço pode existir um lapso de tempo de até 120 dias, pois esse é o prazo máximo dado pela legislação para publicar as demonstrações contábeis da empresa e tomar a decisão em reunião formal com essa finalidade.

Por isso, na data do Balanço, os dividendos são uma obrigação da empresa para com seus acionistas. Daí a utilização da conta Dividendos a Pagar.

O lançamento correspondente à destinação dos Lucros Acumulados para distribuição de dividendos em nosso exemplo poderia ser realizado conforme mostra a Figura 9.7.

Figura 9.6 – Razonetes para distribuição de dividendos

Lucros Acumulados		Dividendos a Pagar	
(J) 35.000,00	105.000,00		35.000,00 (J)

Desse modo, parte dos lucros teve sua destinação definida, qual seja: sair da empresa para seus acionistas. Entretanto, como o desembolso não coincide com a data do Balanço de Encerramento, nele os dividendos estarão no Passivo, representando dívida da empresa para com seus acionistas. Por isso, a conta é intitulada Dividendos a Pagar.

Quando os dividendos são pagos, cessa a dívida, o que contabilmente significa debitar a conta Dividendos a Pagar e creditar Caixa. Para o nosso exemplo, temos a redução da dívida de R$ 35.000,00, correspondente aos Dividendos a Pagar e representada pelo débito nessa conta com contrapartida a crédito de Caixa, mostrando que houve o pagamento:

Figura 9.7 – Razonetes de Dividendos a Pagar

Dividendos a Pagar		Caixa	
(1) 35.000,00	35.000,00		35.000,00 (1)

Observe que foi adotado um número para identificar a operação acima, e não uma letra, a fim de destacar que essa operação não se refere à Destinação do Resultado e, ainda, que ocorre em momento posterior.

9.6 A constituição das reservas de lucros e sua importância

Há apenas duas alternativas de destinação do Lucro do Exercício: ou se distribui lucro na forma de dividendos aos acionistas, ou se constituem reservas a partir dos lucros, as chamadas *reservas de lucros*.

Constituir uma reserva de lucros consiste na decisão da administração de destinar uma parcela do lucro do exercício para uma finalidade especificada e que tais recursos não saiam mais do Patrimônio Líquido da empresa na forma de dividendos.

Nesse caso, a empresa assume o compromisso de manter no seu Patrimônio Líquido os recursos destinados ao tipo de reserva especificada, de modo que eles sejam fontes permanentes de financiamento.

Quando uma empresa constitui reservas com os lucros obtidos a cada exercício, isso permite que haja, como consequência, um crescimento do Patrimônio Líquido e do Ativo Total. A atitude de formar reservas permite à empresa crescer por intermédio dos resultados obtidos em suas atividades, o que é conhecido como *autofinanciamento*.

Existem diversos tipos de reservas de lucros, e cada empresa tem bastante liberdade para criar as suas com diferentes títulos, finalidades e valores. Um dos poucos casos em que as condições são ditadas por regras mais rígidas é o da reserva legal, que tem esse nome justamente por ser uma exigência feita às empresas por força de lei, mais especificamente a Lei n. 6.404/1976, denominada Lei das Sociedades por Ações.

Sem nos determos na apresentação dos critérios legais para constituir a reserva legal a cada exercício social, a fim de não fugirmos do caráter introdutório deste livro, por ora é importante entendermos que essa reserva foi incluída na lei para impedir a distribuição integral dos lucros como dividendos, garantindo que ao menos uma pequena parte dos lucros fosse reinvestida na empresa.

Quanto às demais reservas de lucros, há mais autonomia para as empresas decidirem se devem ou não ser constituídas, para quais finalidades e em que percentual de lucros. Entre as várias reservas possíveis, estão: estatutária, para expansão e para aumento de capital. A reserva estatutária é definida em estatuto como documento específico de sociedades por ações equivalente ao contrato social de empresas organizadas como de responsabilidade limitada. Quando uma empresa opta por ter esse tipo de reserva, o percentual de lucros a ela destinado deve ser definido no seu estatuto social. *Reserva para Expansão* e *Reserva para Aumento de Capital* são títulos bastante utilizados e que explicitam a finalidade para a qual cada uma das reservas é constituída.

No momento da destinação do resultado, pode ocorrer de já existirem saldos em contas de reservas que componham o Patrimônio Líquido de uma empresa. Nesse caso, os valores destinados a cada reserva somam-se aos saldos já existentes, aumentando-os.

Para que fique clara a demonstração dos efeitos da destinação de resultados sobre o Patrimônio Líquido da empresa, retomemos o exemplo da empresa hipotética a que recorremos na seção anterior. Suponhamos que essa empresa tivesse a seguinte composição do Patrimônio Líquido no início do exercício:

Quadro 9.2 – Resultados do Patrimônio Líquido

Capital Social Integralizado	1.200.000,00
Reserva Legal	12.000,00
Reserva Estatutária	108.000,00
Reserva para Expansão	50.000,00
Reserva para Aumento de Capital	100.000,00
Total do Patrimônio Líquido	1.470.000,00
Lucros acumulados	
a Diversos	105.000,00
a Dividendos a Pagar	35.000,00
a Reserva Legal	5.000,00
a Reserva Estatutária	30.000,00
a Reserva para Expansão	15.000,00
a Reserva para Aumento de Capital	20.000,00

As contas componentes do Patrimônio Líquido, seus saldos iniciais e os lançamentos relativos às destinações de lucros e seus respectivos saldos ao final do exercício estão demonstrados nos Razonetes da Figura 9.10.

Figura 9.8 – Razonetes do Patrimônio Líquido

Lucros Acumulados			Capital Social		Reserva Legal	
(J) 35.000,00	105.000,00			1.200,00		12.000,00
						5.000,00 (K)
(K) 5.000,00	70.000,00					17.000,00
(L) 30.000,00						
(M) 15.000,00						
(N) 20.000,00						
70.000,00	70.000,00					
	0,00					

Reserva Estatutária			Reserva para Expansão		Reserva para Aumentar Capital	
	108.000,00			50.000,00		100.000,00
	30.000,00	(L)		15.000,00 (M)		20.000,00 (N)
	138.000,00			65.000,00		120.000,00

Note que, dos lucros acumulados de R$ 105.000,00, foram utilizados R$ 35.000,00 para distribuir dividendos, e os R$ 70.000,00 restantes foram direcionados para as contas de reservas já existentes e cujos saldos foram majorados em decorrência da decisão administrativa de constituí-las.

Os saldos modificados são utilizados no Balanço Patrimonial do final do exercício, em que o Patrimônio Líquido estará assim composto:

Quadro 9.3 – Composição do Patrimônio Líquido no Balanço Patrimonial ao final do exercício

Capital Social Integralizado	1.200.000,00
Reserva Legal	17.000,00
Reserva Estatutária	138.000,00
Reserva para Expansão	65.000,00
Reserva para Aumento de Capital	120.000,00
Total do Patrimônio Líquido	1.540.000,00

Podemos perceber que, apesar de o Lucro Líquido do período ter sido de R$ 105.000,00, o crescimento do Patrimônio Líquido foi de R$ 70.000,00, porque os outros R$ 35.000,00 foram distribuídos como dividendos do período aos acionistas e, por isso, não incorporados ao Patrimônio Líquido da empresa.

Esse exemplo nos permite formar uma primeira ideia da demonstração de mutações do patrimônio líquido (DMPL), a que já nos referimos como substitutiva da demonstração de Lucros/Prejuízos Acumulados, por ser mais ampla – mas sobre a qual não nos aprofundaremos neste livro.

Por fim, cabe ainda ressaltarmos que reservas podem ser utilizadas para aumento de capital ou para compensar prejuízos acumulados quando existirem, se assim decidir a administração da empresa. Esses lançamentos podem ficar mais claros com o estudo da DMPL.

Estudo de caso

O Sr. Vitor, sócio com destacada participação em uma drogaria no Sul do país, e o sr. Haroldo, contador do escritório de contabilidade que atende o empresário já há alguns anos, mantêm um relacionamento, ao mesmo tempo, amistoso e de muita confiança. Juntos, vivenciaram bons e maus momentos que se alternaram nos últimos anos e criaram uma relação muito próxima e franca, o que permite um fazer ao outro os mais diversos questionamentos, sem muita cerimônia.

Foi na reunião destinada a comentar o resultado obtido no último ano que o Sr. Vitor, com ar muito curioso, iniciou um diálogo com seu contador:

— Haroldo, gostei bastante da sua exposição. Entendi quais foram os pontos em cujos resultados obtivemos melhoria, assim como em quais não fomos tão bem. Mas algo me incomoda: é que andei fazendo alguns cálculos dos resultados nos últimos anos e não percebo coerência entre esses resultados e o Balanço Patrimonial da drogaria.

Haroldo, sem entender exatamente o que Vitor pretendia dizer-lhe, perguntou:

— Como assim, Vitor? Não entendi o que você estranhou quanto aos números dos últimos anos e a atual posição do Balanço Patrimonial da drogaria, você poderia me explicar um pouco melhor a sua dúvida?

— Sim, Haroldo. Note que, quando acumulo o resultado da drogaria nos últimos cinco anos, tenho um valor na casa dos 5 milhões de reais. No entanto, quando observo o crescimento do Patrimônio Líquido da drogaria nesse mesmo intervalo de tempo, o valor não passa dos 3 milhões de reais. Isso é normal? O que estaria acontecendo?

Se você estivesse na posição de Haroldo, com base na leitura deste capítulo, que hipótese levantaria como mais provável para explicar a diferença entre o acumulado dos lucros e a variação do Patrimônio Líquido naquele período?

Síntese

Neste capítulo, refinamos os conceitos de *lucro líquido* e de *prejuízo líquido* e identificamos sua composição e seus beneficiários. Vimos também que, a rigor, a destinação final do resultado não é a conta Lucros/Prejuízos Acumulados, mas uma conta intermediária, com base na qual se faz efetivamente a destinação do resultado.

No decorrer do capítulo, explicamos que o resultado final do exercício, que corresponde a lucro ou a prejuízo, é apurado de forma organizada, podendo ser segmentado em diversas componentes. O saldo da conta Lucro Líquido, por sua vez, representa a síntese dos saldos de todas as contas utilizadas no processo de apuração.

Sobre a conta Lucros/Prejuízos Acumulados, afirmamos neste capítulo que se trata de uma conta patrimonial pertencente ao Patrimônio Líquido e cuja função é acumular o saldo à disposição da empresa no caso de lucro, para que se possa dar a esse lucro sua destinação final.

Quando há prejuízo do exercício, a conta que leva esse nome é encerrada por ser periódica, e seu saldo é transferido para o Balanço Patrimonial, para a conta de Prejuízos Acumulados, que representará, com saldo devedor, o resumo do desempenho econômico da empresa naquele período. Por sua vez, quando há lucro no exercício, sua transferência para o Balanço é mais complexa, então a transferência para a conta de Lucros Acumulados funciona como uma ponte: o saldo é inicialmente transferido para essa conta, mas ela é apenas uma conta intermediária, pois não representa a destinação final do resultado, nem pode figurar no Balanço de Encerramento.

Neste capítulo, também definimos *dividendos*, que designam a parte dos lucros que é distribuída em dinheiro aos sócios ou acionistas (conforme a espécie da sociedade) como forma de remunerar o capital que estes aplicaram na empresa. Por isso, jamais podem ser confundidos com despesas. Ainda que também sejam lançados a débito, os dividendos, ao contrário das despesas, estão incluídos nos lucros.

Stickney e Weil (2010), Iudícibus (2010b) e Saporito (2015) nos mostram que há apenas duas alternativas de destinação do Lucro do Exercício: ou se distribui o lucro na forma de dividendos aos acionistas, ou se constituem reservas a partir dos lucros – as quais, nesse caso, são chamadas de *reservas de lucros*.

Esse conceito está atrelado à decisão da administração da empresa de manter uma parcela do lucro do exercício para uma finalidade especificada, de modo que esses recursos não saiam mais do Patrimônio Líquido da entidade na forma de dividendos. Isso significa, pois, que a empresa assume o compromisso de manter no seu Patrimônio Líquido os recursos destinados ao tipo de reserva especificada, de modo a que eles sejam fontes permanentes de financiamento.

Exercícios resolvidos

1. Em 31 de dezembro de 2017, o Patrimônio Líquido da Mecânica Aparecida Ltda. era representado pelas seguintes contas e respectivos valores, expressos em reais (R$):

Capital Social Integralizado	4.800.000,00
Reserva Legal	125.000,00
Reserva Estatutária	1.085.000,00
Reserva para Expansão	435.000,00
Reserva para Aumento de Capital	570.000,00
Total do Patrimônio Líquido	7.015.000,00

Seu Lucro Líquido de 2017 foi de R$ 502.000,00 e teve a seguinte destinação:

Dividendos a Pagar	140.000,00
Reserva Legal	26.000,00
Reserva Estatutária	160.000,00
Reserva para Expansão	85.000,00
Reserva para Aumento de Capital	91.000,00

Com base nesses dados,

a) Faça os lançamentos dos saldos iniciais das contas de Patrimônio Líquido e da destinação do resultado, e apure os saldos finais das contas de Patrimônio Líquido em Razonetes.
b) Apure o valor total do Patrimônio Líquido ao final de 2017 e sua variação no ano.
c) Explique por que a variação patrimonial é diferente do resultado do exercício.

Resposta (valores em reais - R$):

a)

Capital Social		Reserva Legal		Reserva Estatuária	
	4.800.000,00 (SI)		125.000,00 (SI)		1.085.000,00 (SI)
			26.000,00 (3)		160.000,00 (4)
			151.000,00 (SF)		1.245.000,00 (SF)

Reserva para Expansão		Reserva para Aumento de Capital		Lucro Líquido	
	435.000,00 (SI)		570.000,00 (SI)	(1) 502.000,00	502.000,00
	85.000,00 (5)		91.000,00 (6)		
	520.000,00 (SF)		661.000,00 (SF)		0,00

Lucros Acumulados	Dividendos a Pagar

(continua)

(2)	140.000,00	502.000,00 (1)		140.000,00 (2)
(3)	26.000,00			
(4)	160.000,00			
(5)	85.000,00			
(6)	91.000,00			
	502.000,00	502.000,00		
		0,00		

Notas: (SI) Saldo Inicial;
(SF) Saldo Final.

b)

Contas	Sado inicial em 31/12/2016	Movimento em 2017	Sado final em 31/12/2017
Capital Social Integralizado	4.800.000,00	0,00	4.800.000,00
Reserva Legal	125.000,00	26.000,00	151.000,00
Reserva Estatutária	1.085.000,00	160.000,00	1.245.000,00
Reserva para Expansão	435.000,00	85.000,00	520.000,00
Reserva para Aumento de Capital	570.000,00	91.000,00	661.000,00
Total do Patrimônio Líquido	7.015.000,00	362.000,00	7.377.000,00

O valor final do Patrimônio Líquido foi de R$ 7.377.000,00, e sua variação no ano foi de R$ 362.000,00.

c) A variação do Patrimônio Líquido, de R$ 362.000,00, foi inferior ao Lucro Líquido, de R$ 502.000, pois parte deste (R$ 140.000,00) foi destinada à distribuição de dividendos.

Questões para revisão

2. O que representa a conta Lucros Acumulados?

3. O que são Reservas de Lucros?

4. Dividendos são:
    a) despesas necessárias para remunerar acionistas.
    b) despesas necessárias para remunerar acionistas e terceiros.
    c) parcela dos lucros adicionada ao Patrimônio Líquido.
    d) parcela dos lucros destinada a remunerar acionistas.

5. A reserva de lucros em que há regras definidas com mais precisão é a reserva:
    a) estatutária.
    b) legal.
    c) para aumento de capital.
    d) para expansão.

6. Reservas de lucros significam:

   a) retenção dos lucros no Patrimônio Líquido.
   b) separação de lucros para pagar dividendos.
   c) aumentos de capital.
   d) redução de dívidas.

Questões para reflexão

1. Por que não pode haver saldo na conta Lucros Acumulados no Balanço de Encerramento?

2. Para que reservas podem ser utilizadas?

Para saber mais

Recomendamos a seguinte leitura:

STICKNEY, C. P.; WEIL, R. L. **Contabilidade financeira**: introdução aos conceitos, métodos e aplicações. São Paulo: Cengage, 2010.

Essa obra possibilita uma compreensão mais aprofundada dos elos entre contabilidade, finanças e mercado financeiro. O modo como esses temas estão integrados nos capítulos exige um conhecimento prévio de contabilidade tal como o que você obtém na leitura do presente livro.

10

O Plano de Contas e a estrutura das principais demonstrações contábeis: Balanço Patrimonial e Demonstração de Resultados

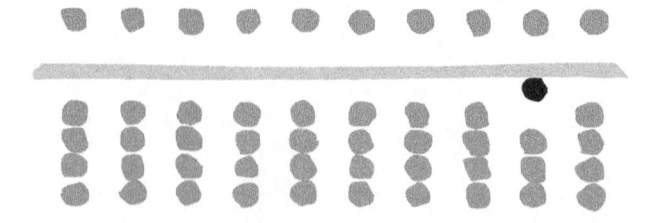

Conteúdos do capítulo:

- Finalidades do plano de contas.
- Organização das contas.
- Codificação e operacionalização das contas.
- Contas sintéticas e analíticas.
- Movimentação de contas e valores.
- Estrutura do Balanço.
- Estrutura da demonstração do resultado.
- Aproveitamento do plano de contas para outras demonstrações contábeis.

Após o estudo deste capítulo, você será capaz de:

1. identificar o efeito dos registros contábeis executados em subcontas, contas, grupos de contas e demonstrações contábeis;
2. descrever a mecânica contábil;
3. associar os conteúdos teóricos estudados neste livro com as práticas profissionais;
4. perceber como ocorre a estruturação das demonstrações contábeis.

Até este capítulo, demonstramos como contabilizar diversas operações de uma empresa verificando as consequências, no tocante aos registros, para efeito de variações no patrimônio, bem como os modos de relatar a existência dos diversos Ativos e os meios utilizados para obtê-los.

No desenrolar dos vários capítulos, focamos os aspectos conceituais que permitem diferenciar as contas patrimoniais das contas periódicas, as ligações entre ambos os tipos de contas, bem como as justificativas para os diversos lançamentos, avaliações e classificações utilizadas.

Contudo, a explanação ficou num plano conceitual. Apresentamos os conceitos, as classificações e as várias técnicas que levaram até ao uso de estimativas em alguns casos, mas ainda sem adquirirmos uma desejável visão de conjunto sobre o que acontece quando registros contábeis são executados.

Percebemos uma diferença quando comparamos a visão de quem apenas estuda contabilidade com a de quem apenas trabalha com contabilidade.

Para quem ficou apenas nos estudos, é um tanto difícil visualizar as consequências dos diversos lançamentos no conjunto das informações contábeis, embora saiba os efeitos de cada lançamento. Já quem apenas trabalha com contabilidade, executando registros no dia a dia, mas sem ter uma boa base conceitual, dificilmente compreende o efeito de cada registro nas demonstrações contábeis.

Neste capítulo final, temos o objetivo de aproximar os conceitos estudados neste livro da realidade de mercado de trabalho contábil, principalmente no que concerne à automação nele existente, de modo a possibilitar o entendimento de como são feitos os registros na prática.

10.1 A contabilidade e os sistemas de informação

Com o extraordinário desenvolvimento nos negócios nas últimas décadas, a informática tornou-se componente obrigatório na maioria das organizações, e raras são as que prescindem de sistemas de informações contábeis.

A rigor, existem sistemas integrados que tratam, além da contabilidade, de outras questões de interesse da organização, tais como produção, vendas, finanças e recursos humanos, de modo a interligar as informações por toda a empresa. Esses sistemas integrados de informações são conhecidos como Enterprise Resources Planning (ERP).

A utilização desse tipo de abordagem permite aos departamentos alimentar o sistema com dados (inclusive de ordem contábil) que lhes digam respeito. Como consequência, muitos profissionais não ligados à contabilidade e que executam tais registros em suas atividades não têm ideia dos impactos de seus registros na contabilidade da empresa.

As informações seguem seu fluxo no sistema, e no módulo específico de contabilidade são separadas aquelas de interesse da área. Estas são posteriormente tratadas pelo pessoal da área contábil, o que possibilita a montagem das demonstrações contábeis em plataformas definidas pelo sistema de informações.

Perguntas & Respostas

1. O sistema integrado de informações deve ser desenvolvido pela empresa já que deve atender as especificidades da entidade?

Um sistema de informações pode ser construído internamente, na própria empresa, ou ser adquirido em mercado especializado de *software* para a área empresarial. O fundamental é que o sistema escolhido satisfaça as reais necessidades da empresa. Por isso, mesmo quando se adquire um sistema já pronto ou se adota algum que já funcione em outra empresa, é indispensável efetuar adaptações sempre que for necessário.

10.2 A planificação de contas

Para que as informações contábeis de interesse sejam registradas no sistema, é imprescindível que exista um plano de contas no qual estejam previstas todas as contas possíveis de serem utilizadas na atividade da organização para a qual se deseja ter acompanhamento contábil. Contudo, dependendo da atividade empresarial, podem existir sensíveis alterações quanto às suas efetivas necessidades. Em outros termos, o plano de contas de uma empresa comercial é completamente diferente daquele de uma instituição financeira. Uma empresa industrial terá necessidades de contas distintas das utilizadas na atividade comercial ou financeira.

É fundamental termos em vista que mesmo empresas de um mesmo setor de atividade apresentam necessidades diferentes. É preciso, portanto, adaptar o plano de contas às efetivas demandas de cada empresa.

A planificação de contas é uma atividade contábil de planejamento que antecede a sua execução. Cabe a essa atividade a definição das contas a serem utilizadas na contabilidade, bem como, ao longo do tempo, executar a revisão do plano sempre que existirem novas necessidades.

10.4 Os códigos do plano de contas e sua importância

Há variações possíveis na elaboração de um plano de contas, mas ele deve ser estruturado de modo funcional.

Por mais diferenças que possam existir de um plano de conta para outro, existem três premissas que precisam ser respeitadas:

1. a divisão das contas em patrimoniais e periódicas;
2. a separação das contas patrimoniais das contas periódicas em grandes grupos;
3. a hierarquização das contas.

Para facilitar o entendimento desses três requisitos, visualizemos o Quadro 10.1, que distingue contas patrimoniais e contas periódicas:

Quadro 10.1 – Plano de contas por natureza de conta

Primeiro Grau	
Natureza	Denominação
1.	Ativo
2.	Passivo
3.	Despesas
4.	Receitas

Observe no Quadro 10.1 que a divisão das contas é feita em quatro grandes blocos, cada qual referente a uma das naturezas das contas. Toda conta precisa ser classificada em um desses quatro grandes blocos.

As contas de Ativo terão um código iniciado pelo número 1; as de Passivo, um código iniciado pelo número 2. Somente contas de códigos 1 e 2 são contas patrimoniais.

As contas de Despesa, por sua vez, começam por um algarismo 3; e as de Receitas são sempre iniciadas por 4. Desse modo, no plano de contas, aquelas com códigos 3 e 4 são contas periódicas (de resultados) – portanto sujeitas a fechamentos ao final dos períodos especificados.

Tais explicações servem para os dois primeiros aspectos considerados comuns aos diversos planos de contas. O Quadro 10.2 possibilita compreendermos a hierarquia das contas em seu primeiro passo.

Quadro 10.2 – Natureza e grupos das contas

Primeiro Grau	Segundo Grau	
Natureza	Grupo	Denominação
1.	0.	Ativo
1.	1.	Ativo Circulante
1.	2.	Ativo Não Circulante
2.	0.	Passivo
2.	1.	Passivo Circulante
2.	2.	Passivo Não Circulante
2.	3.	Patrimônio Líquido
3.	0.	Despesas
3.	1.	CMV
3.	2.	Despesas Comerciais
3.	3.	Despesas Administrativas
3.	4.	Despesas Financeiras
4.	0.	Receitas
4.	1.	Receitas de Vendas
4.	2.	Receitas de Serviços
4.	3.	Receitas de Aluguéis
4.	4.	Receitas Financeiras

No segundo grau, o nível de detalhe é mais específico que no primeiro, ou seja, compreende-se que o primeiro grau contempla divisões menores. Desse modo, o primeiro grau é formado pelas componentes do segundo grau.

Assim, para que um valor faça parte do Ativo, por exemplo, devemos antes especificar se ele pertence ao Ativo Circulante ou ao Ativo Não Circulante.[1]

No terceiro grau, temos a introdução da conta a que pertence o grupo, conforme mostra o Quadro 10.3.

Figura 10.3 – Natureza e grupos das contas e contas

Primeiro Grau	Segundo Grau	Terceiro Grau	
Natureza	Grupo	Conta	Denominação
1.	0.	00.	Ativo
1.	1.	00.	Ativo Circulante
1.	1.	01.	Disponibilidades
1.	1.	02.	Clientes
1.	1.	03.	Mercadorias

---

1 Não entraremos no mérito do significado de cada componente, pois não faz parte do objetivo desta obra.

Do Quadro 10.3, podemos depreender que, se a conta faz parte do Ativo Circulante, ela necessariamente deve ser uma das três contas especificadas. Por isso, é fundamental prevermos todas as possibilidades de contas, para que não haja situações em que não consigamos utilizar o plano de contas.

Suponhamos que no caso do Quadro 10.3 sejam apenas três as contas especificadas. Quando surgir uma conta de Despesa Antecipada, esta não poderá ser registrada.

Contudo, é preciso ainda especificar as subcontas: conforme as disponibilidades, podemos ter Caixa, Títulos de Liquidez Imediata, Banco A, Banco B, Banco C, e assim por diante. Em Clientes, seriam listados Cliente 01, Cliente 02, Cliente 03, e assim sucessivamente. Em Mercadorias, é possível termos Mercadoria A, Mercadoria B, e assim por diante.

O Quadro 10.4 mostra o quarto nível da hierarquia do plano de contas.

Quadro 10.4 – Hierarquia do plano de contas

Primeiro Grau	Segundo Grau	Terceiro Grau	Quarto Grau	
Natureza	Grupo	Conta	Especificação	Denominação
1.	0.	00.	000.	Ativo
1.	1.	00.	000.	Ativo Circulante
1.	1.	01.	000.	Disponibilidades
1.	1.	01.	001.	Caixa
1.	1.	01.	002.	LTN
1.	1.	01.	003.	Fundo de Investimento Hum
1.	1.	01.	004.	Fundo de Investimento Dois
1.	1.	01.	005.	Conta Corrente Banco A
1.	1.	01.	006.	Conta Corrente Banco B
1.	1.	01.	007.	Conta Corrente Banco C
1.	1.	01.	008	Conta Corrente Banco D

Caso seja necessário, podemos ter ainda outros níveis, além dos apresentados no Quadro 10.4.

10.4 Operacionalização da contabilidade mediante lançamentos por códigos

Uma vez que esclarecemos a utilidade e justificativa do plano de contas, podemos explicar como as operações são registradas em sistemas e quais são as consequências desses registros.

Os registros são feitos nas contas específicas, e seus efeitos são automaticamente repassados às contas, aos grupos e à natureza. Por exemplo, quando uma empresa adquire uma Mercadoria A a prazo, o registro se faz a débito da conta Mercadoria A, e isso é repassado à conta Mercadorias, ao Ativo Circulante e ao Ativo Total. Uma entrada de R$ 1.000,00 de Mercadoria A terá esse efeito de R$ 1.000,00 em todos os níveis.

Já o crédito de contrapartida desses R$ 1.000,00 é efetuado na conta do Fornecedor X, e isso terá efeito de R$ 1.000,00 não só nessa conta, mas também em Fornecedores, no Ativo Circulante e no Passivo Total.

Em cada operação, o mesmo acontece com os registros sempre feitos no menor grau da hierarquia do plano de contas, para seu efeito ser repassado para os níveis mais elevados.

Estudo de caso

Um dos integrantes da equipe de analistas de crédito do Banco A S.A., Rodrigo, era um profissional dedicado, administrador formado por conceituada universidade e que já contava com boa experiência na área, mas não compreendia em profundidade a rotina de elaboração de trabalhos contábeis, visto que jamais trabalhara em serviços de execução de contabilidade.

A limitação dos conhecimentos de Rodrigo quanto ao modo pelo qual a contabilidade é preparada não lhe causava dano em sua atividade, pois recebia as informações contábeis prontas: ele lidava com as demonstrações contábeis elaboradas pelos contadores das próprias empresas analisadas.

Contudo, Rodrigo refletia muito sobre algumas dúvidas suas sobre contabilidade e não conseguia encontrar respostas, por mais que se esforçasse. Ele havia estudado contabilidade básica em seu curso de Administração e até mesmo obtivera destaque à época, por ter tomado gosto pela disciplina.

Como o Banco A era uma instituição interessada em promover o desenvolvimento de seus colaboradores, oferecia-lhes periodicamente a oportunidade de inscreverem-se em alguns cursos de treinamento. Certa vez, o banco ofereceu a seus analistas de crédito a possibilidade de participarem de um curso de reciclagem em contabilidade, e Rodrigo imediatamente fez sua inscrição.

Poderia ser aquele o momento para Rodrigo desvendar as questões que lhe intrigavam, o que dependeria muito da clareza com que apresentasse suas dúvidas e da habilidade do instrutor para esclarecê-las.

Após as primeiras horas de treinamento, sentindo que o instrutor era uma pessoa acessível e conhecedora de contabilidade, Rodrigo encorajou-se e lançou a questão que tanto o atormentara ao longo daqueles anos de atividade:

— Professor, não consigo entender como se faz para controlar a depreciação dos diversos itens de imobilizado. Nas diversas empresas que analiso, verifico que cada grupo de bens do imobilizado é depreciado com base em determinado critério. Mas, quando verifico o percentual de depreciação acumulada do grupo em relação aos valores originais, estes nunca correspondem ao percentual citado nas notas explicativas ou a múltiplos deles. Não entendo, também, como controlar a depreciação de cada veículo. Por exemplo, não sei se cada um deles pode ter diferentes características e datas de aquisição. Como aprendi que a cada nova aquisição basta adicionar o valor do item adquirido à mesma conta, fico sem entender como é possível fazer esses controles. Por favor, poderia me ajudar?

Se você fosse o professor do curso, qual seria sua resposta a Rodrigo quanto ao motivo de os percentuais serem diferentes em cada caso? Como você explicaria a possibilidade de utilizar a rotina contábil e controlar cada item componente dos vários tipos de imobilizados existentes numa empresa?

Síntese

Neste capítulo final, aproximamo-nos da realidade de mercado de trabalho contábil, principalmente no que se refere à automação nele existente, para evidenciarmos como são feitos os registros na prática.

Explicitamos que, com o extraordinário desenvolvimento nos negócios nas últimas décadas, a informática tornou-se componente obrigatório na maioria das organizações, e raras são as que prescindem de sistemas de informações contábeis.

Informamos que existem sistemas integrados que tratam não só da contabilidade, mas também de questões de interesse de toda a organização conhecidos como Enterprise Resources Planning (ERP). A utilização desse tipo de abordagem permite aos departamentos que alimentem o sistema com dados (inclusive de ordem contábil) que lhes digam respeito. As informações seguem seu fluxo no sistema, e no módulo específico de contabilidade são separadas aquelas de interesse da área. Estas são posteriormente tratadas pelo pessoal da área contábil, o que possibilita a montagem das demonstrações contábeis em plataformas definidas pelo sistema de informações.

Para que as informações contábeis de interesse sejam registradas no sistema, é imprescindível existir um plano de contas no qual estejam previstas todas as contas que possam ser utilizadas na atividade da organização para a qual se deseja ter acompanhamento contábil. Cabe a essa atividade a definição das contas a serem utilizadas na contabilidade, bem como, ao longo do tempo, executar a revisão do plano sempre que existirem novas necessidades.

No plano de contas, são estabelecidas e codificadas tanto as contas patrimoniais quanto as periódicas, e nele deve também estar prevista uma hierarquia de contas, na qual existam subcontas específicas que permitam o registro detalhado e individualizado de cada operação.

De tal modo, salientamos a utilidade e a justificativa do plano de contas, o que facilita a compreensão de como as operações são registradas por meio de sistemas e quais são as consequências desses registros. Os registros são feitos nas contas específicas, e seus efeitos são automaticamente repassados às contas, aos grupos e à natureza.

Por fim, alertamos para o fato de que ocorre o mesmo em cada operação, cujos registros são sempre feitos no menor grau da hierarquia do plano de contas para, então, seu efeito ser repassado para os níveis mais elevados.

Questões para revisão

1. O plano de contas muda conforme a atividade exercida por uma organização?

2. Como é a hierarquia no plano de contas?

3. **Não** é uma premissa para que exista um plano de contas:

    a) a) a divisão das contas em patrimoniais e periódicas.

    b) b) a separação das contas de Ativos das contas de Passivo.

    c) a separação das contas patrimoniais das contas periódicas em grandes grupos.

    d) a hierarquização das contas.

4. Enterprise Resources Planning (ERP) são:

    a) sistemas integrados de informação destinados ao uso do setor contábil.

    b) aplicativos de celular que facilitam a contabilidade.

    c) sistemas integrados de informação que servem a diferentes áreas da empresa

    d) programas para cálculos matemáticos.

5. Sobre o plano de contas, considere as afirmativas a seguir:

    I. As contas patrimoniais tem códigos iniciados pelos números 1 e 2.
    II. As contas periódicas referem-se ao Ativo e ao Passivo
    III. As contas de Despesa e de Receitas tem códigos iniciadas pelos números 3 e 4.
    IV. O primeiro grau da definição dos códigos das contas é o mais específico.

    Estão corretas as afirmativas:

    a) I, II e III.

    b) II e IV.

    c) I e III

    d) II, III e IV.

Questões para reflexão

1. O Plano de Contas é único? Ele deve servir para qualquer tipo de organização?

2. Os sistemas integrados de informações são alimentados exclusivamente por profissionais de contabilidade?

Para saber mais

Recomendamos a seguinte leitura:

ALMEIDA, M. C. **Curso de contabilidade introdutória em IFRS e CPC**. São Paulo: Atlas, 2014.

Essa obra, bastante atual, aborda de forma mais completa e formal as regras contábeis em vigor no Brasil. Sua leitura lhe será útil se você tiver o domínio dos conceitos básicos estudados no presente livro.

Para concluir...

Esta obra foi concebida como um primeiro contato do leitor – possivelmente estudante ou profissional da área de negócios – com a contabilidade. Tem por base sobretudo a experiência do autor como professor universitário, o que lhe ofereceu condições práticas de entender as principais dificuldades de seus alunos. É, portanto, uma resposta a uma demanda cuidadosamente observada por muitos anos, com o propósito de oferecer uma contribuição efetiva aos iniciantes na área contábil, sejam eles executores ou usuários de serviços contábeis.

Tendo isso em mente, evitamos ao máximo o uso de linguagem técnica ou relacionada diretamente à legislação da área contábil. Entendemos que, neste primeiro contato que você estabelece com a disciplina, sua prioridade é elucidar o raciocínio contábil, e isso justifica o subtítulo da obra.

Por levarmos isso em conta, trocamos o excessivo rigor técnico ou mesmo o exagerado grau de detalhamento de tarefas contábeis por objetividade e enfoque nos raciocínios que possibilitam resolver questões relacionadas à contabilidade. Com isso, esperamos iniciá-lo no assunto e, ao mesmo tempo, aguçar sua percepção sobre como funciona o sistema contábil, o qual gera diversas demonstrações contábeis, oferecendo-lhe amparo para o adequado entendimento dos conteúdos aqui tratados.

Quanto aos temas abordados, procuramos estabelecer vínculos claros entre teoria e prática, seja pela inclusão de diversos exemplos numéricos, exercícios e estudos de caso, seja pela elucidação dos usos que podem ser feitos das informações contábeis dentro ou fora das organizações para as quais são preparadas.

Desse modo, entregamos a você uma obra que, embora não esgote o estudo da contabilidade básica, oferece apoio para sua compreensão sobre o tema e uma base sólida para a assimilação de conteúdos que aprofundará em etapas futuras de sua formação e desenvolvimento.

Referências

ALMEIDA, M. C. **Curso de contabilidade introdutória em IFRS e CPC**. São Paulo: Atlas, 2014a.

ALMEIDA, M. C. **Curso de contabilidade intermediária superior em IFRS e CPC**. 3. ed. São Paulo: Atlas, 2014b.

BRASIL. Decreto n. 3.000, de 26 de março de 1999. **Diário Oficial da União**, Poder Executivo, Brasília, DF, 29 mar. 1999. Disponível em: <http://www.planalto.gov.br/ccivil_03/decreto/d3000.htm> Acesso em: 16 nov. 2017.

BRASIL. Lei n. 6.404, de 15 de dezembro de 1976. **Diário Oficial da União**, Poder Executivo, Brasília, DF, 17 dez. 1976. Disponível em: <http://www.planalto.gov.br/ccivil_03/leis/l6404consol.htm>. Acesso em: 9 nov. 2017.

BRASIL. Lei n. 11.638, de 28 de dezembro de 2007. **Diário Oficial da União**, Poder Executivo, Brasília, DF, 9 jan. 2008. Disponível em: <http://www.planalto.gov.br/ccivil_03/_ato2007-2010/2007/lei/l11638.htm>. Acesso em: 9 nov. 2017.

CPC – Comitê de Pronunciamentos Contábeis. **Pronunciamento técnico CPC 25**: provisões, passivos contingentes e ativos contingentes. Brasília, 26 jun. 2009. Disponível em: <http://static.cpc.mediagroup.com.br/Documentos/304_CPC_25_rev%2006.pdf>. Acesso em: 17 nov. 2017.

HENDRIKSEN, E. S.; VAN BREDA, M. F. **Teoria da contabilidade**. Tradução de Antônio Zoratto Sanvicente. São Paulo: Atlas, 2014.

IUDÍCIBUS, S. de. **Contabilidade introdutória**: livro texto. 11. ed. São Paulo: Atlas, 2010a.

_____. **Manual de contabilidade societária**: aplicável a todas as sociedades. 2. ed. São Paulo: Atlas, 2013.

_____. **Teoria da contabilidade**. 10. ed. São Paulo: Atlas, 2010b.

IUDÍCIBUS, S. de et al. **Contabilidade introdutória:** livro de exercícios. 11. ed. São Paulo: Atlas, 2011.

IUDÍCIBUS, S. de; MARION, J. C. **Contabilidade comercial:** atualizado conforme Lei n. 11.638/07 e Lei n. 11.941/09. 9. ed. São Paulo: Atlas, 2010.

LOPES, A. B.; MARTINS, E. **Teoria da contabilidade:** uma nova abordagem. São Paulo: Atlas, 2005.

MARION, J. C. **Contabilidade empresarial**. 15. ed. São Paulo: Atlas, 2009.

MARTINS, E. **Contabilidade de custos**. 10. ed. São Paulo: Atlas, 2010.

SAPORITO, A. **Análise e estrutura das demonstrações contábeis**. Curitiba: InterSaberes, 2015.

STICKNEY, C. P.; WEIL, R. L. **Contabilidade financeira:** introdução aos conceitos, métodos e aplicações. São Paulo: Cengage, 2010.

Respostas

Capítulo 1

1. A contabilidade é aplicável a entidades de forma geral. Por entidade se entende qualquer agente econômico cujo patrimônio seja digno de acompanhamento. Isso significa que a contabilidade não se limita ao acompanhamento de empresas ou mesmo de instituições que tenham fins lucrativos. Ela é aplicável a organizações das mais variadas, públicas ou privadas, de fins lucrativos ou não, e, em última análise, até mesmo a pessoas físicas.
2. Os três principais trabalhos necessários ao processo de execução da contabilidade são: planificação da contabilidade, escrituração contábil e elaboração e interpretação de relatórios. A planificação da contabilidade refere-se ao planejamento das contas que compõem a contabilidade da entidade planificada. A escrituração contábil, por seu turno, corresponde à atividade de acompanhamento diário exercido pela contabilidade, ao passar para os livros contábeis os fatos contábeis ocorridos. Já a elaboração e a interpretação de relatórios dizem respeito ao resumo das informações contábeis e são necessárias para viabilizar o trabalho de sua interpretação por parte dos vários usuários.
3. c
4. a
5. b

Capítulo 2

1. O Capital Social Subscrito refere-se às cotas que os sócios se comprometem a integralizar. A integralização do Capital Social corresponde à entrega, pelos sócios, dos bens relativos às suas cotas. O Capital Social Subscrito pode não estar totalmente integralizado, na hipótese de os sócios não terem entregado todos os bens. O Capital Social Integralizado, por sua vez, corresponde ao valor das cotas, cujos bens correspondentes foram entregues pelos sócios à empresa. Quando não há Capital a Integralizar, o Capital Social Subscrito é igual ao Capital Social Integralizado.
2. A contabilidade utiliza resumos para facilitar a interpretação das informações por parte dos usuários. O Balanço Patrimonial é um desses resumos e a mais importante demonstração contábil. Por meio dele se observa de modo sintético o patrimônio da empresa, que é o objeto de estudo da contabilidade.
3. d
4. c
5. a

Capítulo 3

1. As contas do lado direito do Balanço (as do Passivo e do Patrimônio Líquido) apresentam comportamento inverso em relação às contas do Ativo. Elas apresentam saldo credor, e seus valores aumentam sempre que novos créditos são nelas realizados. Nessas contas, os créditos representam a presença de recursos adicionais à disposição da entidade. Novas origens de recursos, em contas do Passivo ou do Patrimônio Líquido, são indicadas por créditos no método das partidas dobradas.
2. No Livro-Razão, o registro de cada operação não é feito por completo num único local, como ocorre no Diário. O Razão é dividido por contas, de modo a se registrar a cada operação como a conta envolvida na operação é movimentada: a débito ou a crédito. Desse modo, enquanto o Livro-Razão visa à atualização dos saldos das diversas contas à medida que sejam movimentadas, o Livro Diário relata os fatos contábeis ocorridos em sequência cronológica.
3. c
4. a
5. c

Capítulo 4

1. *Receitas* podem ser definidas como variações patrimoniais positivas resultantes de esforços e trabalhos ou de abrir mão, temporária ou definitivamente, de algum produto ou bem em favor de terceiros. Em troca disso, recebe-se um Ativo (normalmente dinheiro ou direito de receber no futuro). Pode haver diversas justificativas

para a existência das receitas. Por expressarem variações patrimoniais positivas, elas são contas que devem ser contabilizadas sempre a crédito, com a contrapartida a débito de cada conta de Ativo.

2. As contas periódicas são as contas de receitas e despesas e são associadas a um período de tempo. As contas de despesas são sempre debitadas, e suas contrapartidas são créditos na conta Caixa, no Ativo, se à vista; ou na conta de Despesas a Pagar, no Passivo. As contas de Receitas são sempre creditadas, e suas contrapartidas são débitos no Ativo, na conta Caixa, quando recebidas de imediato; ou na conta Clientes, quando serão recebidas no futuro.
3. d
4. c
5. a

Capítulo 5

1. O Balancete de Verificação é a demonstração elaborada ao final de um período qualquer e antes do fechamento das contas de resultados. Ele engloba todas as contas existentes, independentemente de serem patrimoniais ou periódicas, e as divide em contas devedoras e contas credoras.
2. Para efeito de elaboração do Balancete de Verificação, é indispensável que todas as contas existentes, com seus respectivos saldos corretos, sejam incluídas e separadas em devedoras e credoras. O total dos débitos coincide com o total dos créditos, sejam as contas patrimoniais ou periódicas.
3. a
4. d
5. c

Capítulo 6

1. A atividade comercial consiste na contínua compra de mercadorias para posterior revenda, com objetivo de obter lucros. Para o comerciante, o comércio é sua atividade habitual, e não ocasional. A atividade é realizada de maneira organizada, empreendedora e profissional, como meio de sustento do empresário, de seus empregados e famílias, bem como de sobrevivência e progresso da empresa comercial.
2. É a continuada movimentação de mercadorias, as quais, em um primeiro momento, são adquiridas para formar estoques, necessários para que o comerciante possa atender seus clientes, vendendo-lhes normalmente por preços superiores aos custos de aquisição.
3. c
4. d
5. d

Capítulo 7

1. O fato de um ativo valer menos do que está registrado no Balanço é entendido pelo conservadorismo como passível de correção, com base no fundamento de que não deve existir superavaliação de ativos na contabilidade. Nesse caso, é fácil entender que a contabilidade antecipe prejuízos, mas que não os vincule à sua efetiva realização. É por isso que se faz necessário retificar valores de ativos, de modo a reduzi-los em diversos casos. A solução para isso é criar contas retificadoras, com saldo credor, à parte das contas que são objeto de correção dos valores.
2. A depreciação tem a função de retificar o valor do imobilizado.
3. b
4. a
5. d

Capítulo 8

1. Segundo o CPC (2009), "Provisão é um Passivo de prazo ou de valor incertos". Esse entendimento mais recente diverge do que era praticado anteriormente, quando o termo não era aplicado exclusivamente a passivos.
2. Os adiantamentos de clientes devem ser classificados como passivos, pois, quando ocorrem, existe a obrigação para com os clientes de entregar as mercadorias pelas quais eles já pagaram antecipadamente. Em outras palavras, a empresa que recebe adiantamento de clientes tem a obrigação de entregar o que vendeu a seus clientes no prazo acordado e conforme as demais condições combinadas.
3. b
4. a
5. d

Capítulo 9

1. A conta Lucros Acumulados representa o saldo dos lucros sob os quais ainda não existe uma destinação final.
2. Reservas de lucros são parcelas do lucro do exercício destinados a uma finalidade especificada, os quais constituem recursos que são mantidos no Patrimônio Líquido da entidade, ou seja, recursos que não saem na forma de dividendos.
3. d
4. b
5. a

Capítulo 10

1. Sim, os Planos de Contas de organizações dedicadas a atividades comerciais diferem daqueles destinados a organizações industriais, por exemplo, os quais, por sua vez, não se aplicam a atividades bancárias, e assim por diante.
2. No Plano de Contas, deve estar prevista uma hierarquia de contas, na qual existam subcontas específicas que permitam o registro detalhado e individualizado de cada operação. Os registros são sempre feitos no menor grau da hierarquia do Plano de Contas para, então, seu efeito ser repassado para os níveis mais elevados e assim os saldos de contas e grupos possam ser calculados.
3. b
4. c
5. c

Sobre o autor

Antonio Saporito

Administrador de empresas e mestre em Contabilidade e Controladoria pela Faculdade de Economia, Administração e Contabilidade da Universidade de São Paulo (FEA-USP) e doutor em Controladoria e Contabilidade pela mesma universidade.

Atualmente, é professor adjunto da Escola Paulista de Política, Economia e Negócios (Eppen) da Universidade Federal de São Paulo (Unifesp), coordenador do curso de Ciências Contábeis da Strong Esags, professor da Universidade Nove de Julho (Uninove) e professor convidado da Fundação Getulio Vargas (FGV). Também desempenha atividades como consultor de revistas técnicas nas áreas de contabilidade, administração e finanças.

Foi diretor acadêmico em instituição de nível superior, diretor de cursos da Associação dos Analistas e Profissionais de Investimento do Mercado de Capitais (Apimec) e coordenador de curso em diversas instituições, reunindo experiência docente e profissional de mais de 30 anos em análise de crédito e investimentos, gestão de investimentos, sistemas de custos e orçamentos.

É também autor do livro *Análise e estrutura de demonstrações contábeis*, publicado pela Editora InterSaberes em 2015.

Os papéis utilizados neste livro, certificados por instituições ambientais competentes, são recicláveis, provenientes de fontes renováveis e, portanto, um meio sustentável e natural de informação e conhecimento.

FSC
www.fsc.org
MISTO
Papel produzido
a partir de
fontes responsáveis
FSC® C057341

Impressão: Log&Print Gráfica e Logística S.A.
Março/2020